耶穌與死海古卷

揭開基督宗教的猶太根源，及其如何影響初代教會與信仰——

鑽研原始古卷20年權威

約翰·伯格斯瑪——著

劉卉立——譯

獻給詹姆斯・范德坎（James VanderKam），
是他讓我認識了死海古卷。

目錄

CONTENT

專文推薦　用新的視角讀聖經　陳南州　7

專文推薦　歷史中的宗教　蒲慕州　11

前　言　一個共同的起點　15

Part 1

死海古卷簡介

第1章　二十世紀的考古大發現　23

第2章　等候彌賽亞（默西亞）　41

Part 2

洗禮（聖洗聖事）與死海古卷

第3章　死海古卷、施洗約翰（洗者若翰）與洗禮　63

第4章　死海古卷、使徒約翰（若望宗徒）與洗禮　81

第5章　洗禮在今日　117

Part 3 聖餐禮（聖體聖事）與死海古卷

第6章 昆蘭有聖餐禮嗎？ 135

第7章 最後的晚餐究竟在哪一天？ 151

第8章 整合：從死海古卷解讀最後的晚餐 177

婚姻、獨身與死海古卷

第9章 死海古卷論獨身 197

第10章 死海古卷中的婚姻制度 217

Part 5 聖秩與死海古卷

第11章 祭司與死海古卷 247

第12章 福音書中的祭司職分 261

第13章 初代教會中的祭司職分 277

Part 6

教會與死海古卷

第14章 保羅（保祿）寫過任何關於教會的信息嗎？ 287
第15章 死海古卷、宗教改革與教會合一 309
第16章 愛色尼人和初代教會：兩者有什麼關係？ 331

延伸閱讀 341
致謝 350

專文推薦

用新的視角讀聖經

陳南州

二〇〇四年十一月十二日，英國的《獨立報》（*The Independent*）有一則關於阿富汗文化暨新聞部部長要求英國政府歸還一些古代佛教經典抄本殘篇的新聞。《獨立報》為這則報導下的標題是「阿富汗要索回它的『佛教的死海古卷』」。

愛丁堡大學希伯來聖經暨第二聖殿猶太教教授提摩太．利姆（Timothy H. Lim）對於這新聞標題的解讀是，死海古卷已經具有一種象徵身分，這一詞彙顯然不再單是指猶太教一個支派的卷軸，而是代表世上任何古代抄本之重要發現[1]。這種解讀，或許只是西方世界的觀點，但死海古卷對世人而言，絕對是一項意義重大、影響深遠的發現。

死海古卷自一九四六（或一九四七）年於以色列昆蘭曠野的山洞被發現以來，學者們總是好奇地想知道：這些抄本是誰寫的？什麼時候寫的？書寫和抄寫的目的是什麼？

1. Timothy H. Lim, *The Dead Sea Scrolls: A Very Short Introduction* (Oxford: Oxford University, 2005), 2-3.

儘管死海古卷的經文已經在二十世紀末全部公開，它至今仍然如同謎一般吸引人關注。學者對於跟死海古卷相關問題的見解，眾說紛紜。譬如說，有些較早的解讀，被新公布之經文的研究所推翻。不過，大家都同意，死海古卷讓我們對希伯來聖經和猶太教，以及早期的基督宗教，有很多重要和嶄新的了解。

就以死海古卷和聖經翻譯之關係為例來說，流傳最廣、影響中文讀者最為深遠的聖經譯本，莫過於一九一九年出版的《和合本》中文聖經。在《和合本》出版九十一年之後，香港聖經公會於二〇一〇年出版《和合本修訂版》。在修訂版「前言」中，聖經公會這樣說：「本修訂版又獲『死海古卷』之發現，《七十士譯本》經文新佐證，以及其他古卷研究之助，使修訂版更趨完善。」很顯然，死海古卷的發現與研究，提供聖經翻譯者一個新的視角，讓基督教會把聖經修訂得更為準確。

曾經參與《和合本修訂版》之修訂工作的聯合聖經公會翻譯顧問洪放博士，曾撰文提出一些數字，來說明死海古卷對各種語言之聖經譯本的影響。他說，英文聖經《新修訂標準譯本》受死海古卷佐證影響而翻譯的譯文有八十七處，《修訂英文聖經》則有六十多處，其中注釋提及死海古卷的有十九處。《新國際譯本》英文聖經也有三十六個注釋提及死海古卷。

二〇〇二年出版的法文《新錫貢聖經》，舊約聖經提及死海古卷的注釋多達一百一十六個，連新約聖經也有八十六個注釋提及。《和合本修訂版》有六十九處提及死海古卷的經文佐證，其中十三處經文以死海古卷為依據而修訂正文，另外有十處經文一併根據死海古卷與其他古卷、古譯本（尤其是《七十士譯本》）而修訂[2]。《現代中文譯本》（二〇一九年出版）雖未提及死海古卷，但其注腳提及「一些古卷」時，死海古卷即為古卷之一（以撒母耳記上1章24節為例，「三頭公牛」改譯為「一頭三歲的公牛」，就是參考死海古卷和《七十士譯本》所做的修訂）。預計將於二〇二一年出版的《現代台語聖經》也有四處注腳提及死海古卷；不過，另有些注腳提及「古譯本」，死海古卷也是翻譯者參考的古譯本之一。

死海古卷也成為本書作者約翰．伯格斯瑪（John Bergsma）的一個新視角。他在本書中，不只介紹死海古卷和可能是書寫或抄寫這些古卷的猶太教愛色尼支派的信念與生活（在曠野過著極端儉樸的生活，等候彌賽亞救主的顯現等），更是藉由死海古卷經文的

2. 洪放，〈百年《和合本》─經文的修訂和經文評鑑學〉，《和合本百周年紀念文集》（周永健等編，香港：香港聖經公會，二〇一九年出版），277-278。《新修訂標準譯文》是指一九八九年出版的*New Revised Standard Version*（NRSV）（洪放作，一九九〇年出版），它是一九五二年出版之《修訂標準譯文》的修訂版；《修訂標準譯文》已經有十多處經文是參考死海古卷之佐證翻譯的。《修訂英文聖經》指一九八九年出版的*Revised English Bible*（REB）。《新國際譯本》指一九八三年出版的*New International Version*（NIV）。《新錫貢聖經》指*Nouvelle Bible Segond*（NBS）。

視角，來探討耶穌時代猶太教的思想和禮儀，也透過死海古卷，解讀新約聖經暨基督宗教的信仰和教會的聖禮、教職等。約翰．伯格斯瑪的視角雖然不是解讀聖經和教會的唯一視角，卻是帶給我們新知的視角，甚至啟發我們開啟自己的新視角，來解讀聖經。

其實，研究死海古卷的學者也告訴我們，抄寫死海古卷的社群也是用一種不同於當代主流猶太教的視角來詮釋希伯來聖經。

昆蘭社群愛色尼人的信念、生活，不是我們今日世人的日常，我們絕大部分的人或許也不會特別想要閱讀死海古卷的經文（絕大部分是以希伯來文書寫，有一部分是亞蘭文，另有很小部分是以希臘文寫成；有英譯本，但沒中文版）。但是，讀者可以試著比較受到死海古卷影響前、後出版的聖經譯文。譬如說，比較死海古卷出土前翻譯出版的《和合本》中文聖經，和參考死海古卷之研究來修訂的《和合本修訂版》的譯文，或許也會帶給讀者一個新的視角來理解聖經和信仰。

誠願這本書激發讀者嘗試用新的視角，來閱讀聖經、了解基督信仰和教會，甚至是用新的視角來觀看世界和人生。

（本文作者為前玉山神學院副院長）

專文推薦

歷史中的宗教

蒲慕州

如果從古代近東史發展的角度來看早期基督宗教的發展，必須瞭解此一地區的宗教及歷史。例如猶太人在亡國之後如何在巴勒斯坦地區掙扎生存，先是有波斯和亞述帝國的統治，後有亞歷山大帝國及希臘化時代；猶太人又如何一方面希臘化，一方面仍然企圖保留猶太傳統。

最後，不但內部有紛爭，外部又有羅馬帝國的強力統治，以致在死海東北岸出現了一個少為後世所知的教派，稱為愛色尼教派（Essenes），實行避世苦行的生活。他們留下的宗教文獻，也就是在一九四六至四七年出土的死海古卷，紀錄了這個社群的信仰和生活狀態。

本書的主旨是在建立死海古卷與早期基督宗教的關係，或者說，產生死海古卷的社群與早期基督宗教社群之間的關係。作者為資深聖經學者，美國俄亥俄州天主教方濟大學神學教授。作者的主要工作是探究死海古卷社群的宗教信仰及生活，將之與傳世的猶太聖典（即一般所說的舊約聖經）以及早期基督宗教聖典（即所謂的新約聖經）作一詳細的比較和考證，以求建立新舊約聖經中所描述的耶穌生平事蹟和早期教會活動與儀式的歷史背景。

作者認為，新約聖經，尤其是四福音書中所述的耶穌以及施洗約翰等人的事蹟和相關話語，並不全是門徒事後的追述，而有可能與同時代的死海古卷猶太社群有密切關係，因為有太多的相似性，包括一般生活習俗、婚姻和獨身的概念、宗教崇拜的社群組織、對世間俗事和救世主的想法……等等。也就是說，死海古卷對於瞭解早期基督宗教文獻中所記載的事蹟和宗教概念，有很大的幫助。

我們不用在此細說作者的論證，讀者可以自行細讀本書。但必須指出，作為一名聖經學者，作者使用了語言學、考古學、歷史文獻學等等方法，是有他的說服力的。這是宗教史學者的本色。顯然，作者也是一名（廣義的）基督徒，但這身分看來沒有成為客觀研究的阻礙。

作為一種智識的活動，研究宗教的目的應該是在瞭解宗教現象，即有關宗教信條、儀式、節慶的基本理念，以及它們與其所發生且成長的社會文化脈絡之間的互動關係。本書的主旨，如上所述，主要是早期基督宗教歷史背景的考證，作者的研究方法，基本上屬於西方聖經及猶太—基督宗教研究的學術傳統，有其堅實的學術基礎。

歷史研究最怕孤證。有關早期基督宗教發展的文獻，尤其是耶穌基督生前的活動事蹟，除了新約聖經四福音書中的追述，很少其他的文獻可以互證。現在死海古卷出土，其年代正是紀元前一世紀後半，留下文獻的猶太社群所在的死海東岸，又和耶穌活動的地區有所重疊，那麼死海古卷的重要性不言可喻。這不僅是基督宗教史的問題，不僅是基督信仰的問題，更是宗教研究的問題。

到底歷史研究對於瞭解宗教有沒有用處？一般信徒只要相信聖經中所寫的都是上帝的啟示，並且跟隨教導去生活，就可以了。稍有好奇心的信徒，可能會去追索早期基督宗教的歷史，在「歷史」記載中確認上帝旨意的實踐方式。因此，對於信仰者而言，歷史是證實信仰的真實性的證據。許多宗教學者，包括本書作者，應該都可算是這一類。當然，這中間由於個人學養程度的不同，還有極大的差別。

但是，對於一般不一定是某一宗教的信徒而言，瞭解宗教發展的歷史，有助於明白該宗教之所以會有那種特殊的信仰和行為的外在原因。這是極為重要的，因為若不是該宗教的信徒，那麼，只有瞭解了這個信仰的歷史背景、智識傳統，以及信徒的生活方式和物質環境之後，才有可能對此宗教產生同情的瞭解。而對不同宗教傳統的同情的瞭解，是人類目前各種宗教族群中仍然非常缺乏的，也可以說是目前世界上各種族群和宗教衝突的根源。

基於這一點，本書應該對於一般的讀者都會有所幫助。信徒可以堅定其信仰，非信徒可以產生同情的瞭解。唯有一點要問的是：在堅定了自己的信仰之後，信徒是否可以再走出自己的的「舒適範圍」（comfort zone），去試圖瞭解那些自己是非信徒的宗教？

（本文作者為香港中文大學歷史系教授）

前言

一個共同的起點

A Common Starting Point

兩千多年前，在巴勒斯坦的猶太人中出現了一位聖徒。他被門徒簇擁圍繞，並且以神與以色列所立的「新約」為本，創立了一個團體。要加入這個團體必須接受一種水洗儀式，藉此儀式聖靈（聖神）[1]會赦免人的罪。這個團體的創始人過世後，成員依舊每天持守吃喝餅和酒的慣例，繼續等候大衛（達味）的子孫和神的國降臨。

這個故事聽起來很熟悉，但我們說的不是耶穌和教會。我們所談論的這位聖徒是個謎一樣的人物，他被稱為「公義的教師」（The Teacher of Righteousness），他在死海西北岸一處叫作昆蘭（Qumran，一譯庫蘭姆）的地方創立了這個團體。幾千年後，人們在散布於昆蘭四周的洞穴裡發現了他們遺留下來的大量書卷，也就是我們今天所說的「死海古卷」（Dead Sea Scrolls）。

以色列怎麼會在差不多同一時間裡，出現兩個如此相似的團體？兩者之間有什麼關係？難道有一個是出自另外一個團體？耶穌是在仿效那位昆蘭聖徒，而基督宗教不過是一種冒牌宗教嗎？我們將會在本書探討這些問題。

現代讀者對死海古卷最感興趣的面向之一，就是它們有助於釐清耶穌生活的時期，以及初代教會成長的時期。死海古卷是寫於**耶穌在世時期**、**甚或更早之前**的猶太文獻抄本中，唯一留存至今者。這批文獻提供了一個絕佳的窗口，讓我們得以窺見一個高度敬虔的猶太宗教團體的思想和禮儀，在其蓬勃發展的同時，施洗約翰（洗者若翰）、耶穌、保羅（保祿）和其他使徒（宗徒）也活躍於以色列，初代教會亦在壯大中。

我寫作本書的宗旨，是希望透過死海古卷來為我們打開一扇窗，藉此窺見在耶穌時代猶太教的思想和禮儀。我研究和教授死海古卷快二十年，我深信這些古代書卷闡明了《新約聖經》中許多原本令人困惑或是難以理解的經文段落。這批文獻也有助於我們了解，有多少初代基督宗教的信念、教導和禮儀是根植於猶太教和《舊約聖經》，其程度遠遠超過我們普遍的認知。無論是基督徒或非基督徒，都有必要對這部分有更清楚的認識，因為這有助於匡正人們對於這個人類歷史上的非凡運動（我們稱之為「基督宗教」或「教會」）之本質的許多錯誤解讀。

死海古卷就駁斥了一個謬論：四福音書中的大部分內容必然是出自於第二代或第三代基督徒的杜撰，他們虛構回溯耶穌的生平。儘管只有少數基督徒採信這種觀點，但支持的學者卻比比皆是。

舉例來說，在過去，學者公認整部〈約翰福音〉（若望福音）的寫作年代大約是在西元一六〇年左右，因為他們不相信這部福音書的語言風格或是文中對耶穌的描繪，是出

1. 編注：本書中的聖經相關名詞（如章名、人名、地名等）在每章首次出現時，會以基督新教、天主教通用譯名對照的方式呈現，方便讀者閱讀。

自與耶穌同時期的一位猶太人之手[2]。但是隨著死海古卷的出土，許多人開始了解，在所有《新約》書卷中，〈約翰福音〉在語言風格和觀念上，與這個出土自死海的前基督宗教時期文獻有**最多相似之處**[3]。

除此之外，還有其他一些原因導致現在普遍公認，至少〈約翰福音〉的作者是一位生活於以色列的猶太人，而且與耶穌差不多是同一時期[4]。死海古卷幫助我們看見相同事情也發生在《新約》其他許多書卷、故事和教導上。死海古卷使我們能夠以猶太人的眼光來看《新約》各書卷以及初代教會，進而確認它們確實是根植於西元一世紀的以色列宗教世界。

基於本書宗旨是幫助當代基督徒（和其他感興趣的人）了解，死海古卷有助於闡明基督宗教信仰的源起，因此，本書一開始會先就其發現與已出土的文獻做個簡單扼要的說明，後續章節則以幾個重要的基督宗教禮儀為主，分章闡述。初代基督徒稱呼這些儀式為「奧祕」（the mysteries，希臘文 *mysteria*），這個詞後來被翻譯成拉丁文的 *sacramenta*，而有了「聖事」（sacraments，或譯聖禮）一詞的出現。由於當代基督宗教教派林立，聖事多寡也因教派而異，而我將選擇其中四個共通聖事來構成本書的主要架構，分別為：洗禮（Baptism，聖洗聖事）、聖餐禮（Eucharist，聖體聖事）、婚姻（Matrimony）和聖秩（Holy Orders，聖職）。

本書每一部的寫作宗旨，都是藉助死海古卷來幫助我們對古猶太教、《新約聖經》和基督宗教四大聖事有更充分的了解。最後，既然教會本身被稱為一個「奧祕」，甚至是一種「拯救普世的聖事」，本書的最後一部，就讓死海古卷來闡明教會這個作為救贖信徒之存在的神聖組織[5]。

歸根結柢，我並非只是出於好奇心而展開這場探索之旅。不論從哪方面來看，基督宗教都是一個令人驚嘆的人類現象。全球有超過二十億人（也就是每三人中就有一人）說自己和兩千年前一位來自拿撒勒（納匝肋）的猶太導師耶穌之間具有某種關係[6]。所有這些人都從耶穌那裡承繼了一些共同的宗教禮儀，像是神聖的水洗（洗禮）、吃喝餅和酒

2. 德國學者F. C. Baur、Rudolf Bultmann和所謂的杜賓根學派，與這種定調〈約翰福音〉是晚期作品的主張有關係。參見Wally V. Cirafesi, "The Temple Attitudes of John and Qumran in the Light of Hellenistic Judaism," pp. 315–339 in *Christian Origins and Hellenistic Judaism: Social ard Literary Contexts for the New Testament* (ed. Stanley E. Porter and Andrew W. Pitts; Texts and Editions for New Testament Study 10/Early Christianity in its Hellenistic Context 2; Leiden: Brill, 2013), here pp. 329–330. 另參見Raymond Brown著作，同注釋3.

3. 參見Raymond Brown, "The Qumran Scrolls and the Johannine Gospels and Epistles," pp. 183–207 in *The Scrolls and the New Testament* (ed. Krister Stendahl; New York: Harper, 1957), here p. 206.

4. 參見Andreas Köstenberger在*John* (Grand Rapids, MI: Baker, 2004), pp. 6-8. 的討論和引用的文獻。

5. 聖保羅在〈以弗所書〉（厄弗所書）5章32節稱教會是一個「奧祕」。在第二次梵蒂岡大公會議所頒布的教會憲章*Lumen Gentium*（意思是萬民之光）裡，則提到教會是「拯救普世的聖事」（*Lumen Gentium* §48）。

6. 譯注：在此係指廣義的基督徒人口，包含了基督新教、羅馬天主教和東正教徒等。

的儀式（聖餐禮）。但人們對於這些儀式的意義的理解，出現了明顯分歧。

以我自己為例，我在成長時期曾遊走在美國各式各樣的教會作禮拜和彌撒，在某種程度上，算是一個「大雜燴」基督徒。在我過去所屬的某些教會裡，洗禮可有可無，成年人可以自由選擇是否要受洗，作為公開表明相信耶穌的象徵性信仰宣告。但在其他教會，洗禮是聖靈的澆灌，一個人要得到耶穌的救恩，洗禮是不可少的，有些教會甚至要求在嬰兒階段就要受洗。此外，我待過的一些教會是每季執行聖餐禮，信徒吃喝的白司和葡萄酒是為了記念耶穌；而在一些教會中，以餅和酒來象徵耶穌在各各他（哥耳哥達）犧牲自己性命為聖祭的聖體聖事，則是每次彌撒的主要活動。

大多數基督徒都有一個共同感慨：如果我們連信仰中這些基本聖事的意義都會出現分歧，那麼最好與最糟的狀況也只是不幸與悲慘之別而已。死海古卷並不會解決這種「一人一把號、各吹各調」的現象，但會有助於我們更加了解耶穌、使徒和第一代的猶太基督徒是如何理解他們的信仰與禮儀。我誠心期盼這會成為當代基督徒在信仰上和禮儀上邁向合一的共同基礎，或者至少是一個共同的起點。

PART

1

死海古卷簡介

第1章

二十世紀的考古大發現

The Archeological Find of the Twentieth Century

「死海古卷」的出土被譽為「二十世紀最偉大的考古發現」[1]，的確實至名歸。故事始於一九四六至四七年間的冬天，幾個貝都因牧羊人正在死海西北岸一處洞穴中尋找寶藏[2]。牧羊人滿心期待著能在裡面找到黃金，因此，當他們在一個瓦罐裡發現三卷古舊書卷時，大失所望。他們當然不知道其中一卷書卷就是完整版的希伯來文〈以賽亞書〉（依撒意亞）抄本，而且保持得幾乎完好無損，它的年代可以追溯至西元前一二五年左右，比起學者所知的任何一部希伯來文聖經書卷都要古老約一千年！

貝都因牧羊人所發現的這批古代書卷遠比黃金珍貴，促使以色列政府最後斥資數百萬美元興建一座地下碉堡般的博物館[3]，把這批珍貴文物妥善保存在溫度、濕度都受到嚴密管控的環境中。貝都因人後來把他們所發現的第一批死海古卷，以二十四英鎊（約相當於當時的一百美元）賣給了一位古董商，後來，它們引起了專業學者們的注意，這批出土古卷的真正價值很快就受到廣泛矚目，引發了一股前往死海西北岸搜尋其餘古卷的考古熱潮。

在一九四九至一九五六年間，有幾十組由當地貝都因人與西方學者組成的考古隊伍，陸續在古昆蘭廢墟遺址周圍發現了十一個石灰岩洞穴藏有死海古卷。經過多年的考古挖掘行動，考古學者在昆蘭遺址發現了一個建築群，考證結果顯示，在西元前最後一世紀至西元一世紀間，也就是在耶穌生前的前一世紀與他生活的第一世紀期間，有一群由男性組成的宗教團體在此定居。

藏在這些洞穴中的書卷，就是這個教團遺留下來的文庫遺跡，總計包含了約一千卷寫在羊皮卷和莎草紙上的手稿，其中有四分之一的抄本，內容含括了當代猶太教聖經以及基督宗教《舊約聖經》裡的書卷，例如〈創世記〉、〈出埃及記〉（出谷紀）、〈以賽亞書〉和〈詩篇〉（聖詠集）。但有四分之三是與聖經無關的宗教著作，當中有一部分出自這個昆蘭猶太社群成員之手，其他則是他們的收藏。

沒有多久，學者們根據古典（希臘文及拉丁文）文獻來源，確認了這個社群就是支配第一世紀猶太文化的三大教派之一。其中的兩大教派「撒督該」（撒杜塞）與「法利賽」為現代讀者所熟悉，因為他們經常出現在《新約聖經》的四福音書與其他書卷中。但這個昆蘭宗教社群則隸屬於第三個最鮮為人知的教派——愛色尼教派（Essenes，一譯

1. 死海古卷的名稱已經變得獨一無二。例如，可以參考"The 20th Century's Greatest Archaeological Discovery," *Fortworth Magazine*, July 2, 2012, http://www.fwtx.com/articles/20th-century%E2%80%99s-greatest-archaeological-discovery-0。
2. 發現死海古卷的故事已經在許多出版品被講述了許多次。有個饒富權威性的論述，我也在此作為我重述的依據，可以在這本著作中找到，James C. VanderKam and Peter C.Flint, *The Meaning of the Dead Sea Scrolls* (San Francisco: Harper Collins, 2002), pp. 3–19。
3. 譯注：這座博物館坐落於耶路撒冷西城區，它的主體建在地下。由於死海古卷都收藏在這裡，故取名為「聖書之龕」（Shrine Of The Book），又稱死海古卷博物館。

艾賽尼教派）。雖然在四福音書中也出現過愛色尼教派的人物，但福音書的作者們從未以這個教派的名稱來稱呼他們，這個宗教社群被猶太文化與基督宗教文化所遺忘，直到死海古卷出土，他們才又再次進到大眾的意識中。

在論述愛色尼人的著作中，最重要的文獻來源之一，是古羅馬將軍暨地理學家老普林尼（Pliny the Elder, A.D. 23-79）所寫的一本世界百科全書《自然史》（*Natural History*）。在以色列專章中，他描述了加利利（加里肋亞），然後一路向南前進到約旦河，最後來到了死海北方，他如此描述這個地方：

> 在死海西方、遠離海岸臭氣薰人的地方，有個愛色尼部落與世隔絕，隱居在此。相較於世界其他部落，他們顯得鶴立雞群，獨樹一格，因為這裡沒有女人，他們棄絕了所有性慾，也不積攢錢財，只有棕櫚樹相伴。日復一日，他們漸漸地接受了固定數量的難民加入他們，這些難民厭倦了生活，在命運浪潮的驅策下來到了這裡，接受他們的生活方式。結果，經過了數千年（講起來實在不可思議），一個不生育的種族始終長存——他們人丁如此興旺，乃是得力於其他男人對生活感到厭倦！
>
> 以前，位在愛色尼人下方的城市隱基底（恩革狄），土地的富饒度和茂密的棕櫚樹叢都僅次於耶路撒冷，但現在它和耶路撒冷一樣，猶如一堆灰燼[4]。

關於這段文章的相關論述已經非常多了，因為它的描述與在昆蘭發現的洞穴和建築物符合，昆蘭就位在老普林尼文中所說的「愛色尼人部落」所在地：死海西岸，耶利哥（耶里哥）城南方和隱基底北方[5]。

考古學家在西岸其他地方展開地毯式搜索後，找不到其他任何聚落遺址可以媲美昆蘭，與老普林尼所描述的愛色尼人城市如此吻合。老普林尼所描述的一個全男性社群也與這個遺址的考古結果符合，因為在它旁邊有一處古代墓地，從那裡挖掘出來的骷髏幾乎清一色都是男性，在屋內或洞穴裡也看不到任何女用物品[6]。

重要的文獻來源

老普林尼是唯一明確描述愛色尼人聚居在死海沿岸的古代作家，但是其他作家則告

4. Trans. H. Rackham, *Pliny—Natural History II* (Loeb Classical Library; Cambridge, MA: Harvard University Press, 1942), p. 277.
5. 一個人要從北方前往南方的死海西岸，隱基底大約就位在這段旅途的中點。
6. 死海古卷考古學，可參考 Jodi Magness, *The Archeology of Qumran and the Dead Sea Scrolls* (Grand Rapids, MI: Eerdmans, 2002), esp. pp. 163–187: "The archeological evidence attests to only minimal female presence at Qumran" (182)。

訴了我們更多愛色尼人的一般樣貌。其中有一位作家夫拉維．約瑟夫（Flavius Josephus, A.D. 37–100，以「約瑟夫」這個簡稱為人所知），他的相關著述是探討愛色尼人非常重要的文獻來源，先簡單介紹一下他的生平，將有助於我們後續做更深入的探討。

約瑟夫是馬提亞的兒子，西元三十七年出生於耶路撒冷。他的父親是祭司（又譯司祭），母親是以色列王室後裔。他的家族屬於猶太精英階級，西元六十六年，爆發了猶太人反抗羅馬帝國的戰爭，他受派擔任加利利地區的軍事總督。約瑟夫是個才幹傑出的指揮官，但最後還是戰敗，被羅馬將軍維斯帕先（Vespasian）俘虜，之後，約瑟夫與這些羅馬勝利者之間發展成為休戚與共的命運共同體，他後來擔任了維斯帕先的兒子提圖斯（Titus）的顧問兼翻譯，提圖斯在西元七十年攻陷耶路撒冷的決定性戰役中，擔任羅馬軍隊的指揮官。

維斯帕先後來登基成為羅馬皇帝，約瑟夫獲頒諸多榮譽和一筆退休養老金。約瑟夫冠上皇室名號「夫拉維」，以「夫拉維．約瑟夫」這個名字行走於羅馬境內。他在羅馬度過餘生，寫了兩部巨作：《猶太戰史》（*The Jewish War*，後文簡稱《戰史》）描寫了自西元六十六年至七十年間，猶太人所經歷的悲慘革命，以及引爆這場革命的導火線。《猶太古史》（*The Antiquities of the Jews*，後文簡稱《古史》）則以聖經為本，書寫猶太人從創世以降，直到他所生活的那個時代的悠久歷史。

約瑟夫在他的著作中不只一次（其實是三次）冗長地詳述了愛色尼人，還附帶了許多參考資料[7]。他把愛色尼、法利賽、撒督該並列為猶太三大教派，或說是三大「哲學學派」，就像是畢達哥拉斯（Pythagoreans）、斯多噶（Stoics）和伊比鳩魯（Epicureans）這些古典哲學學派一樣。

撒督該人中有大祭司和財大勢大的貴族，他們掌控了聖殿和首都耶路撒冷。他們的信仰聚焦在今生的祝福，只接受《摩西五經》（梅瑟五書）[8]為聖經，凡是沒有明確記載於五經中的教義一律不接受，例如來生、天使和聖靈（聖神）[9]。法利賽人則是一支偏重學術考究的教派，他們強調研讀聖經，期望所有猶太人都能遵行高標準的潔淨禮儀。他們使用的聖書類似於現今的猶太聖經，或是新教所採用的《舊約聖經》，內容比《摩西五經》收錄了更多經卷。儘管約瑟夫最終認同自己是法利賽人，但他似乎對愛色尼人更感興趣，在他的著作中，對這支教派的描述遠多於另外兩個教派。

「愛色尼」（Essene）一詞也許衍生自這個希伯來字「*ôsîm*」（實踐者），意思是「遵

7. 這三處長篇段落出現在《猶太戰史》2.119–161（此後簡稱《戰史》）和《猶太古史》（此後簡稱《古史》）13.171–173 和 18.18–22中。
8. 譯注：**Pentateuch**，即收錄於《舊約》的頭五本經卷，分別為〈創世記〉、〈出埃及記〉、〈利未記〉（肋未紀）、〈民數記〉（戶籍紀）與〈申命記〉，又稱為摩西律法或法律書。
9. 參〈使徒行傳〉（宗徒大事錄）23章 8節。

行律法的人」，儘管有其他人提出不同的詞源解釋[10]。比起撒督該人或法利賽人，愛色尼人願意接納更多出於天啟的聖經書卷，包含了現今被猶太人和大多數基督徒視為偽經的經書，例如《禧年書》（*The Book of Jubilee*），以及杜撰的偽經合集《以諾一書》（*1 Enoch*，又譯哈諾客一書）。他們和法利賽人一樣也接受天使與魔鬼、天堂與地獄、審判與復活，以及權威與傳統等教義。

但約瑟夫還提到了這個教派其他與眾不同的特點：他們過著清貧的生活、堅持物品公用、拒絕私人財產和放縱肉體的歡愉等等。大多數人放棄家庭生活，選擇生活在一個禁慾的男性團體當中，共用一張桌子，過著公有制的集體生活。他們全心致力於研讀聖經，特別是發預言，他們當中出現了許多因為預言神準而聞名的先知。他們穿著簡樸的白衣，每天都要進行聖浴潔淨身體，然後由一位祭司主領祝謝要吃喝的餅和酒。

令人稱奇的是，約瑟夫所說的每一件關於愛色尼人的事，都可以獲得證實，至少與死海古卷所記載的內容，或是在昆蘭遺址所挖掘到的建築群及洞穴考古遺跡，具有相當的關聯性[11]。

舉例來說，約瑟夫就描述了愛色尼人每天都會實行一項沐浴潔淨儀式，而且考古學家在昆蘭所挖掘出的潔淨池數量，比其他類似的同期遺址來得更多，足夠供數百人在短時間內同時沐浴。再舉另外一個例子，約瑟夫還描述了愛色尼人基本上包含了兩個分支，一支獨身，一支已婚：

一二〇：愛色尼人不認為歡愉是邪惡的，但看重節制和禁慾，把它們視為美德。他們鄙視婚姻，但選擇收養其他人的孩子，這些孩子正值個性溫順，適合學習的成長階段；他們把這些孩子當作親人般來對待，根據他們自己的規矩來教養、形塑他們。

一六〇：另外，還有一個愛色尼人分支，他們認同另一個分支的生活方式、習俗和法律，卻不認同他們對婚姻的看法，因為他們考慮到，不婚等於是切斷了人類生活一個很重要的部分，也就是傳宗接代的指望；尤有甚者，如果全天下的男人都抱持獨身主義，人類將會滅亡[12]。

10. 我相關討論參見James Vander Kam, "The Identity and History of the Community," pp. 490–499 in vol. 2 of *The Dead Sea Scrolls After Fifty Years* (2 vols.; ed. Peter Flint and James VanderKam; Leiden: Brill, 1999)。

11. 我們常常讀到諸如：約瑟夫對愛色尼人的描述不可靠，或是與死海古卷的文獻內容牴觸，又或者不符合昆蘭的考古結果等這類主張。雖然約瑟夫就和其他古代和現代作家一樣，都無法避免個人的偏見和錯誤，但是他對愛色尼人的描述確實相當符合死海古卷的內容，以及昆蘭的考古結果。這部分可以特別參考Todd S. Beall, *Josephus' Description of the Essenes Illustrated by the Dead Sea Scrolls* (Society for New Testament Studies Monograph Series 58; Cambridge, UK: Cambridge University Press, 1988); and Magen Broshi, *Bread, Wine, Walls, and Scrolls* (New York: Sheffield Academic Press, 2001), pp. 71–77。

12. F. Josephus and W. Whiston, *The Works of Josephus: Complete and Unabridged* (Peabody, MA: Hendrickson, 1987), pp. 605 and 607.

非常引人矚目的是，在死海古卷的典章類書卷（被稱為《大馬士革文獻》〔*Damascus Document*〕）中，有一部書卷的中間段落顯示，這項規範又分成了兩類條例：

> 簡言之，凡是遵行這些律例度日，言行保持**聖潔無瑕**者，謹守遵行了一切命令，神將會堅固祂所立的約，賜他生命直到千萬代。
>
> 但若他們住在營區[13]中並隨從這地的準則娶妻生子，就讓他們按照摩西律法生活，遵行其中的誓約規範[14]。

這個引人入勝的段落描述了愛色尼人的兩種生活方式[15]。首先，有一條通往「聖潔無瑕」（希伯來文 *tamîm qôdesh*）的途徑。這裡的「無瑕」（*tamîm*）一詞有「完整」或「完全」的意思。這種生活方式意謂要在許多事情上有所節制，包括性行為，根據摩西律法，這會使人有段時間是不潔的。因此，有固定性事的夫妻生活不可能保持「**全然**聖潔」。換言之，一個「完美無瑕」或者「全然聖潔」的男人，必須棄絕婚姻生活，但這份文獻向他們保證，他們雖然沒有婚生子女，卻必定會獲得「直到千萬代」的永恆生命[16]。

另一方面，對於那些分散在以色列各地、住在愛色尼人社區的已婚人士——被形容為住在這「地」的「營區」裡的人——則只要求他們維持低標準的宗教行為。他們只要過著「遵行摩西律法」的生活就好，這話的真正意思，是要他們奉行愛色尼人對摩西律法的「解釋」，但他們的解釋往往有別於另外兩個教派。

在耶穌和使徒（宗徒）的時代，有部分愛色尼人社群散居在以色列重要的城鎮和城市，包括耶路撒冷在內。我們不知道有多少人適用婚姻條例、有多少人適用獨身條例，但一些古代作家的著述透露，愛色尼社群的居民大多數為單身男性。

所有證據都顯示，昆蘭社群的居民過著這種生活：他們睡在天然洞穴中，房屋則用來工作、祈禱、吃飯、研修和抄寫聖書。他們寫作、保存和收藏了大量書籍，這在古代社會是一項曠日費時又燒錢的浩繁工程，因此我們有理由相信，在這個人數規模更龐大的愛色尼教派中，昆蘭成了他們的學習重鎮。我們現在就來快速瀏覽他們所遺留下來的

---

13. 譯注：參見第11章對營區的詳述。
14. 引述自《大馬士革文獻》col. 7, ll. 4–7。至今，學者仍習慣以《大馬士革文獻》的縮寫「CD」來稱呼它，這個縮寫是來自它的原始命名「大馬士革之約」（The Covenant of Damascus），因此學者把這個引文段落稱為「CD 7:4–7」。
15. 相關討論參見Elisha Qimron, "Celibacy in the Dead Sea Scrolls and the Two Kinds of Sectarians," pp. 287–294 in vol. 1 of *The Madrid Qumran Congress* (2 vols.; Studies on the Texts of the Desert of Judah 11/1; Leiden: Brill, 1992)。
16. 這點不禁讓人想要比較耶穌的教導：「我實在告訴你們，凡是為我或為福音撇下了房屋、兄弟、姊妹、父母、兒女，或田地的，必定在今世收穫更多。他將得到百倍的房屋、兄弟、姊妹、母親、兒女，或田地，並且要遭受迫害；而在來世，他將得到永恆的生命。」（馬可／馬爾谷福音10:29–30）

文庫中，最重要的十大書卷。

最重要的十大書卷

如同我們在前一節所提到的，考古學家在昆蘭的十一處洞穴裡，發現了一千卷古書卷的斷簡殘篇。其中有四分之一屬於「聖經」書卷，其餘四分之三則除了少數書卷外，都是愛色尼教派本身的著作。

死海古卷的研究學者給了每個出土書卷一個專有的技術名稱，一般包含了一個按照洞穴被發現的順序來編號的數字（例如：「1Q」代表「一號洞穴」），後面緊接著一個名稱或縮寫（著名的書卷依此原則來命名），或是它們被發現的順序編號（多數書卷依此來命名）。

由於出土的書卷大都已經變得支離破碎，我們只能據理推測它們的內容，但以下是保存最完善、內容也最重要的書卷：

1. 大以賽亞書卷（The Great Isaiah Scroll，1QIsaiah[a]，在一號洞穴所發現的第一本〈以賽亞書〉抄本，又譯「大依撒意亞書卷」）。這卷保存幾乎完好無損的完整〈以賽亞書〉經卷，是年代最古老的昆蘭出土聖經書卷之一。它寫於西元前一二五年，由於它的書卷外觀至今保存完好，因此也最受攝影鏡頭的青睞，成了最常入鏡的死海書卷，反之，大多數的古書卷都是靠著學者把支離破碎的羊皮卷碎片拼湊而成。《大以賽亞書卷》包含了希伯來文寫成的經文文本，形式與傳統的猶太文本（馬索拉文本[17]）類似，後者至今依舊在猶太會堂裡被信徒反覆誦唸。

2. **社群規章**（The Community Rule，1QSerek-ha-Yahad 或簡稱 1QS）。這份文獻可能是西方文明最古老的規範類型實例。這裡「規章」一詞的意義係指一種宗教或教派的規範典章，像是〈聖本篤修院教規〉（the Rule of St. Benedict）、〈聖法蘭西斯教規〉（the Rule of St. Francis）。昆蘭出土的《社群規章》則是用來規範定居在這個遺址的猶太人社群的日常生活。他們就像其他宗教的修士或僧侶那樣生活，包含了例行的祈禱、工作、研讀聖經、敬拜，以及像是吃喝睡覺等必要的日常生活行為。我們會在接下來的第二章裡大量引用《社群規章》，來詳盡探討這個過著如修士般的宗教社群的生活和信仰。

17. 譯注：Masoretic Text，簡稱 MT，即今天希伯來文舊約聖經的正典，由馬索拉文士寫於十世紀左右，他們設計了一套包括母音和重音符號的嚴謹音標系統，以避免人們誤解經文的意義，他們完全不更動經文內容，只在有必要解釋的文字上加以批註。在死海古卷出土之前，馬索拉文本是最早的希伯來聖經抄本。

3. **大馬士革文獻**（The Damascus Document，CD）。這份文獻起初命名為「大馬士革之約」（the Covenant of Damascus），學者至今依舊習慣用它的英文縮寫「CD」來稱呼它。它的內容描述了這個昆蘭社群所屬的愛色尼教派的歷史、目標，以及一些典章律例。它的許多條文和觀念也出現在《社群規章》中。它還有一些斷簡殘篇也出現在死海古卷中。西方學者很快就辨認出了《大馬士革文獻》，因為先前考古學家在一八九七年已經於埃及開羅一間最古老的猶太會堂的藏經庫裡，發現了一卷更加完備的出土抄本。

4. **戰卷**（The War Scroll，1QM，M是希伯來字 *Milhamah*，也就是「戰役」或「戰爭」的縮寫）。這卷偽經描述了昆蘭社群對於基督徒所說的「哈米吉多頓」（*Armageddon*）的觀點，也就是善與惡的力量在世界末日的最終決戰。昆蘭社群已經規畫好這場末日之戰的詳細細節，像是會由哪個以色列支派在每一天的末日戰役中領軍衝鋒陷陣、戰旗的裝飾，以及使用的武器等等。

5. **聖殿卷**（11QTemple）。這卷書卷聲稱是神對摩西如何管理聖殿的指示。昆蘭社群並不認同當時耶路撒冷的大祭司治理聖殿的方式；反之，他們相信救世主彌賽亞（默西亞）會在未來把治理聖殿的權力交付給愛色尼人。因此，《聖殿卷》記載了在他們管理之下的聖殿治理規範。

6. 律例書信（4QMMT，希伯來文 *Miqsat Ma'asei Ha-Torah* 的縮寫，意思是「一些應當遵行的法律」）。這是昆蘭人寫給在耶路撒冷的法利賽人的一封書信，內容涉及到耶穌，以及死海古卷中大約有二十條對於猶太人潔淨禮儀的規範出現歧異，包括了如何處理皮革、小狗、屍體、液體從一個容器倒入另一個容器等諸如此類的事情。法利賽人顯然對於摩西律法中禮儀條例的態度太過鬆散，昆蘭人才會寫信敦促他們應該要更加恪遵法律，謹言慎行以對。

7. 釋經集（Pesharim），內容包括了1QpHab（哈巴谷書）、4QpNah（納鴻書）和 4QpPs^{a}（詩篇）等解經文集。Pesher 的希伯來文意思是「闡釋」，而 Pesharim 則是 Pesher 的複數形式。《釋經集》是在死海古卷中所發現到的一些《舊約》書卷解經合集，其中最著名的解經書卷有〈納鴻書〉、〈哈巴谷〉和〈詩篇〉。這些解經書卷把聖經中的先知書當作預言，用來闡釋發生在昆蘭社群那個時代的關鍵歷史事件，卻使用了只有社群成員才懂的術語。《釋經集》提到了昆蘭社群的創始人「公義的教師」，以及他與「邪惡祭司」、「說謊者」等敵人的爭戰。學者曾試圖根據《釋經集》中那些隱晦提及的已實現預言來重建這個社群的歷史，但重建的結果並不牢靠。

8. 感恩詩篇（The Psalms of Thanksgiving，以 1QHodayot^{a} 或 1QH^{a} 抄本最重要）。

學者更熟知的是它們的希伯來文名稱 *Hodayot*（感謝），這些非聖經讚美詩篇的作者，可能是這個社群的創始人（或是創始人之一），也許就是《釋經集》裡所提及的那位「公義的教師」。他深知自己肩負使命要服事和帶領這群神真正的子民，這種使命感幾近是一種彌賽亞的自覺。他的這種使命感與耶穌的彌賽亞聖召自覺之間的雷同，屢屢吸引學者們的關注。

9. **麥基洗德（默基瑟德）文獻**（The Melchizedek Document，又稱為十一洞麥基洗德〔11QMelchizedek〕）。這是最後一批出土的古卷之一。這份文獻包含了不同的聖經文本，據此闡釋在末日到來之時，至高神的祭司麥基洗德王（創世記 14:18）將會再來，他要向所有義人宣告禧年的來到。《麥基洗德文獻》根據聖經裡對禧年的定義（利未記／肋未紀 25:10）——也就是在禧年，奴隸要得釋放，而且已出售的土地要歸還給原來的地主——這表明了在禧年末期，麥基洗德將會宣告所有義人要從他們的罪債中被釋放，從魔鬼撒但的奴役下得自由。

10. **會眾規章**（The Rule of the Congregation，1QS^{a}，意思是「1QS 的附錄一」）。這是有關末世的文獻，描述了在彌賽亞（或彌賽亞們）降臨時，整個以色列國將會如何被統治和組織。這是一份簡短的文獻，只有一卷現存抄本，作為出土於一號洞穴的《社群規章》的附錄。基本上，隨著彌賽亞的到來，這個社群的規章將會被調整，適用範圍將擴及到整個以色列國。

到此，我們對於這個居住在昆蘭的宗教社群，以及他們所遺留下來的文庫內容，做了一個簡要卻充分的概述。但這裡留下了一個疑問有待解答：他們為什麼要離群索居，選擇定居在偏遠的不毛之地？

Point

死海古卷文獻被發現的時間，主要集中在一九四六至一九五六年間，它們是一個猶太人宗教社群的文庫遺跡，他們在西元前一世紀至西元一世紀期間定居在死海西北岸。這個社群是人口規模更大的愛色尼教派的一部分，愛色尼教派是古猶太教的一個支派，他們力行刻苦、禁慾的生活以保持聖潔。修復後的死海古卷文獻包含了聖經書卷、宗教規範、偽經文學、讚美詩、預言和解經書。

第2章

等候彌賽亞（默西亞）

Waiting for the Messiah

昆蘭人定居沙漠，等候救世主彌賽亞（默西亞）出現。〈以賽亞書〉（依撒意亞）四十章三節說：「有一個聲音喊說：『要在荒野為上主預備道路；要在沙漠為我們的上帝開闢大道。』」昆蘭人照著字面意義來解讀這節經句。他們認為「上主的道路」和「上帝的大道」就是彌賽亞與其隨從在末日降臨時，通往聖城的道路。

從猶太教的精神中心耶路撒冷所在的位置來看，「荒野」和「沙漠」就在它的正東方，包含了通往死海途中的連綿荒涼沙漠。聖經裡一些先知也曾預言，神將會在恢復萬事萬物後，從東方回到耶路撒冷[1]。所以昆蘭人從耶路撒冷出發前往東方，直到抵達死海，並沿著他們預期彌賽亞將取道回耶路撒冷的途徑紮營，等候祂的到來。他們的心情頗能與這首美國聖歌的歌詞相輝映：「喔，當眾聖徒邁步前進！喔，當眾聖徒邁步前進時，我要在其中！」

「彌賽亞」一詞源自這個希伯來字 *mashiach*，意思是「受膏者」（一譯受傅者），衍生自動詞 *mashach*，「傅油或用油膏抹」之意。對應的希臘字是 *christos*，源自動詞 *chriō*，英文的字面翻譯則是「Anointed One」（受膏者）。在古以色列，宗教或國家領袖通常都會受膏，用來標記其領導職涯的開始。君王和祭司在他們即位之初就要受膏，先知偶爾也會受膏。

聖經記載了在以色列歷史的晚期，當以色列和猶大國的君王急速衰敗之際，先知預言說，在未來某個時日，會有一位受膏的領袖興起，帶領他的百姓恢復先前的榮耀。在耶穌降生前的幾個世紀，猶太教有個司空見慣的現象，他們把一些（或者所有）林林總總的先知預言綜合成一個普遍的盼望：最終的受膏者「彌賽亞」將會興起，祂要復興以色列國。至於這位彌賽亞的身分究竟是一位先知、祭司或君王——或者身兼多重角色，則眾說紛紜[2]。

有些人主張昆蘭社群本身就是彌賽亞所創建。他們的著作經常提及一位「公義的教師」把他們組織起來，並且確立他們的教義。許多學者認為，這位教師的出身是一位耶路撒冷聖殿的大祭司，後來被馬加比（瑪加伯）的領導者約納堂．阿弗斯（Jonathan Apphus）廢黜。約納堂在西元前一五二年違法取得大祭司職位，法定的大祭司則遭到流放，並在死海附近創立了昆蘭社群，保存其宗教信仰和儀式的純全，直到神恢復合法的祭司職位和王權[3]。其他理論則主張，這位教師不僅是昆蘭社群的創建者，還是規模更龐

1. 例如，可參見〈以西結書〉（厄則克耳）43章2節。
2. 針對在基督時代猶太人對彌賽亞的盼望的概述，有一本可讀性很高的著作：Brant Pitre, "What Were the Jewish People Waiting For?" pp. 22–47 in Pitre, *Jesus and the Jewish Roots of the Eucharist: Unlocking the Secrets of the Last Supper* (New York: Doubleday, 2011)。
3. 關於這個假設的說明，參見 Jerome Murphy-O'Connor, "The Teacher of Righteousness," pp. 340–341 in vol. 6 of *The Anchor Bible Dictionary* (New York: Doubleday, 1992)。

大的愛色尼教派（昆蘭社群包含其中）的創始人。

普遍公認「公義的教師」是死海古卷中許多篇獨特的感恩詩的作者，尤其是《感恩讚美詩》（*Thanksgiving Hymns/Hodayot*）[4]。這些讚美詩透露出這位教師和神之間的親密關係，以及他意識到自己有一個獨一無二的神聖呼召，來帶領神的百姓。許多人都注意到了這位公義的教師和拿撒勒（納匝肋）人耶穌之間的相似性，兩人都意識到神對他們生命的獨特呼召，也都透過和以色列百姓的代表建立新約，創立了各自的宗教社群。學者麥克·歐懷斯（Michael O. Wise）甚至出版了一本探討公義的教師的專著《第一位彌賽亞》（*The First Messiah*）[5]。

然而，若是因為公義的教師和耶穌之間看似有許多相似性，就把他描繪成「彌賽亞」，這並不妥當。他從未宣稱自己是彌賽亞，昆蘭人也沒有把彌賽亞的頭銜加在他身上。公義的教師自己似乎也在等候彌賽亞，他也如此教導昆蘭人。舉例而言，《大馬士革文獻》對背道者發出以下警告：

> 他們不得成為人民公會的一員，自廣受愛戴的教師過世起，直到亞倫暨以色列的彌賽亞顯現為止，他們的名字不得寫進他們的名冊中。（CD 19:35-36）

如同上面引述所顯示的，在公義的教師過世後，他們確實在期盼**兩位**彌賽亞，一個是來自亞倫（亞郎）一脈的祭司彌賽亞，一個是來自大衛（達味）一脈的君王彌賽亞。他們稱這兩位彌賽亞為「亞倫的彌賽亞和以色列的彌賽亞」。《社群規章》中有一段內文吩咐昆蘭人要持守社群的創始異象，直到兩位彌賽亞顯現：

> 他們必須用啟蒙社群成員的創始戒律管束自己，他們要如此行，直到先知以及亞倫的彌賽亞和以色列的彌賽亞來到。（1QS 9:10-11）

學者稱這種有兩個彌賽亞的盼望為「雙彌賽亞主義」（diarchic messianism）。這種現象可能是基於一些先知書，它們宣稱神對以色列的皇室和祭司王朝的應許永不改變。舉例而言，在〈耶利米書〉（耶肋米亞）三十三章裡就堅稱，利未（肋未）家永遠會在神的面前擔任祭司，而大衛家也必永遠作王。這項應許的意涵是：神有一天會復興這兩個家族。同樣地，先知撒迦利亞（匝加利亞）的一個著名異象是他看到了兩棵橄欖樹，分別

4. 即《感恩詩篇》，參見Murphy-O'Connor, "Teacher of Righteousness," p. 341
5. Michael O. Wise, *The First Messiah: Investigating the Savior Before Christ* (San Francisco: HarperCollins, 1999).

代表了「兩位受膏者」站在主的兩邊（撒迦利亞書 4:14）。這很容易就被解釋為有兩個彌賽亞，亦即君王彌賽亞與祭司彌賽亞，會在未來出現。

雙彌賽亞主義似乎成了昆蘭人對於彌賽亞降臨的主流盼望。但至少有一份死海古卷文獻的出現，代表了一種「少數派報告」，這是另外一種盼望彌賽亞降臨的觀點，專注於聖經人物麥基洗德（默基瑟德）的再臨，他集祭司和君王於一身（創世記 14:18-20）。這份文獻出土於十一號洞穴，因為內容大多聚焦在麥基洗德，所以學者稱之為「十一洞麥基洗德」（11QMelchizedek）。

雖然「十一洞麥基洗德」古卷是斷簡殘篇，我們還是能從現存抄本中充分了解這是一卷預言書，它綜合了與禧年相關的聖經經文，把它們套用在麥基洗德身上，表明他將會在末世復臨[6]。

禧年與末世

古以色列人每四十九年慶祝一次禧年，號角聲要響徹全地，宣告禧年的到來，未清償的債務會被一筆勾銷，所有因為還債而變賣的家族土地都要物歸原主，賣身為奴以還債的人也都要重獲自由。每一個以色列人都要回到自己的土地，才能重獲失去的地業。

遺憾的是，幾世紀以來，以色列人奉行禧年律法的次數，即使有，也是屈指可數。畢竟，對先知而言，與其說禧年是一種生活法律[7]，倒不如說是一種對末世的盼望。以賽亞（依撒意亞）預見了一位受膏的「神的僕人」將會宣告末世禧年的到來：

> 至高上主的靈臨到我；他膏立我，揀選了我，要我向貧窮的人傳佳音。他差遣我醫治傷心的人；要我宣告：被擄的，得釋放；被囚的，得自由。他差遣我宣告：上主拯救他子民的恩年（即禧年）；上帝懲罰仇敵的日子。（以賽亞書 61:1-2）

同樣地，但以理（達尼爾）也預言了彌賽亞會在經過十個禧年循環週期後來到，耶路撒冷艱困的處境將會結束。天使加百列（加俾額爾）告訴但以理：

> 為你本國之民和你聖城，已經定了七十個七。要止住罪過，除淨罪惡，贖盡罪孽，彰

6. 我在另一本著作中對於「十一洞麥基洗德」文獻有更詳盡的探討，參見 *The Jubilee from Leviticus to Qumran: A History of Interpretation*, pp. 277–291 (Vetus Testamentum Supplements 115; Leiden: Brill, 2007)。

7. 對古以色列遵行和闡釋禧年的歷史的更詳盡論述，參見 Bergsma, *The Jubilee from Leviticus to Qumran*, pp. 295–304。

顯永義，封住異象和預言，並膏抹至聖者[8]。你當知道，當明白，從出令重新建造耶路撒冷，直到受膏君來到[9]的時候，必有七個七和六十二個七[10]。正在艱難的時候，耶路撒冷城連街帶濠都必重新建造。過了六十二個七，那受膏者必被剪除，一無所有。（但以理書9:24-26，可對照《七十士譯本》[11]）

「七十個七[12]」是四百九十年，或十個每四十九年一次的禧年循環週期[13]。上述〈但以理書〉的這段經文，描述了「受膏君」（即彌賽亞）會在耶路撒冷重建命令發出後的「七個七和六十二個七」（也就是在六十九個七年或是四百八十三年）來到。如此看來，彌賽亞會在四百九十年的最後高潮發生之前的七年顯現。換言之，彌賽亞會在經文所說的預言全部實現前，短暫地出現。

「十一洞麥基洗德」預言書引述上述〈以賽亞書〉和〈但以理書〉的經文段落，以及〈利未記〉（肋未紀）二十五章關於禧年的經節，把它們連結到麥基洗德的再來（在引述下面這段文字之前，我先說明，已出土的死海古卷大都處於破碎不堪的狀態，大量內文片段遺失，僅剩少量文字片段。儘管如此，學者有時還是能夠重建或是有根據地猜測遺失的內容。他們的標準作業是把重建的內文放在括弧裡，本書也是以同樣方式來表示。「十一洞麥基洗德」有許多缺文，但學者已經能夠把大多數缺漏的文字填補好，因為它們主要是聖經的引述以及一些獨特句子的重述）：

至於這節經文說：「在（這）禧年內，（人各歸其祖業）。」（利未記25:13）……（它）是指末日被擄之人說的，如同（以賽亞所言：「被擄的，得釋放；被囚的，得自由。」）（以賽亞書61:1）……而且他們的教師被藏匿起來，無人知曉在哪裡，即使是麥基洗德的產

8. 許多英譯本對最後一句的翻譯是「anoint a most holy place」，但希伯來文的字面意義是「to anoint a holy of holies」。
9. 新標準修訂譯本（NRSV）聖經的翻譯是：「to the coming of an anointed prince」（直到受膏君來到），但「Messiah, a prince」（彌賽亞，君王）才是對希伯來原文的忠實翻譯。
10. 在翻譯「七個七和六十二個七」的時候，我要老實說，我根據的是《七十士譯本》（古希臘譯本）和所有古代譯本。至於在希伯來文本裡，置於「七個七」後面的標點符號，並未在古文本裡獲得證實（編注：此指英譯本聖經）。參見Bergsma, *The Jubilee from Leviticus to Qumran*, p. 230, and Roger Beckwith, "Daniel 9 and the Date of the Messiah's Coming in Essene, Hellenistic, Pharisaic, Zealot, and Early Christian Computation," *Revue de Qumran* 10 (1981): 521–542。
11. 譯注：《七十士譯本》（*Septuagint*，簡稱 LXX）是《舊約聖經》最早的希臘文譯本，約公元前三至一世紀譯成，因傳說是由七十二位翻譯者在亞歷山大城合譯而得名。《七十士譯本》原書已失傳，現存的是公元四至五世紀的抄本。《七十士譯本》是大部分新約作者的聖經。節錄自基督宗教線上中文資源中心：http://occr.christiantimes.org.hk/art_0101.htm
12. 編注：此處的「七」應該被理解為「七年」，而非「七天」。
13. 每逢第五十年就是禧年，但第五十年也同時是下一個禧年週期的第一年，關於禧年的計算，參見John Bergsma, "Once Again, the Jubilee, Every 49 or 50 Years?" *Vetus Testamentum* 55.1 (2005): 121–125。

業，因為……以及他們是（麥基洗德）的產（業），他會釋放他們回到應當歸回之地。他將向他們宣告禧年來到，而且把（他們從）個人的所有罪（債）中釋放出來。（因此）這項宣告（將會）在這個禧年的第一個星期來到，這個禧年的後面會緊接著九個禧年。然後「贖（罪）日」會在第十個（禧年）結束時接著出現，他將贖回所有的（光明）之子和（被預定）為麥基洗德的百（姓）。（11QMelch 2:1-8）

我們看見了古代智者如何根據以賽亞的禧年預言（以賽亞書 61:1），以及但以理的十個禧年年表中的紀事，來闡釋禧年法律（利未記 25:13）。但無論如何，麥基洗德的禧年與欠錢無關，而是把人從「所有罪債」中釋放出來。除此之外，他們不僅會從地上的奴役中得自由，也會從魔鬼撒但的綑綁中得釋放，如同這卷古卷後面的闡釋：

因此麥基洗德將會遵行神的律例，展開徹底的復仇行動。（到那日，他會把他們從）比列[14]以及所有（預定給牠的）靈的權勢中，釋（放）出來。（11QMelch 2:13）

愛色尼人似乎非常崇敬麥基洗德，因為他們把〈以賽亞書〉中有關於神的經文段落，詮釋為「神」是指稱這位古代身兼祭司的君王：

這是關於他的敘述，「（對錫安說）『你的神作王了』」（以賽亞書52:7）。「錫安」是（所有公義之子聚集之處，他們）遵行這約，不從世人的（道路）。「你的神」就是（麥基洗德，他會把他們從比列的權勢中）釋放出來。這攸關聖經所言，「你們應在全國（內吹起）號角，（響徹）全地……」（利未記25:9）（11QMelch 2:23-25）

總的來說，「十一洞麥基洗德」文獻提出了另外一種末世觀點，它的焦點不在於來自亞倫和以色列的這對彌賽亞，而是在一個身兼祭司與君王的人物身上，也就是幾近於神的麥基洗德，他將會宣告一個超自然的禧年的來到，把神的百姓從罪債和撒但的奴役下釋放出來。

我們在福音書中也看到了類似的觀點。例如，有了愛色尼人盼望彌賽亞到來的認知，在讀〈路加福音〉前幾章時，我們會覺得它更加引人入勝。事實上，死海古卷的背景或許也說明了〈路加福音〉的一些獨特特色。舉例來說，〈路加福音〉以施洗約翰（洗者若翰）的家世和根源拉開序幕，而不是耶穌，然後筆鋒一轉，前幾章變成了耶穌和施洗約翰兩人的傳記。

14. 譯注：撒但的別名。

在福音書的作者中，只有路加告訴我們施洗約翰出身於**祭司家庭**，他的父親撒迦利亞（匝加利亞）是在聖殿裡任職的祭司，他的職位夠高、血統夠純正，足以讓他躋身在可以進到聖所獻香的祭司當中，這是非常崇高的職務（參考路加福音 1:8-9）。

為什麼路加如此關注施洗約翰的出身，以及他的早年生活和服事？可能的原因很多，但如果我們以愛色尼人的眼光來讀〈路加福音〉，施洗約翰看起來非常像是神所應許的「亞倫的彌賽亞」，一位「膏抹至聖者」的祭司彌賽亞，而這個至聖者就是耶穌，他要取代聖殿。在此同時，耶穌扮演了「以色列的彌賽亞」的角色，〈路加福音〉記載耶穌出身的大衛家譜（路加福音 3:23-31、1:32、1:69、2:4）便充分闡明了這點。愛色尼人也知道君王彌賽亞必出自大衛後裔：

> （此外），坐在大衛寶座上的（必永不）斷絕，因為「柄杖」（創世記 49:10）是這國的約，千萬以色列人是「這腳」，直到公義的彌賽亞、大衛的苗裔來到。因為神與其百姓的國所立的約已經給了他和他的苗裔直到世世代代、永永遠遠，因為他與這個社群的成員遵守了……法律。（4Q252 5:2-5）

請注意，愛色尼人了解彌賽亞是「這國的約」的繼承者，他們回想起大衛的國是建立在一個與神所立的聖約之上（撒母耳記下／撒慕爾紀下5:3、歷代志下／編年紀下13:5、詩篇／聖詠集89:3-4）。在〈路加福音〉裡，大衛的國與聖約的連結還會在耶穌與門徒的「最後的晚餐」裡出現，但我們要到第八章才會對此作深入探究。

讓我們回到〈路加福音〉的序言，隨著快速瀏覽「耶穌童年記事」（路加福音一至二章），我們會驚訝地發現，它們與昆蘭文獻之間有許多關聯性。譬如，在「聖母領報」（the Annunciation）經文裡，天使加百列告訴馬利亞：

> 你要懷孕生一個兒子，要給他取名叫耶穌。他將成為偉大的人物，他要被稱為至高者的兒子。上帝要立他繼承他祖先大衛的王位。他要永遠作雅各家的王，他的王權無窮無盡！（路加福音1:31-33）

這聽起來很像一則出現在死海古卷中的彌賽亞預言，寫作時間在大希律王（黑落德王）執政時期，或是耶穌降生前不久：

> 他要被稱為大，而且要照著他的名被召。他會被稱為神的兒子，而他們會稱他為至高者的兒子……他的國永遠長存，他按著真理行事。他要根據真理審判這地，萬有要歸

於和睦。地上的刀劍將會止息，萬邦都要尊崇他。偉大的神是他的力量，祂要為他興起戰爭；祂要把萬族交在他的手中，並且要把他們全部從他的面前剪除。他的統治永遠長存[15]。（4Q246 1:9-2:9）

馬利亞如此回應加百列：「我還沒有出嫁，這樣的事怎麼能發生呢？」（路加福音 1:34）這是一個有點奇怪的回答。聖本篤聖經學者暨考古學家巴吉爾．皮士拿（Bargil Pixner）認為，「我還沒有出嫁」是一個獨身的誓言，而馬利亞是愛色尼派成員，因為愛色尼人是唯一實行獨身的猶太教派[16]。這並非不可能，但真實性值得懷疑。因為目前缺乏明確的證據顯示，愛色尼人實行女性獨身。

路加福音與死海古卷的關聯

我們繼續往下讀路加的敘述，會發現他在描述耶穌和約翰的父母親時，彷彿情不自禁地譜寫出了聖歌，它們以讚美開始，類似聖經中的讚美詩（參見「聖母讚主曲」〔Magnificat〕，路加福音 1:46-55，以及「讚主曲」〔Benedictus，即撒迦利亞讚歌〕，路加福音 1:68-79）。

在聖經的讚美詩傳統裡，我們找不到法利賽人或撒督該人（撒杜塞人）譜寫的新歌，但我們找到了大量證據證明昆蘭人保有這種詩歌傳統。在昆蘭就出土了幾十首「感恩讚美詩」（Thanksgiving Hymns，更好的名稱是「感恩詩篇」〔Thanksgiving Psalms〕），作者是公義的教師，可能還有其他人。

〈路加福音〉第一章的「聖母讚主曲」與「讚主曲」的形式和主題，會吸引具有愛色尼人背景的猶太人，而耶穌的不凡智慧（路加福音 2:46-47）、幾乎所有約翰的行動和教導（3:1-20，參見本章後面闡述施洗約翰的部分），還有耶穌在約旦河受洗時領受了聖靈（3:21-22）的事件，也會吸引愛色尼人。

然而，我們從耶穌在家鄉拿撒勒的第一次講道中可以留意到，其中有些部分與愛色尼人的彌賽亞盼望有著非常具體的關聯。以下是路加的敘述：

> 耶穌來到拿撒勒——他長大的地方。在安息日，他照常到猶太會堂去。他站起來要念

15. 這段引文的英譯來自F. García Martínez and E. J. C. Tigchelaar, *The Dead Sea Scrolls Study Edition* (Leiden and New York: Brill, 1997–1998). 關於4Q246的探討，參見Michael Segal, "Who Is the 'Son of God' in 4Q246? An Overlooked Example of Early Biblical Interpretation," *Dead Sea Discoveries* 21 (2014): 289–312。
16. Bargil Pixner, *Paths of the Messiah* (ed. Rainer Riesner; trans. Keith Myrick et al.; San Francisco: Ignatius Press, 2010), pp. 23–26.

聖經，有人把先知以賽亞的書給他。他打開書卷，找到一個地方寫著：「主的靈臨到我，因為他揀選了我，要我向貧窮人傳佳音。他差遣我宣告：被擄的，得釋放；失明的，得光明；受欺壓的，得自由；並宣告主拯救他子民的禧年。」耶穌把書卷捲起來，交還給會堂助理，然後坐下。全會堂的人都盯著他。（路加福音 4:16-20）

每一個人都看著耶穌，因為他坐了下來，這是一個他預備要講道的標記。不同於基督宗教的講道牧者，猶太拉比是坐在椅子上講道，有時候這座椅被稱為「摩西（梅瑟）的座位」（馬太福音／瑪竇福音 23:2），這種做法是為了表明他們要繼續摩西的教導事工。空氣中瀰漫著緊張的氣氛，因為耶穌剛剛誦讀了一段在猶太人心中別具意義的經文，尤其是愛色尼人，他們把這段經文與麥基洗德和宣告最後的禧年連結在一起。那耶穌怎麼說這段經文呢？

他就對他們說：「今天，你們所聽見的這段經文，已經應驗了。」（路加福音 4:21）

換句話說：「我就是以賽亞所說的那個人，我就是那位來宣告禧年和恢復重建以色列的上主揀選之人。我就是這段經文的實現者！」

這絕對是個令人激動的消息，尤其是出身愛色尼教派的猶太人，他們認為以賽亞所說的「主的靈臨到我」的彌賽亞，就是那位近乎神的麥基洗德！拿撒勒人耶穌就是那位將要來到的麥基洗德嗎？然而，說的容易，他能以行動證明他所言不虛嗎？

那麼，我們就來看一看耶穌幾天後做了什麼事。同樣在〈路加福音〉第四章裡，如此寫道：

耶穌到加利利的迦百農（葛法翁）去。安息日，他在那裡教導人。聽見他教導的人都很驚奇，因為他的話滿有權威。在會堂裡，有一個污鬼附身的人，大聲喊叫：「唉！拿撒勒的耶穌，你為什麼干擾我們？你是來除滅我們的嗎？我知道你是誰；你是上帝的聖者！」

耶穌斥責那污鬼說：「住口，快從這個人身上出來！」污鬼在大家面前把那人摔倒，就從他身上出來，一點兒也沒有傷害他。大家驚訝不已，彼此議論說：「這是什麼話呢？這個人居然有權柄和能力指揮污靈，污靈竟出來了！」於是耶穌的名聲傳遍了那一帶地區。（路加福音 4:31-37）

愛色尼人是如何形容麥基洗德的呢，不就是「到那日，他會把他們從比列以及所有

預定給（牠）的靈的權勢中，釋放出來」嗎？（11QMelch 2:13）

在〈路加福音〉下一章，耶穌做了另一件與神的權柄相關的事：

> 有一天，耶穌正在教導人……有幾個人抬來一個躺在床上的癱瘓病人，想法子要把他抬進屋子裡，放在耶穌面前。可是，因為人多，他們無法抬他進去，就把他抬上屋頂，拆開瓦片，連人帶床把他縋下，放在人群中耶穌的面前。
>
> 耶穌看見他們的信心，就對那癱瘓病人說：「朋友，你的罪蒙赦免了。」經學教師和法利賽人議論說：「這個人是誰？竟說出這種狂妄的話！**除了上帝，誰有赦罪的權呢？**」
>
> 耶穌看穿了他們的念頭，就對他們說：「你們心裡為甚麼這樣想呢？對病人說『你的罪蒙赦免了』容易？還是說『起來走』容易呢？我要你們知道，人子在地上有赦罪的權。」於是他對癱瘓病人說：「我吩咐你，起來，拿起你的床，回家去吧！」
>
> 那個人立刻當著大家面前起來，拿起自己所躺臥的床回家，頌讚上帝。大家都非常驚奇，滿懷敬畏地頌讚上帝說：「今天我們看到不可思議的事了！」（路加福音 5:17-26，重點標示是我加上去的）

愛色尼人不也是這樣說麥基洗德的嗎？「他將向他們宣告禧年來到，而且把他們從

個人的所有罪債中釋放出來。」（11QMelch 2:6）

所以，我們可以理解，當一個愛色尼人在讀〈路加福音〉的時候，會發現施洗約翰和耶穌的人物形象回應了他們所盼望的「亞倫的彌賽亞和以色列的彌賽亞」。此外，他們也會看到耶穌實現了他們對神一般的麥基洗德的一切期望！畢竟，耶穌宣告了〈以賽亞書〉六十一章一至二節所提到的禧年要實現，而且用具體的行動把人從撒但和罪的權勢中釋放出來。

有許多可能的理由可以解釋，為什麼〈路加福音〉的頭幾章與死海古卷有如此多的關聯——有些人認為耶穌與約翰的家族以某種方式涉入愛色尼教派[17]。但無論如何，我們可以很確定地說，對於那些接受愛色尼派的教義薰陶，或是分享他們盼望彌賽亞降臨的人來說，〈路加福音〉讀來特別引人入勝，令他們愛不釋手，而且耶穌所展現出來的勇敢無畏形象，符合了以色列所期盼的受膏者的標準。

到今天，基督教會依舊是個在等候彌賽亞降臨的社群。這樣的盼望透過許多方式表達出來，從寫作一系列《末日迷蹤》（*Left Behind*）暢銷小說的基督徒作家提姆．勒海（Tim LaHaye）到天主教徒的彌撒禱詞「上主，求祢從一切災禍中拯救我們……使我

17. 參見 Pixner, *Paths of the Messiah*, pp. 24–32。

們虔誠期待永生的幸福，和救主耶穌的來臨」都可看出端倪。但在基督教會創立之前，愛色尼人已經是個「在等候彌賽亞的社群」。這種盼望彌賽亞的精神，是這兩個教派的主要共同特點。我們將在接下來的一章，看到兩者更具體的共同特色。

Point

敬虔的昆蘭人根據〈以賽亞書〉四十章三節的預言，在荒漠等候彌賽亞的顯現。其實，他們在等候兩個彌賽亞，一個是君王身分，一個是祭司身分。但他們有一份文獻把對彌賽亞的盼望聚焦在神祕的麥基洗德身上，表示他將會在末日顯現，宣告一個超自然禧年的來到。凡是受昆蘭信念薰陶、形塑的人都會發現，〈路加福音〉讀來令人著迷，因為路加所描述的施洗約翰與耶穌，回答了許多關於這種盼望彌賽亞降臨的觀點。

PART

2

洗禮（聖洗聖事）與死海古卷

第
3
章

死海古卷、施洗約翰（洗者若翰）與洗禮

The Scrolls, John the Baptist, and Baptism

據說，施洗約翰（John the Baptist，又譯洗者若翰）在他那個時代名聞遐邇。在電視實境秀和主持人語不驚人死不休的廣播節目還沒有出現的年代，約翰抨擊教會和政府領袖的「政治不正確」行為，的確在宗教上造成了深遠的影響——也大大娛樂了當時的一般老百姓。這位古代先知對當時社會所帶來的巨大影響力，反映在他頻頻出現於福音書（主要出現在耶穌服事）的關鍵時刻裡。

古代基督徒承認施洗約翰的重要性。在傳統上，西方（拉丁）教會和東方（希臘）教會用來記念人的節日，除了主耶穌的母親馬利亞之外，沒有人超越他。在歐洲，聖母與施洗約翰的聖像通常設立在天主教教堂的聖壇兩側。施洗約翰對當代文化依舊重要嗎？我們不妨從這個角度來檢視：根據針對全世界基督徒進行調查得出的統計數據，我們估計全球每三個人中，就有一位在他們人生的某個時刻接受赦罪的水洗禮儀，而這種廣泛的人類文化儀式可以回溯至施洗約翰的影響。

死海古卷能告訴我們多少關於施洗約翰的事呢？

我的看法是，很多。

雷蒙．布朗神父（Fr. Raymond Brown）也許是二十世紀最傑出的〈約翰福音〉（若望福音）專家，他曾評論說：「幾乎每個以《新約聖經》為本來研究昆蘭文獻的人，都承認昆蘭人對施洗約翰的描述與《新約》驚人地相似；他的生活和講道的每個細節幾乎都可能和昆蘭有密切關係[1]。一些強有力的間接證據確實顯示，約翰與住在昆蘭的愛色尼人有來往[2]。

愛色尼人是猶太人中唯一出先知的教派，奉行嚴苛的禁慾主義，以及力行獨身生活；而所有這些描述都體現在約翰身上：一個獨身的禁慾先知，在神的審判迫近之前傳講悔改的真理——這樣的信息也大量出現在死海古卷中。但施洗約翰和愛色尼人之間有許多更加具體的關聯性。

首先，他們在同一地區積極活動。我們從福音書得知，施洗約翰「出現在猶太曠野宣講」（馬太福音／瑪竇福音 3:1），這裡是指耶路撒冷東邊的下坡段沙漠地帶。從耶路撒冷和猶大地區蜂擁前來的群眾，迫使約翰不得不在約旦河南邊沿岸來服事他們，這裡離死海不遠，也是耶路撒冷民眾最容易到達的約旦河地區[3]。約翰也許有部分牧養服事是在比哩亞（Perea）地區，他從耶利哥（耶里哥）渡過約旦河來到這裡，這個地方在古代是

1. Raymond E. Brown, "The Qumran Scrolls and the Johannine Gos-pels and Epistles," pp. 183–207, in *The Scrolls and the New Testament* (ed. Krister Stendahl; New York: Harper, 1957), here p. 207.
2. 參見 Otto Betz, "Was John the Baptist an Essene?," pp. 205–214 in *Understanding the Dead Sea Scrolls: A Reader from the Biblical Arche-ology Review* (ed. Hershel Shanks; New York: Random House, 1992).
3. 在第一世紀，猶大地與約旦河最南段僅約十英里長的地區相毗鄰，這裡北起撒馬利亞（撒瑪黎雅），當地猶太人則避免經過撒馬利亞地區。

一條重要的貿易通道。貨物和旅人在此橫渡約旦河來到耶利哥，然後再從這裡前往耶路撒冷。

許多北方的加利利（加里肋亞）猶太人會取道這裡前往聖殿，因為他們寧願先從北部越過約旦河，然後再往南走來到比哩亞，又從這裡二次渡河前往耶路撒冷，也不願意採取不必渡河的便捷路徑，因為這會經過他們所憎惡的撒馬利亞（撒瑪黎雅）地區，他們認為這裡是血統不純正、信仰異端的混血猶太人的家鄉。所以，約翰有策略地選擇在這裡展開牧養工作，因為他可以在這裡接觸來往於約旦河兩岸的數以千計猶太人（和加利利人）。

無獨有偶，這裡也是約書亞（若蘇厄）在佔領應許之地前，帶領以色列人紮營的地方，也被認為是以利亞（厄里亞）升天之處。約翰也許是希望能藉此喚起猶太人對這兩個事件的記憶。約翰當然也刻意在穿著上仿效以利亞，「身穿皮毛衣，腰束皮帶」（列王記下 1:8）。駱駝毛非常粗糙，所以很少用在衣服上，一般拿來製作帳棚。

我們認為，約翰在牧養期間，已經在距離昆蘭短短半天路程的地方為人施洗。約翰和昆蘭人都非常看重認罪悔改的洗禮。我們在前面已經看到，昆蘭人每天都沐浴淨身，但他們也堅持人的內心若不悔改，這種水洗儀式不會產生任何效用：

> 秉持正直、謙卑的態度，他的罪或能被遮蓋，謙卑在神的一切法律之前，他的肉體得以被潔淨。唯有如此，他才能真正領受淨化之水，被潔淨的水流潔淨。（1QS 3:8-10）

在《大馬士革文獻》裡，愛色尼人不斷自稱為「悔改的以色列人」（例如 CD 6:5 和其他地方）。雖然昆蘭人每天都沐浴淨身，但我們有理由認為，他們在宣誓加入這個聖約社群後的第一次水洗，會格外讓人激動，而且具有充當轉化記號的作用，這類似於約翰所傳講的洗禮。

然而，約翰是為所有人施洗，不限於敬虔的猶太人，而是向普羅大眾、女性，甚至是加利利人開放，而且沒有任何入教程序。有一個可信的理由來解釋兩個洗禮之間的異同，但我們稍後再來檢視。

施洗約翰與昆蘭人的相似性還沒有結束。對於這位施洗者和這個施洗社群而言，〈以賽亞書〉（依撒意亞）是其神學的核心，尤其是〈以賽亞書〉四十章三節：

> 有一個聲音喊說：「要在荒野為上主預備道路；要在沙漠為我們的上帝開闢大道。」

在四福音書裡，我們看到施洗約翰以這節經文來定義自己，其他人也以這節經文來指稱他[4]。無獨有偶，昆蘭社群也把這節經文當作他們主要的身分認同，因為在描述以色列的悔改者、他們社群的創始人時，《社群規章》如此寫道：

> 當這些人出現在以色列，遵行這些教義，他們必要轉離行事乖僻的惡人來到曠野，預備真理的道路，如同經上所寫：「**要在荒野為上主預備道路；要在沙漠為我們的上帝開闢大道**。」（以賽亞書 40:3）（1QS 8:12-14）

如同我們在前文所見，這節〈以賽亞書〉經文鼓舞了昆蘭人在此定居。從耶路撒冷的角度來看，以賽亞所說的「荒野」就在它的正東方，一路直達死海。此外，這裡有聖經上的理由使他們相信，神或彌賽亞（默西亞）有一天會從東方回到耶路撒冷[5]。所以，昆蘭人從耶路撒冷直接朝東方出發直抵死海，並在此落腳建立他們的社區，以「為上主預備道路」，而這也許和彌賽亞（或多個彌賽亞）出現在東邊的曠野有關。

約翰宣稱，他在為那個將要接在他之後來到的人預備道路，「他要用聖靈和火為你們施洗」（路加福音 3:16）。我們也看到了昆蘭社群同樣在盼望著一個或更多個彌賽亞在不久後顯現，而惡人將會受到火的審判（1QS 4:13），但義人要被聖靈（聖神）潔淨（1QS 4:21）。對愛色尼人而言，神的榮耀要被「全然聖潔的聖靈的火」所圍繞（4Q405）[6]。沒有一個猶太教派像愛色尼人一樣，如此強調即將到來的神的審判和聖靈的角色。

施洗約翰與昆蘭人相距短短幾公里，都「要在荒野為上主預備道路」，施行認罪悔改的洗禮，以便在聖靈的審判和澆灌降下之前，人的罪能得赦免。這難道都是**偶然**嗎？

情況變得愈來愈複雜。關於施洗約翰一些令人十分好奇和費解的事蹟，可以從關於昆蘭人的一些真相中獲得令人滿意的答案。

首先，是他的日常飲食。〈馬可福音〉（馬爾谷福音）描述約翰「吃的是蝗蟲與野蜜」（馬可福音 1:6）。這有什麼意義呢？這些天然野生食物固然屬於禮儀上的潔淨食物，但他為什麼不吃一般的人類飲食？

有些觀點認為，這純粹只是一種獨特的苦行生活方式。這當然有可能，但還有一個更令人信服的答案。據我們所知，約翰不是當時唯一在沙漠生活、只吃大自然供給的野生食物來維生的聖徒。我們在第一章提過的歷史學家約瑟夫，就描述了他在青少年時期，如何跟隨一個與施洗約翰很像的猶太苦行者，在約翰事工活躍的同一個地區學習，

4. 約翰福音 1 章 23 節；馬太（瑪竇）福音 3 章 3 節；馬可（馬爾谷）福音 1 章 3 節；路加福音 3 章 4 節。
5. 以西結書（厄則克耳）43 章 1－5 節、44 章 1－2 節、46 章 1－2 節和 12 節、47 章 1 節；以賽亞書（依撒意亞）41 章 2 節和 25 節、46 章 10 節、59 章 19 節。
6. 4Q405，殘片 20、21、22；第 10 行。

忍受了三年的學徒生活。約瑟夫寫道：

> 當我得知有一個叫巴努斯（Banus）的人住在沙漠，穿的是用樹木材料作成的衣服，吃的是野生食物，經常在白日和夜晚用冷水洗浴，以維持苦行的簡樸生活，我效法他的這種生活方式，與他一同生活了三年。（古史11章）

約翰、巴努斯還有昆蘭人都住在同一個地區，同樣施行水洗和保持獨身。尤其是約翰和巴努斯，他們都只靠野生食物來維生。但在這個沙漠地區，他們並不需要只以野生食物作為飲食來源，因為有川流不息的商人和朝聖旅人會行經此處，可以討到食物的熱鬧城區（譬如耶里哥城）也在附近。

約瑟夫在他的其他著作裡，透露了其他線索來解釋這種特殊的行為。在描述一個人如何加入愛色尼社群、並受其規範所約束時，約瑟夫如此寫道：

> 在獲准可以食用他們共餐的食物之前，他必須先作重大宣誓……（戰史2:139）然而，對於犯下重大犯行的人，他們會將其逐出社群；犯罪者在與他們隔離後，往往落得悲慘下場而死；因為他既然已宣誓過了，就受制於誓約，表示他接受規範，那麼**他就不能隨意食**

用他在其他地方所能取用的任何食物，只得被迫吃草，以致挨餓至死；但愛色尼人會在他們奄奄一息的時候，出於憐憫而再次接納他們當中的許多人，因為想到他們忍受了種種痛苦折磨以致瀕臨死亡邊緣，這就足以懲罰他們的過犯了。（戰史 2:143-144）

約瑟夫描述了有些人被逐出昆蘭，因而被迫到處流浪「吃草」（顯然是指那個環境裡他們被允許可以吃的任何東西）。歷史記載，有兩個人與昆蘭的這個習俗強烈相關，就是施洗約翰與巴努斯，他們就是那樣做的。這難道只是巧合嗎？顯然，在昆蘭社群成員的宣誓誓約中，包含了「永遠不再吃外界所準備的食物」這條規範，但這條規範有一個漏洞，就是這個環境中的可吃食物並非人人都能下嚥，有些可能連「食物」都稱不上。我懷疑，巴努斯和施洗約翰曾經被昆蘭人逐出，這點容我稍後闡述。

不過，趁著這個主題還沒有結束，有一點倒是值得我們多加留意，就是昆蘭文獻中還有一條吃蝗蟲的規範。《大馬士革文獻》聲明：「要吃魚，就把活魚剖開，把魚血放盡；但要吃蝗蟲，不分品種都要加以火烤或水淹，因為這適合牠們的屬性。」（CD 12:14-15）雖然蝗蟲被當作食物，隨著文化和時間不同，有些地方甚至把牠們當作美味佳餚；但我們唯一能用來證明耶穌時代確實有以色列人吃蝗蟲的證據，就是死海古卷和福音書中描述施洗約翰的經文[7]。

更多相似之處

施洗約翰和昆蘭社群的相似性還沒有結束。死海古卷可能也解釋了關於約翰另一個引人好奇的描述。路加把約翰的童年和青少年時光做了一個總結：「那孩子漸漸長大，身心強健。他住在曠野，一直到他在以色列人中公開活動的時候。」（路加福音 1:80）

路加的敘述似乎在說約翰是在猶太的沙漠中長大的；但撒迦利亞（匝加利亞）和以利沙伯（依撒伯爾）夫婦真的把才五歲大的小約翰趕出家門，任由他在貧脊荒蕪的沙漠中自生自滅嗎？在這樣惡劣的環境下，一個幼童要如何養活自己？約瑟夫就這點如此描述愛色尼人：

> 他們鄙視婚姻，但選擇收養其他人的孩子，這些孩子正值個性溫順、適合學習的成長階段；他們把這些孩子當作親人來對待，根據他們自己的規矩來教養他們。（戰史 2:120）

有沒有可能撒迦利亞和以利沙伯把他們的兒子送給愛色尼人來撫養，也許就是昆蘭社群？有可能，我們可以再舉出其他理由來解釋箇中原因。撒迦利亞和以利沙伯夫妻都出身於祭司家庭，而且撒迦利亞的家世夠優秀，得以擔任在聖殿裡獻香的莊嚴祭司職務（路加福音 1:9）。我們從死海古卷中得知，昆蘭人與祭司有密切的關係，事實上，他們就是由「撒督（匝多克）的子孫」（也就是所羅門王〔撒羅滿王〕時代大祭司撒督的後裔）所領導。根據〈以西結書〉（厄則克耳），只有撒督的子孫有資格在聖殿中服事（以西結書 40:46）。

耶路撒冷祭司職位的合法性，可能是愛色尼人和其他猶太人的爭端之一。昆蘭人可能堅持祭司的族譜要有更高的標準，而且要從祭司宗室中招募新血，而撒迦利亞可能支持他們的立場。除此之外，撒迦利亞和以利沙伯在約翰出生時已經年紀老邁，所以當他

7. James Charlesworth 認為施洗約翰像是一個前愛色尼人，參見：“John the Baptizer and Qumran Barriers in Light of the Rule of the Community,” pp. 353–375 in *The Provo International Confer-ence on the Dead Sea Scrolls* (ed. D. W. Parry and E. Ulrich; Studies on the Texts of the Desert of Judah 30; Leiden: Brill, 1999)。James A. Kelhoffer 反對他的觀點，聲稱吃蝗蟲在第一世紀的巴勒斯坦區非常普遍，參見 “Did John the Baptist Eat Like a Former Notes 235 Essene? Locust-Eating in the Ancient Near East and at Qumran,” *Dead Sea Discoveries* 11 (2004): 293–314。但是，Kelhoffer 的所有證據都來自於時間和地點都遠離第一世紀的巴勒斯坦，例如，來自西元前七百年的亞述浮雕上所雕刻的烤蝗蟲場景，甚至還引用了更古老的材料。這就好像引述喬叟（1343-1400）來證明吃烏鶇在二十世紀的英國非常普遍。對於昆蘭時期，Kelhoffer 只引述了《亞里斯提亞書信》（*Letter of Aristeas*）與斐洛的作品，但它們都是護教作品，是向古典時代的讀者辯護摩西律法的合理性，而不是直接證實猶太的烹食慣例。蝗蟲的潔淨性在《米示拿》和其他的拉比傳統中都有所探討；但是，這些材料不僅寫作時間晚於第一世紀，裡面拉比所援引的法律案例不是純理論就是極不可能發生的情境。所以，很難把《米示拿》與第一世紀的實際禮儀直接作連結。

們知道可以把他託付給別人來養育，也許讓他們感到如釋重負；也可能在約翰年幼時，他們就已經撒手人寰。

在一個世紀前，學界普遍接受〈路加福音〉中的耶穌童年記事（路加福音一至二章）純粹是作者的杜撰，但事實已經證明，路加是根據猶太文獻來撰寫。舉例來說，「聖母讚主曲」和「讚主曲」明顯是從希伯來文（或亞蘭文）翻譯成希臘文的[8]。路加能寫流利的希臘文，但「聖母讚主曲」和「讚主曲」裡的用字遣詞，只有用希伯來文才能解釋明白。

馬利亞說：「祂曾回憶起自己的仁慈，扶助了祂的僕人以色列，正如祂向我們的祖先所說過的恩許。」其中「回憶起某人的仁慈」是一句希伯來成語，在希臘文（或英文）中講不通。「仁慈」（希伯來文 *hesed*）和「盟約」（希伯來文 *berith*）這兩個詞在希伯來文中有時候是同義詞，因此，「回憶起某人的仁慈」也可意謂「記念某人所立的約」（亦即一個人對他的立約夥伴有履約的義務）。

路加是把他所使用的希伯來文獻來源的內容逐字翻譯成希臘文的，而不是憑空杜撰。在前一章，我們看到了〈路加福音〉頭幾章和用希伯來文寫的昆蘭文獻二者之間的相似處，例如以下這個在西元前一世紀所寫的神諭，聽起來與〈路加福音〉一章三十一至三十三節中加百列（加俾額爾）對馬利亞的宣告十分雷同：

> 他將成為偉大的人物，而且要照著他的名被召。他會被稱為神的兒子，而他們會稱他為至高者的兒子……他的國永遠長存，他按著真理行事。他要根據真理審判這地，萬有要歸於和睦……他的統治永遠長存。（4Q246）[9]

讓我們回到施洗約翰，並且檢視他和愛色尼人的最後一個關聯性：他嚴厲抨擊希律．安提帕（黑落德．安提帕）和希羅底（黑落狄雅）的婚姻，最終導致他被砍頭（馬可福音 6:18）。

一般來說，愛色尼人在婚姻規範上要比其他猶太教派更加嚴格。〈利未記〉（肋未紀）十八章所記載的律例，嚴禁姪子或外甥娶阿姨或姑姑；愛色尼人對此的理解是，適用於男性的禁婚規範也適用於女性，因此《大馬士革文獻》禁止姪甥女嫁給叔伯（CD 5:7-11），而這正是希律與希羅底的情況，他們是叔叔和侄女的關係。

再者，希律和希羅底為了能和對方結婚而雙雙與元配離婚，根據死海古卷的記載，

8. 亞蘭語是古代敘利亞使用的語言，與希伯來文關係非常密切。在耶穌的時代，猶太人在日常生活中使用亞蘭文，真正的希伯來文則專門用於敬拜和學術研究上。

9. 這段翻譯摘自 F. García Martínez and E. J. C. Tigchelaar, *The Dead Sea Scrolls Study Edition* (Grand Rapids, MI: Eerdmans, 1999).

愛色尼人反對人一生中有多個配偶。《大馬士革文獻》中有一段文字，批評一個被暗諷為「劣質牆的建造者」的族群（可能是法利賽人）：

他們犯了……姦淫，一生娶兩個妻子，既然神創造的原則是「（祂）造了一男一女」（創世記 1:27）以及進到方舟的生物「都是一公一母」（創世記 7:9），那麼君王「也不可為自己多立妃嬪」（申命記 17:17）。（CD 4:20-5:2）

引人注目的是，嚴禁伯叔等長輩和侄女或外甥女結婚，以及一生再婚多次（尤其是「君王」或「人民的領袖」），這兩項在《大馬士革文獻》中是並列的。希律和希羅底的婚姻違反了兩項律例，因此施洗約翰大力抨擊這樁婚姻（路加福音 3:19）。

所以，我們要怎麼看施洗約翰和昆蘭社群之間的所有相似之處？我們可以大膽想像一個場景，我承認這無法獲得證實，但它與所有已知事實符合：

施洗約翰（有部分或甚至有可能完全）受教於昆蘭的愛色尼人，他可能在年幼的時候就被父母送去那裡，或是等年紀稍長後自願加入他們。他的神學觀特色承襲自愛色尼人。但是約翰也鑽研備受昆蘭社群尊崇的先知以賽亞，最終導致了他與養育自己的昆蘭社群之間出現重大歧見。因為先知以賽亞清楚預言，有一位救贖者要來拯救**萬國萬族**，換言之，就是**所有的外邦人或異教徒**。舉例而言，在希伯來文和希臘文中，「國家」和「外邦人」是同一個字，〈以賽亞書〉的結尾可以這樣解讀：

> 我要召集萬國萬族的人民。當他們聚集的時候，他們就會看見我的榮耀，也知道那懲罰他們的就是我……我要留下一些人，差他們到各國和遙遠的地方去；那些地方從來沒有人聽見過我的名，沒有人看見過我的榮耀和權能。（以賽亞書 66:18-19）

當約翰向昆蘭社群的長老們指出這點以及〈以賽亞書〉中類似的經文段落時，他們無法認同：「你錯了，這個世界沒有一個地方是為外邦人而存在的！我們和他們之間除了隔閡，還是隔閡！甚至連他們種的穀物都不能帶進聖殿獻祭！」

但約翰堅持，應該向所有人宣揚神的救贖信息，而不僅限於以色列的一個精英階級——這樣的爭論最終導致他從昆蘭社群被逐出。

「好吧，」約翰心想：「如果這個社群不願意為主預備道路，向所有人傳講認罪悔改的真理，我會自己來。」而他依舊信守自己在昆蘭的誓約，他生吃食物，繼續他的禁慾苦行生活，開始在約旦河渡口傳道，向川流不息的商人和朝聖者傳道。當受洗者詢問他，他們該如何度過餘生時，約翰鼓勵他們遵行他從昆蘭學到的簡樸及平等道德準則：

「有兩件內衣的，要分給那沒有的；有食物的，也應照樣作。」（路加福音 3:11）

昆蘭人有食物和衣物共用的規範，而且每個人只有一件及膝的短袖束腰外衣。但約翰與昆蘭人不同，他不會拒絕任何人，甚至連令人憎惡、親近羅馬人的稅吏也不例外，約翰告訴稅吏：「除了例定的數目，不要多取。」（路加福音 3:13）他對羅馬士兵也照講不誤，告訴他們說：「不要以強暴待人，也不要訛詐人，自己有錢糧就當知足。」（路加福音 3:14）就這樣，施洗約翰確實為主預備了道路——為那位跟他一樣，會向「稅吏和罪人」傳道（馬太福音 11:19）的主。

總結對施洗約翰的觀點

以上就是我對施洗約翰的觀點。許多廣受推崇的學者，例如奧托・貝茲（Otto Betz）、鄧尼諾樞機（Cardinal Jean Daniélou）、詹姆士・查理士華茲（James Charlesworth），還有其他許多學者，都跟我一樣，認為施洗約翰與愛色尼人一起接受教育，後來離開（我的看法是他被逐出昆蘭社群）向更多人廣傳認罪悔改的水洗禮儀。這是基於大量間接證據得出的合理理論[10]。

那麼，有什麼是我們可以確信不疑的呢？有鑑於死海古卷和其他關於愛色尼人的資料來源，我們可以很肯定地說，施洗約翰與福音書中對他生活的年代與活動地區的描述高度契合。施洗約翰不是初代教會虛構出來的人物，他是第一世紀生活在巴勒斯坦的一個有氣息、而且真實地發出了呼喊[11]的活生生歷史人物，透過他和耶穌與其門徒之間的關係，他對全世界的文化產生了巨大影響力。事實上，他影響世界文化的方式之一，是影響了跟他同名的另一個人[12]，我們將在下一章探討這個人的一生和著作。

10. 如果要就施洗約翰和愛色尼人之間的關係列出一份優質的參考書單，應該包括對於約翰受教於昆蘭的可能性，抱持正反意見的兩方學者，參見 Robert L. Webb, "John the Baptist," pp. 418–421, in *Encyclopedia of the Dead Sea Scrolls*, vol. 1 (ed. Lawrence Schiffman and James VanderKam; New York: Oxford University Press, 2000), here p. 421. 我知道有些學者反對約翰和愛色尼人有任何關係（例如：Hartmut Stegemann, *The Library of Qumran: On the Essenes, Qumran, John the Baptist, and Jesus* [Grand Rapids, MI: Eerdmans, 1998], pp. 211–227; and Joan E. Taylor, *The Immerser: John the Baptist Within Second Temple Judaism* [Grand Rapids, MI: Eerdmans, 1997]）。那些反對約翰和昆蘭社群關係的人主張，二者之間的關聯性有可能是因為雙方廣泛共有一部分猶太傳統，或是各自汲取猶太聖經或傳統所致。對此的回應，我和其他許多人（包括了Betz、Brownlee、Charlesworth、Robinson和Scobie）的論點是，他們之間的相似之處實在是太獨一無二了，不可能是共同傳統的一部分（例如：昆蘭社群和約翰在自我理解上，〈以賽亞書〉40章3節佔有顯著地位），而且要出現如此多的相似點，要說只是巧合而沒有直接的關聯，這種機率可說微乎其微。James Charlesworth 對 Joan E. Taylor (*Dead Sea Discoveries* 8 [2001]: 208–211) 的評論，對於這項爭議正反兩方的態度的差異，有很好的理解。

11. 譯注：約翰福音1章23節：「約翰引先知以賽亞的話回答，說：『我就是在曠野呼喊的聲音：為主修直他要走的道路！』」

12. 譯注：即使徒約翰，兩人的英文名字都是「約翰」（John），基督新教一般分別稱呼兩人為「施洗約翰」與「使徒約翰」。

Point

施洗約翰和昆蘭人在教導和生活方式上，出現了驚人的相似性。約翰可能是成長於這個社群中，受他們扶養和教育，然後離開，以便展開向更廣大的群眾傳道的事工。死海古卷幫助我們看到，福音書上所記載的洗者約翰的種種行事，極度符合第一世紀以色列猶太教的歷史事實。

第4章

死海古卷、使徒約翰（若望宗徒）與洗禮

The Scrolls, John the Apostle, and Baptism

長期以來，〈約翰福音〉（若望福音）被視為四福音書中最後完成、也最深奧的一部。而施洗約翰（洗者若翰）在這本福音書中占有重要角色，特別是在第一章，從耶穌作為「神的道」（天主聖言）的神祕化身（約翰福音 1:1-18）來開場，慢慢進入歷史的時間洪流中，此時，施洗約翰正在約旦河邊展開他的牧養事工，這裡離昆蘭不遠（約翰福音 1:19-42）。

〈約翰福音〉告訴我們，施洗約翰有一天和他的兩個門徒站在岸邊，正好看見耶穌經過，約翰認出他是「神的羔羊」（約翰福音 1:29）——饒富深意的一句話，讓人想起了「逾越節的羔羊」的形象：亞伯拉罕（亞巴郎）的兒子以撒（依撒格）差一點就要成為被獻祭的人類「羔羊」（創世記 22:9），以及〈以賽亞書〉（依撒意亞）五十三章裡那位神祕而飽受痛苦的僕人，「像待宰的羔羊」（53:7）默然無聲地為神的百姓犧牲自己[1]。

〈約翰福音〉指出，和約翰站在一起的其中一個門徒是安得烈（安德肋），他是彼得（伯多祿）的弟弟，他後來找到彼得，把他帶去見耶穌（53:40）。但另一個門徒的名字顯然被隱匿了，這引發了讀者的好奇心。

和安得烈在一起的這個匿名門徒究竟是誰？這本福音書的作者怎麼會對這件事的相關細節瞭如指掌？如果他知道施洗約翰和耶穌在場所說的每一個字，他當然知道另一個門徒的名字。那麼，他當時為什麼不指出那個門徒是誰——除非他就是**作者本人**，而他之所以對這件事的來龍去脈一清二楚，是因為他當時和安得烈就在現場。

我由此論證，〈約翰福音〉的作者使用了一種文學技巧，來刺激讀者推測安得烈的同伴就是作者本人，而在傳統上，教會已經指出他就是使徒約翰（若望宗徒），西庇太（載伯德）的兒子。在我看來，這種論點正確無誤[2]。果真如此，那麼使徒約翰原本是施洗約翰的門徒，而我們先前已經闡明，約翰受教於昆蘭社群。

我們很快就會看到，這幕場景將會說明，為什麼〈約翰福音〉與死海古卷在語言風格和《新約聖經》中的每個觀念呈現出強烈的相似性[3]。雖然〈約翰福音〉的觀點明顯是基督宗教思想，在許多方面與愛色尼教派截然不同，但它的語言風格和世界觀似乎受到愛色尼人強烈的影響。

1. 參見教宗本篤十六世（Benedict XVI）在 *Jesus of Nazareth: From the Baptism in the Jordan to the Transfiguration* (San Francisco: Ignatius Press, 2008), pp. 20–24中，對於「神的羔羊」的精采論述。
2. 學者們通常否定使徒約翰寫了〈約翰福音〉，但我從未找到他們令人信服的論點。針對約翰是這本以他名字命名的福音書的作者的辯護，參見Craig Blomberg *The Historical Reliability of John's Gospel: Issues and Commentary* (Downers Grove, IL: InterVarsity, 2001), pp. 17–67; and Craig S. Keener, *The Gospel of John: A Commentary* (Grand Rap-ids, MI: Baker, 2003), pp. 81–115。
3. Raymond Brown試驗性地提出了這幕場景來解釋〈約翰福音〉和死海古卷的強烈相似性。參見"The Qumran Scrolls and the Johannine Gospels and Epistles," pp. 183–207 in *The Scrolls and the New Testament* (ed. Krister Stendahl; New York: Harper, 1957), here p. 207.

真理的靈與謬妄的靈

一個世紀前，德國學者魯道夫・布特曼（Rudolf Bultmann）支配了整個《約翰福音》學術界，他是重度懷疑論者當中，對《新約聖經》研究影響最深遠的學者之一。布特曼認為四福音書全都是憑空虛構的產物，他最喜歡用來稱呼它們的形容詞就是「神話」，尤其是〈約翰福音〉。他辯稱這本福音書的一些特色，例如特別強調光與黑暗等，是來自於柏拉圖學派的一支祕密支派，這個支派在第二世紀（西元一〇〇年代）影響了基督宗教的思想，因此〈約翰福音〉是在距離耶穌在世時間很久之後才寫成的，這證明它完全是杜撰的，根本與耶穌的言行無關。

這就是死海古卷的出現會讓他們如此震驚的原因，因為他們發現，那些他們原本以為是源自於希臘哲學的用字遣詞和觀念，竟然在基督誕生前的一個世紀、甚或更久之前，就已經真實地使用在猶太教的文獻中[4]。尤其死海古卷文獻內容的一個主要特色，是它們呈現了黑與白、善與惡、我們與他們……這類學者稱之為「二元論」（dualism）的思想。這種充斥於死海古卷中的二元論表達方式，也出現在〈約翰福音〉中，但在其他古代文獻中幾乎看不到。

舉例而言，昆蘭死海古卷強調「真理的靈」（Spirit of truth，就是神的靈或聖靈）與

「謬妄的靈」（Spirit of falsehood）的不同。《社群規章》承諾神將會藉著「真理的靈」來潔淨認罪悔改的人：

> 神要藉著祂的真理潔淨所有的人類行為……如同純淨之水，祂會以**真理的靈**灑在每一個人身上，使人能夠有效地抵擋汙穢的靈所導致的說謊和其他敗壞的惡行。因此，祂會挪去我們的蒙蔽，使我們對至高者的知識以及天使的智慧有正確的理解，使遵行神的純全真理者得著智慧。（1QS 4:21-23）

「真理的靈」會遭到「謬妄的靈」的反抗，而「謬妄的靈」會引發各種犯罪：

> 在**謬妄的靈**的慫恿下，會導致貪婪、鄙視正直、邪惡、說謊、驕傲自大、無良的行騙和詐欺行為。（1QS 4:9）

4. 尤其要參見這份具有開創性的論文，它標誌著因為死海古卷的發現而造成了對〈約翰福音〉研究的轉捩點：William Foxwell Albright, "Recent Discoveries in Palestine and the Gospel of John," pp. 153–171 in *The Background of the New Testament and Its Eschatology* (ed. W. D. Davies and D. Daube; Cam-bridge, UK: Cambridge University Press, 1964)。

除了死海古卷，「真理的靈」這個專門用語只出現在《十二族長遺訓》（*Testaments of the Twelve Patriarchs*）中，這是一本偽經，內容與死海古卷和愛色尼人的神學觀，以及〈約翰福音〉有許多雷同之處。耶穌在與門徒的最後晚餐中提到了：

> 我要祈求父親，他就賜給你們另一位慰助者，永遠與你們同在。他就是**真理的靈**。世人不接受他；因為他們看不到他，也不認識他。但是你們認識他；因為他在你們的生命裡，常與你們同在。（約翰福音 14:16-17、15:26、16:13；約翰一書 4:6）

在〈約翰一書〉中，把「真理的靈」以及我們從昆蘭古卷中所看到的「謬妄的靈」兩相對照：

> 我們是屬神的。認識神的人聽從我們；不屬神的人不聽從我們。憑著這一點，我們知道怎樣辨別**真理的靈**和**謬妄的靈**。（約翰一書 4:6）

分辨「真理的靈」與「謬妄的靈」其實並非如我們所想的那樣容易，我們有可能被騙。因此，約翰與昆蘭人非常強調測試靈的真偽的重要性：

> 親愛的朋友們，對於自稱有聖靈（聖神）的，你們不要都相信，總要察驗他們的靈是不是出於神，因為已經有許多假先知到處出現了。（約翰一書4:1）

> 凡是進入聖約中的人——他們要過著遵行所有律例規範的生活，與這個「聖潔的會眾」聯合起來追求共同的目標——他們要**試驗自己的靈**是否同屬一個社群，每個成員都要這樣行。（1QS 5:20-21）

約翰和昆蘭人也把真理與謊言的對比，描述為「光」與「黑暗」的對比。這種意象在〈約翰福音〉和死海古卷中俯拾皆是。舉例來說，在昆蘭，凡是遵行真理的人就是「光明之子」。《社群規章》自述為昆蘭人的指導文獻：

> 這是寫給啟蒙者的文本，他要將人類的性格和命運，啟迪和教導給全體光明之子。（1QS 3:13）

在〈約翰福音〉裡，措辭大同小異，但光明的源頭是耶穌而不是法律本身：

> 趁著你們還有光的時候，要信從光，好使你們成為**光明之子**。（約翰福音12:36）

光明之子有一項特質，他們「行出真理」、「給真理作證」以及「在真理內生活」。我們在死海古卷和〈約翰福音〉裡都看到了這類描述：

他們在各種事上**行出真理**，也活出謙卑、仁慈、公義、慈愛和謙遜。（1QS 5:3-4）

但是，那**依照真理做事**的，卻接近光，為要使光顯明，他所做的一切都是照著神的旨意做的。（約翰福音 3:21）

同樣地，還有：

當以色列有這些事情，這個社群的公會要建立在真理之上——成為一處永遠長存的農園[5]、以色列的聖潔之家和亞倫（亞郎）的至聖所的根基，要為公義**作真理的見證**，並蒙神的恩典被揀選來救贖這地。（1QS 8:4-6）

我為此而生，我也為此而來到世界上，為**給真理作證**：凡屬於真理的，必聽從我的聲音。」（約翰福音 18:37）

有些弟兄來，證明你在真理內，就是說你怎樣**在真理內生活**，我很高興。（約翰三書／若望三書 1:3）

> 至於你們，你們要與尋求（神）的人一起**在真理內生活**。（1Q418 2:11）

不要忘了，約翰是用希臘文寫作這本福音書，但像「依照真理做事」、「給真理作證」以及「在真理內生活」這些遣詞用字，都不是很好的希臘文表達方式，聽起來有些怪異。這些都是「希伯來語法」，因為約翰是以聖經希伯來文的韻律在思考，寫的時候卻是用希臘文寫就[6]。

死海古卷和〈約翰福音〉都提到的另一個重要主題，就是愛，亦即社群的成員應該要彼此相愛。在死海古卷中，社群成員應該要彼此相愛，而要憎惡外人。

> （啟蒙者要）教導他們兩件事：**要愛全體光明之子**——他們每一個人與其在神的公會中的應有地位相稱；以及要恨惡全體黑暗之子——他們每一個人與其罪孽相稱。（1QS 1:9-11）

---

5. 譯注：在死海古卷中，「永遠長存的農園」（everlasting plantation）與伊甸園和發源於此的河流相關，並且用來指稱聖殿。
6. 約翰的母語可能是猶太亞蘭文，這是第一世紀巴勒斯坦猶太人的口語。亞蘭文（古敘利亞語）與希伯來文關係密切，有許多相同的韻律、成語和特色。猶太亞蘭文則進一步受到聖經希伯來文的影響，因為猶太人持續讀希伯來聖經。學者們爭論著有多少古代猶太人以希伯來語為口語。

不要向弟兄發怒，即使他得罪了你：

每一個人都當以真理、謙卑的態度和**愛弟兄的愛**來責備鄰人。不要對自己的弟兄動怒或喃喃抱怨。（1QS 5:24-25）

我們看到〈約翰福音〉比起其他福音書，更多強調社群或團契成員要彼此相愛：

我給你們一條新命令：要**彼此相愛**。我怎樣愛你們，你們也要怎樣**彼此相愛**。如果你們**彼此相愛**，世人就知道你們是我的門徒。（約翰福音 13:34-35）

若有人說「我愛上帝」，卻恨自己的弟兄或姊妹，他就是撒謊的；他既然不愛那看得見的弟兄或姊妹，怎麼能愛那看不見的上帝呢？所以，基督這樣命令我們：那愛上帝的，也**必須愛自己的弟兄和姊妹**。（約翰一書 4:20-21）

但〈約翰福音〉與死海古卷有一個明顯的不同，約翰沒有提到要恨惡外人。〈約翰福音〉與死海古卷在用字遣詞上的相似之處，俯拾皆是，尤其是〈約翰福音〉和《社群規章》。事實上，《社群規章》有個中間章節，標題為「致啟蒙者：將人類的性格和命運，啟迪和教導給全體光明之子」，這份指導文獻在一欄又一半的正文中，差不多就有十二個明顯與〈約翰福音〉類似的措辭！我們在其中發現了典型的〈約翰福音〉表達方式，像是「真理的靈」、「光明之子」、「永生」、「生命的光」、「在黑暗裡走」、「神的震怒」、「瞎眼」、「滿有恩典」、「神的工」、「人的惡行」。有一位學者主張，這個段落一定銘記在成員心中，而對他們的世界觀和說話習慣產生了巨大影響[7]。使徒約翰可能就是從他的昔日恩師施洗約翰門下，汲取了這種思想和語彙習慣。

呈現出約翰寫作的福音書，和書信與死海古卷之間具有相當的相似性（尤其是《社群規章》），這點固然很好，但只是比較類似的遣詞用字，可能會流於膚淺。我們要問一個更深入的問題：我們對這個一生明顯受到耶穌影響、也深受施洗約翰和愛色尼人思想影響的作者所寫的福音書〈約翰福音〉，真的了解嗎？答案也許是肯定的，因為比起其他福音書，洗禮（聖洗聖事）這個主題頻繁出現在〈約翰福音〉裡，若能以愛色尼人的眼光來看他所寫的福音書，會使原本難以理解的經文都變得合理。

7. 參見 James H. Charlesworth, "A Critical Comparison of the Dualism in 1QS 3:13–4:26 and the 'Dualism' Contained in the Gospel of John," pp. 76–106 in *John and the Dead Sea Scrolls* (ed. James H. Charlesworth; New York: Crossroad, 1990)。

洗禮與聖殿

讓我們展開一趟快速的〈約翰福音〉洗禮主題之旅。

我們注意到，〈約翰福音〉第一章所提到的第一個人類是施洗約翰，作者以史詩般的風格介紹他的出場：「有一個人，名叫約翰，是神所差遣的使者。他來為那光作證。」就是「為那光作證」這句話具有愛色尼人的色彩[8]。第一章其餘的經文包含了探討施洗約翰出現的意義（1:24-28）、穿插耶穌接受施洗約翰的洗禮（1:29-34）、應許耶穌將會用聖靈為人施洗（1:33），以及透露至少有兩位耶穌的第一批門徒曾是施洗約翰的門徒（1:35-42）。因此，我們可以說，洗禮這個主題在〈約翰福音〉一開始就非常醒目。

在〈約翰福音〉第二章，我們看到了在迦拿（加納）所舉行的一場婚禮，以及潔淨聖殿。認識死海古卷和愛色尼教派，會讓這兩處經文的意涵更加清晰。

在迦拿的婚筵上，耶穌把六口石缸中的水變成酒。考古學家已經在昆蘭發現了許多石罐和其他石製容器。猶太人使用石頭容器的原因，是因為根據摩西（梅瑟）律法，萬一它們沾染到汙穢不潔之物，可以在清潔過後重複使用；若是黏土容器，就要被銷毀。昆蘭出土的石製容器大都很小，因為在當地很難找到品質好的大塊石頭可以作成容器，舉例來說，把石頭磨碎、挖空做成花瓶，遠比用陶輪製作耗工耗時。

〈約翰福音〉第二章裡所提及的石缸都很大，容量在二十到三十加侖左右。製作一口石缸是一件耗時又花錢的工作，更不用說六個。這說明了這場婚筵的主人可能是個富有人家，把時間和錢財用在確保他們能夠遵行摩西律法明訂的禮儀律例上。這戶人家也許是愛色尼人，雖然法利賽人也很重視這些事情。

數字六、石頭材料和水，都具有象徵意義。「六」是「七」這個完美或完全的神聖數字減一。石頭讓人想起摩西的兩塊石版（出埃及記／出谷記 24:12）以及以色列人的石心（以西結書／厄則克耳 36:26）。水可以維持生命，但不像酒可以帶來許多的喜樂。因此，這六口石缸的水象徵著神和以色列人所立的舊約，以及它所代表的一種外表上的「洗禮」，但卻無法帶來聖靈（聖神）所賜的喜樂（使徒行傳／宗徒大事錄 13:52、加拉太書／迦拉達書 5:22）。

耶穌把水變成酒，是一種從舊約轉變成新約的象徵，是靠著賜下聖靈作成的，而耶穌將用聖靈來為人「施洗」（約翰福音 1:33）。所以，關於迦拿婚筵的經文（約翰福音 2:1-11）所隱含的許多信息之一，是耶穌勝過舊約的水洗禮儀，而施洗約翰從年少時便深知這個真理。

8. 對照 1QHodayota 21:14–16。

下一段經文敘述了耶穌潔淨聖殿（約翰福音 2:13-22）。死海古卷的出土也有助於闡明這段經文。我們也許會對耶穌為發生在聖殿裡的事情發出義憤，感到稀奇，因為所有猶太人都忠於耶路撒冷聖殿與其習俗。但我們從死海古卷得知，三大猶太教派中的一派（即愛色尼派）對於聖殿事務與其他教派出現嚴重分歧，導致他們不再參與聖殿的儀式，因為他們認為聖殿的運作是基於錯誤的法律解釋，有可能是因為祭司職務本身就是不合法的[9]。和愛色尼人一樣，耶穌也反對聖殿目前的運作方式，儘管他們所持的理由不完全一樣。

耶穌潔淨了聖殿之後，猶太人問他說：「你能顯什麼神蹟給我們看，好證明你有權做這事呢？」耶穌回答說：「你們拆毀這聖殿，三天之內，我要把它重建起來。」猶太人怯懦地說：「這聖殿用四十六年才造成，你能在三天之內重建它嗎？」此處約翰則解釋說：「其實，耶穌所說的聖殿，是指他自己的身體。」（約翰福音 2:18-21）

這就是一個經典案例，如果沒有死海古卷，我們會被誤導，以為福音書的作者把後來才發展出來的基督宗教神學觀念，竄改成為更早之前的耶穌的言行。

基督的身體就是聖殿，這想法對猶太教而言似乎相當陌生，因此，一個如此獨特的基督宗教神學觀在耶穌展開服事的西元二〇年代，一定顯得格格不入，對吧？其實不然。從昆蘭出土的古卷中，我們知道這個社群的成員已經相信他們自己就是「亞當的聖殿」（Temple of Adam，希伯來文是 *miqdash 'adam*，參見 4Q174 1:6），這句話也能被理解成是「人殿」（Temple of a Man）或是「人構成的聖殿」（Temple of Humanity）。他們的確認為自己會取代聖殿，成為最神聖的地方「至聖所」。

> 當以色列有這些事情，這個社群的公會要建立在真理之上，成為一處永遠長存的農園、**以色列的聖潔之家**和亞倫的**至聖所**的根基，要為公義作真理的見證，並蒙（神的）恩典被揀選來救贖這地……這裡（即這個社群）是經過試驗的堡壘，是不會動搖……貴重的基石。（它會是）**亞倫最聖潔的居所**……也會是以色列**純全無瑕的真理之家**，為要謹守遵行永恆的神旨建立……聖約。（1QS 8:4-9，重點標示是我加上去的）[10]

請注意，以下所提到的聖殿用語都是指稱這個社群：「以色列的聖潔之家」、「亞倫的至聖所」、「貴重的基石」、「亞倫最聖潔的居所」、「純全無瑕的真理之家」。有另外一卷

9. 相關的討論，參見 Cecilia Wassen, "The Use of the Dead Sea Scrolls for Interpreting Jesus's Action in the Temple," *Dead Sea Discoveries* 23 (2016): 280–303。
10. 這段譯文摘自 F. García Martínez and E. J. C. Tigchelaar, *The Dead Sea Scrolls Study Edition* (2 vols.; Leiden and New York: Brill, 1999), p. 89。

死海古卷確定，大衛（達味）想要興建的神的聖殿（撒母耳記下／撒慕爾紀下 7:10-11）就是昆蘭社群本身：

> 這個「地方」就是他們（要為神在末世興建）聖殿之處，因這事已經寫在（摩西）的書上：「吾主……在你親手建立的（聖所）……上主啊，你要永永遠遠作王！」（出埃及記 15:17-18）這段經文描述了一個（汙穢不潔）的人永久不會進到的聖殿……外來者不會再玷汙聖殿，他們的罪之前玷汙了以色列的聖殿。為此之故，神命令他們要建一座**亞倫的聖殿**，他們要在殿中向神獻上當獻的祭。（4Q174 1:2-7，重點標示是我加上去的）

如同我們之前所提到的，「亞倫的聖殿」可以譯為「人殿」。從了解這個社群的人要成為「人殿」，到明白代表和體現這個社群的領袖在某種意義上就是「聖殿」，僅一步之遙。在〈約翰福音〉第二章，耶穌在回答猶大地區的猶太人[11]時，便暗指自己就是「人殿」，是一個新的聖殿社群的領袖。

此外，昆蘭人自稱為「基石」，而耶穌也用基石的形象來指稱自己：「『泥水匠所丟棄的這塊石頭，已成為最重要的基石……』這聖經上的話，你們沒有念過嗎？」（馬太福音／瑪竇福音 21:42）身為這個新聖殿社群的領袖，耶穌以這種獨一無二的方式，成為這個聖殿的化身。

儘管它與洗禮之間只有一點點的間接關聯，但卻是透過洗禮，耶穌潔淨了我們這個身體的殿，使我們得以進入聖靈的殿中（哥林多前書／格林多前書6:19）。聖殿的潔淨是一種靈性潔淨的具象化，耶穌藉著洗禮施行在我們每一個人身上。

在對〈約翰福音〉中的洗禮主題展開更多探討之前，我要先來解釋「猶太人」（Jew）一詞的使用。眾所周知，在整本〈約翰福音〉中，耶穌都在與一個經常被翻譯為「猶太人」（the Jews）的族群辯論。在希臘文中是使用 *ioudaioi* 來表示「猶太人」，更正確的翻譯應該是「猶大人」（Judeans）。在第一世紀，這個字的意涵不一定具有宗教色彩，不同於現代的英文用語「Jew」。在第一世紀，你可以單純基於地理上的原因是一個「猶大人」，與住在北方的加利利（加里肋亞）人，或是住在巴勒斯坦中心地帶的撒馬利亞（撒瑪黎雅）人有所區別。

有一件關於死海古卷的有趣事情，就是昆蘭人從未稱自己為「猶大人」（希伯來文 *yehudim*）。反之，他們總是自稱為「以色列」（Israel）或是其他延伸的稱呼（「以色列的

---

11. 參見：馬可（馬爾谷）福音12章10節；路加福音20章17節；使徒行傳（宗徒大事錄）4章11節；彼得（伯多祿）前書2章7節。

兒女」、「以色列的悔改者」、「以色列會眾」或「以色列眾民」）[12]。他們有許多理由如此自稱。嚴格來說，一個「猶大人」（希臘文 *ioudaios*，希伯來文 *yehudi*）是指以色列十二支派之一猶大的後裔。但愛色尼人和昆蘭社群殷殷期盼的不只是猶大支派的復興，而是古以色列十二支派的復興，十二支派曾在摩西帶領下，在西乃山與神立約聯合為一。所以，他們總是自稱為「以色列的兒女」（或其他稱呼），期盼全體十二支派的復興。

「愛色尼」這個名稱是外人所取，從未出現在死海古卷或《新約聖經》中。「愛色尼」可能是希伯來文 *'ossim* 的希臘文變體，*'ossim* 的意思是「實踐者」（doers），是「遵行法律的人」的縮寫（參照羅馬書 2:13）[13]。但他們稱自己為「以色列」，《新約》的作者們也認同他們。

耶穌和愛色尼人有共同的心志，渴望以色列的復興。耶穌刻意揀選十二個使徒作為祂要復興雅各（雅各伯）十二支派的象徵。畢竟，有個猶太預言說，在末後的日子，十二個支派的族長會被恢復——就某個意義來說，耶穌正聯合十二個使徒實現這個預言[14]。再者，在〈約翰福音〉裡，「猶太人」一詞幾乎就是指反對耶穌的人，然而「以色列」和「以色列人」總是帶有正面的意義。舉例來說，耶穌第一次見到拿但業（納塔乃耳）時，祂說：「看，這是個地道的以色列人，他心裡毫無詭詐。」拿但業的回應是：「祢是以色列的君王！」（不是「猶太人的王！」）（約翰福音 1:47-49）[15]

所以，有鑑於死海古卷，我們應當改變我們對〈約翰福音〉的翻譯。換言之，每一個出現在〈約翰福音〉裡的希臘字「*ioudaios*」，都應該翻成「猶大人」（Judean）而不是「猶太人」（Jew）。這個出現在〈約翰福音〉裡的問題，並非因為耶穌是一個經常與「猶太人」辯論的「基督徒」，這種想法已經過時了。更確切地說，這個問題的癥結在於，耶穌被猶大人看作來自以色列北部的加利利人，這裡是丘陵遍布的窮鄉僻壤地區（就像是美國的西維吉尼亞州），而「猶大人」則來自耶路撒冷（古以色列的紐約市）附近的地區，他們視耶穌為外人，而且對他們的宗教—經濟體制構成威脅。

另外，耶穌並沒有把猶大地區（Judea，當時是由希律黨人、撒督該人和法利賽人所統治）看作聖經所記載的以色列的唯一繼承者。他期待的是一場偉大的以色列復興，而他正偕同他的十二個使徒展開這場復興運動。

---

12. 若要更深入了解「猶太人」一詞，完整的討論參見John S. Bergsma, "Qumran Self-Identity: 'Israel' or 'Judah'?" *Dead Sea Discoveries* 15 (2008): 172–189。

13. 支持這個詞源的論述，參見James C. VanderKam, "Identity and History of the Community," pp. 487–533 in vol. 2 of *The Dead Sea Scrolls after Fifty Years: A Comprehensive Assessment* (2 vols.; ed. Peter W. Flint and James C. VanderKam; Leiden: Brill, 1999)。

14. 參見*The Testament of the Twelve Patriarchs: Testament of Benjamin* 10:7: "Then shall we also rise, each one over our tribe, worshipping the King of heaven."

15. 關於真正的以色列人，參見1QS 5:5和8:9；關於詭詐，參見1QS 10:22。

水與聖靈

現在，我們要回到洗禮這個主題。洗禮再度出現在〈約翰福音〉下一章（第三章），這一點都不令人訝異。

我們看到了尼哥德慕（尼苛德摩），他是法利賽人，也是社會的統治階層、猶太公會（又譯議會）的成員。他趁晚上天黑的時候來見耶穌，耶穌在回答尼哥德慕的問題時，告訴他：「人若不是從水和聖靈生的，就不能成為神國的子民。」（3:5）尼哥德慕回答說：「怎麼能有這樣的事呢？」（3:9）聞言，耶穌顯得有些失望。「你是以色列的教師，連這事都不明白嗎？……我告訴你們關於這世上的事，你們尚且不信，我要是告訴你們天上的事，你們又怎麼會信呢？」（3:10-12）

我曾有大半輩子的時間都無法明白，耶穌為何對尼哥德慕的回答感到失望。顯然，「從水和聖靈生的」就是指洗禮，因此耶穌強調這是必需的聖事。但他怎能期待尼哥德慕了解其中的意涵呢？當時教會尚未創立，聖事還沒有一個可以常態化施行的基礎，而且尼哥德慕還是個猶太教徒。所以，尼哥德慕無法理解並不令人意外，耶穌有什麼好失望的呢？我曾試著認同一些學者的觀點，他們說這場對話從未發生在歷史人物耶穌的生平中，只是初代基督宗教神學的杜撰，然後添加至主耶穌的生平中。

不過，死海古卷再次幫助我們釐清這個疑惑。我們知道，昆蘭人相信聖靈充滿在他們的社群當中，使得他們的水洗儀式具有功效：

> 因為唯有靠著聖靈，一個人的所有過犯才能獲得赦免，而聖靈充滿在真正屬神的社群中；因此，唯有凝神仰望生命之光，他才能靠著聖靈進到神的真理當中，潔淨所有惡行。秉持正直、謙卑的態度，他的罪或能被遮蓋，謙卑在神的一切法律之前，他的肉體得以被潔淨。唯有如此，他才能真正領受淨化之水，被潔淨的水流潔淨。（1QS 3:6-9）

我們可以在以下經文中，看到聖靈與水二者之間的關係——昆蘭人在所有《舊約聖經》的預言裡，獨獨挑選出這節經文。以賽亞把湧流的水與聖靈的充滿相互連結：

> 因為我要將水澆灌口渴的人，將河澆灌乾旱之地。我要將我的靈澆灌你的後裔，將我的祝福澆灌你的子孫。（以賽亞書 44:3）

以西結（厄則克耳）指出，用潔淨的聖水灑在人身上，會為人帶來「新靈」（或譯新的精神）：

我必用清水灑在你們身上，你們就潔淨了。我要潔淨你們，使你們脫離一切的污穢，棄掉一切的偶像。我也要賜給你們一個新心，將新靈放在你們裡面。（以西結書 36:25-26）

我們由此看到，昆蘭人如何從《舊約聖經》中發展出他們「用聖靈澆灌的水來潔淨罪汙」的神學觀，但是，藉著水和聖靈「重生」又是一種什麼樣的觀念呢？雖然死海古卷從未使用「重生」一詞，但他們有一種禮儀似乎很接近這種觀念。顯然，這個社群的成員被視為「光明之子」，反之，外人一概都是「黑暗之子」。那麼，一個人是在什麼時候從「黑暗之子」進入到「光明之子」呢？這發生在他們的入教儀式裡——在候選成員做了重大宣誓後，第一次浸泡在有聖靈傾注的水中之時[16]。如此一來，他們就「誕生」為「光明之子」。

現在，讓我們回到耶穌和尼哥德慕的對話上：耶穌確實在挑戰神學的極限，在談論一個人如何得救的對話中，耶穌引進了某個新的語彙。但重點是，耶穌所教導的觀念，對於昆蘭人和施洗約翰而言，無論是要討論還是要實行，一點都不難，但對於像尼哥德慕這樣，被認為是博學多聞又受過良好教育的猶太人來說，卻無法期待他領會得了。

當時，在尼哥德慕的圈子之外，更廣大的猶太教世界在談論什麼樣的神學話題，如果尼哥德慕對此有一定的了解，就不會對耶穌的談話感到茫然不解。因此，根據死海古卷，耶穌對尼哥德慕的反應感到失望，在歷史上是合理、可信的。那種說〈約翰福音〉三十一章一至十五節是初代教會虛構的故事的言論，自然也不攻自破。

讓我們繼續前進到〈約翰福音〉第四章，我們會留意到耶穌與一位撒馬利亞婦人在井邊談話。這個故事仍舊以水為話題，但對於水的意義，也就是賜下聖靈，有更深入的詮釋。當耶穌告訴婦人，要賜給她「活水」時，說的就是聖靈，而要領受聖靈，就必須接受洗禮（1:33）。無獨有偶，死海古卷對這場對話也提供了有趣的佐證，而能對這場對話有更清楚的闡釋。

耶穌所坐的那口井，顯然就是這場對話的主要焦點。這口井湊巧就是雅各井。在愛色尼人的文獻裡，「水井」隱喻法律，凡是能夠適當解釋法律並遵行的人，就能得到生命。《大馬士革文獻》在談到他們教派的創始人時，說道：

> 祂（神）與以色列建立永約，向他們顯明了隱藏的事……神既向他們顯露了自己的旨意和渴望，就當遵行實踐，生命就在他們裡面。所以，他們「鑿了一口井」，井水湧出。凡拒喝這水的人，神不會留存他們的性命。（CD 3:13-14）

16. 根據約瑟夫的敘述，經過一年的檢驗後，候選新人獲准可以在「淨化水」中受浸（戰史2:137–138）。

如同我們在〈約翰福音〉第四章所見，「生命」與「井水」的觀念在此合流。《大馬士革文獻》後面一段敘述，闡明了這個「水井」的意涵：

但神想起了祂與他們的先祖所立的約；因此，祂向富有洞見的亞倫祭司後嗣和以色列的智者顯現，教導他們，然後他們挖了這口井：「這井是首領和民中的尊貴人，用圭用杖所挖所掘的。」（民數記／戶籍紀 21:18）

這井就是法律，它的挖掘者是從猶大地出走，並在大馬士革定居的以色列的悔改者……「圭」意指法律的解釋者，以賽亞則說他是「打造合用器械的鐵匠」（以賽亞書 54:16）。「民中的尊貴人」則是在邪惡的年代裡，那些遵守圭所制定的規範來挖掘這口井維生的人，若沒有這些規範，他們將一無所獲，直到公義的教師在末世顯現。（CD 6:2-11）

因此，水井象徵法律，以及正確的法律闡釋和應用。但在〈約翰福音〉第四章，耶穌有比「雅各井水」更好的水，就是聖靈自己，而領受聖靈之道就是洗禮，洗禮不僅是「受洗」而已，還「從同一位聖靈受洗」（哥林多前書 12:13）。這個出現在〈約翰福音〉第四章的對比就和〈約翰福音〉第一章一樣：「**法律**是藉摩西傳授的，**恩典和真理**卻是由耶穌基督而來的。」（約翰福音 1:17）因此，耶穌的新約優於摩西之約（舊約）。

塵土、唾沫和黏土

我們直接跳到〈約翰福音〉重要的章節七到九章，所有事件皆發生在猶太人的住棚節（Tabernacles）前沒幾天。住棚節是重要的聖殿節慶，慶祝神的「帳幕」（或「居所」）在猶太人當中，神第一次住在摩西所建的帳幕中，然後是撒羅滿王興建的聖殿。然而，耶穌和昆蘭人一樣，都看見了當時聖殿的腐敗，將要被「人殿」（4Q174 1:6）所取代。耶穌就是新的聖殿，因為「道成了肉身，住（tabernacled，希臘文 *skênóô*）在我們中間」（約翰福音 1:14），「住」的聖經原文是希臘文 *skênê*（帳棚）的動詞。

住棚節遵循光和水的儀式，因為各種《舊約》的預言應許，有一天聖殿會成為世界的光和水的源頭。祭司在聖殿內豎立起三十英尺高的燈檯，徹夜燈火通明，在住棚節最後一天，他們把水傾倒在主祭壇上，製造出以西結所應許的「水從聖殿南面的地下流出來，經過祭壇南邊」（以西結書 47:1）[17]。

但耶穌是新的「人殿」，所以在住棚節最後一天，當他們把水傾倒在祭壇上，製造出

17. 參見 Joseph Jacobs and H. G. Friedmann, "Tabernacles, Feast of," *The Jewish Encyclopedia*, vol. 3 (ed. Isidore Singer; New York: Funk & Wagnalls, 1906), http://www.jewishencyclopedia.com/articles/14185 -tabernacles-feast-of。

以西結所應許的水流時，耶穌站起來大聲說：「人要是渴了，就該到我這裡來喝。聖經上說：『那信我的人，有活水的河流要從他心中湧流出來。』」（7:37-38）[18] 約翰解釋說：「耶穌這話，是指信他的人將要接受的聖靈說的。」這就論及了要透過洗禮來賜下聖靈，也就是耶穌向尼哥德慕所說的，要從「水和聖靈」來「重生」（3:5）的道理。

在下一章，耶穌宣告說：「我是世界的光；跟從我的，會得著生命的光，絕不會在黑暗裡走。」（8:12）這話表明了：要供應這終極之光的，不是石頭興建的聖殿，而是耶穌這個新的聖殿。接著在第九章，「水」和「光」這兩個主題，在耶穌為一個天生眼瞎的人「施洗」（我們姑且如此稱呼）時，同時出現。

在住棚節過後，耶穌偶然碰到一個天生瞎眼的乞丐。門徒問耶穌，是誰犯罪導致了他的眼盲：「拉比（老師），這人生來就是瞎眼的，是誰的罪造成的？是這人呢？是他父母呢？」耶穌回答說：「不是這人犯了罪，也不是他父母犯了罪，是要在他身上顯出上帝的作為來。」耶穌再次聲明說：「我就是世上的光。」然後，「就吐唾沫在地上，用唾沫和著泥，抹在瞎子的眼睛上」，並對他說：「你到西羅亞（史羅亞）池子去洗吧。」他就去洗，回來的時候，就能看見了。（9:5-7）

所有人都很好奇，耶穌為什麼要吐唾沫在地上和成泥巴，學者對此提出了各式各樣的理論來解釋其中的謎團，但死海古卷再一次有答案。死海古卷中至少有四個段落把人描述為「一個由塵土和唾沫和成的黏土器皿」，這並非偶然。最著名的一段出現在《社群規章》結尾附近：

> 在祢榮耀的傑作中，人在哪裡呢？他從婦人所生，在祢面前算得了什麼呢？他從塵土被造……唾沫覆滿全身，他不過是一小撮黏土。（1QS 11:20-21）

請留意，這段話中至少有四個主題與〈約翰福音〉第九章共通：從**婦人**所生、從塵土／泥土**被造**、**唾沫**，以及**黏土**。死海古卷中有另一個段落加進了第五個主題——**黑暗**：

> 祢加知識給我這個塵土軀殼，使我可以（頌讚祢）。我是唾沫所塑。我是被模塑（的**黏土**，我）是在**黑暗**中成形。（4Q511:3-4）

18. 我對〈約翰福音〉7章37—38希臘原文的斷句，不同於大多數英文譯文，如下：“If any one thirst, let him come to me, and let him drink who believes in me. As the scripture has said, ‘Out of his heart shall flow rivers of living water.’ ”（譯注：中文聖經翻譯同內文）。有鑑於整本〈約翰福音〉，如此斷句更能合理闡釋耶穌在此表明自己就是活水的源頭。參見Raymond E. Brown在*The Gospel According to John I–XII* (Anchor Bible 29; Garden City, NY: Doubleday, 1966), p. 320的探討。

不僅如此，還有一處類似的段落加進了第六個和第七個主題——**犯罪**，以及一**個潔淨的泉源或水池**。

> 如塵土般的我……祢開啟了一個**泉源**責備這個黏土器皿的行徑，以及照著婦人所生者的行為譴責他的**罪行**；他或許因此開啟了祢的真理之泉。

請留意門徒在〈約翰福音〉九章二節所提出關於犯罪的問題，以及耶穌命令瞎子到西羅亞水池洗淨雙眼，這個水池的水源來自著名的基訓泉（Gihon Spring），它的天然泉水是耶路撒冷唯一的新鮮水源。

上述引用的死海古卷段落，很可能全都出自昆蘭社群的創始人「公義的教師」所寫的讚美詩。他寫了許多讚美詩，而且經常提到自己是「一個黏土器皿」[19]或是「塵土、唾沫和黏土」[20]。塵土和黏土的意象顯然是引用了〈創世記〉二章七節亞當被造的典故：「耶和華上帝用地上的塵土造人。」

黏土的概念來自這裡所使用的一個動詞，我把它翻譯為「造」（kneaded，希伯來文 *yatzar*），意思是「用黏土製造物品」，它的希伯來文分詞則是 *yôtzêr*（陶匠）。另一段聖經經文已清楚表明了其中的意涵：「上主啊，你是我們的父親。我們像泥土，你像陶匠；

我們都是你親手造的。」（以賽亞書64:8）

但「唾沫」的典故又出自哪裡呢？是啊，只有塵土是造不出東西的，要把它模塑成型，水分絕對不可或缺。所以，有個敬虔的猶太傳統是說，神把唾沫吐在塵土上，用黏土來塑造亞當的身體，而這項傳統反映在所有死海古卷中提到人「不過是唾沫」[21]的每一段文獻段落中。

因此，當我們有了這樣的了解，再回到〈約翰福音〉第九章，所有的疑惑突然間都豁然開朗了。耶穌吐唾沫在地上、和成黏土，是一種**再造的行動**。神子耶穌再次展現了父神創造第一個人類的行動！耶穌把這個原來生在黑暗中的瞎子，再造為「光明之子」！耶穌有一部分是藉著命令他用水洗淨雙眼來完成再造之工。這水不是什麼水都可以，必須是西羅亞池的池水，它源自基訓泉，基訓泉又源自伊甸園（創世記2:13）。因此，西羅亞池是另外一個象徵新造的意象！

我們可以說〈約翰福音〉第九章通篇就是關於洗禮的教義問答。我們每一個人就和

19. 1QH[a] 3:28; 9:23; 11:25; 12:30; 17:16; 19:6; 21:30, 37; 22:12, 18; 23:27; 25:31.
20. 1QH[a] 20:27–29; 20:35; 21:12; 23:13–14; 4Q264:8–10; 4Q428 4:2.
21. 這個假設最終獲得Daniel Frayer-Griggs的證實，參見"Spittle, Clay, and Creation in John 9:6 and Some Dead Sea Scrolls," *Journal of Biblical Literature* 132 (2013): 659–670。

這個天生的瞎子一樣：我們都生在黑暗的罪中。約翰與昆蘭人有個共同的神學觀：每個人都生而為「黑暗之子」，但藉著聖靈傾注之水的洗淨，可以成為「光明之子」。後來的基督宗教神學把這種黑暗的本性稱為「原罪」(original sin)。但「原罪」不是犯罪——如同耶穌說的：「不是這人犯了罪，也不是他父母犯了罪。」反之，「原罪」是一種**缺少**，也就是**缺少**聖靈的同在，而聖靈帶給我們「光」與「生命」。

我們的第一對父母(亞當和夏娃〔厄娃〕)在他們違逆神的同時，也失去了聖靈的同在，但我們現在可以藉著洗禮重新領受聖靈。因此，洗禮是一種新的創造——如同聖保羅(保祿)所言：「若有人在基督裡，他就是新造的人。」(哥林多後書 5:17)。所以，耶穌藉著塵土、唾沫和黏土，以及水的潔淨，來「再造」這個瞎子，並且「重見光明」而回——他被光所充滿！耶穌確實是「世上的光」，祂已經把光帶進這個瞎子的生命中，所以他成了「光明之子」。

當這個天生的瞎子從西羅亞池重見光明回來時，他的朋友們對他議論紛紛：

「這不是那曾坐著討飯的人麼？」有的說：「就是這人，」有的說：「不，是另一個很相似他的人。」(約翰福音 9:8-9)

當他們問他是誰，他給了一個模棱兩可的答案。他只是說：「我是。」（I AM，希臘文 *ego eimi*，約翰福音 9:9）[22] 這是整部〈約翰福音〉中除了耶穌之外，唯一說出「我是」的人。這是神的名字（出埃及記 3:14）[23]。通常，在〈約翰福音〉裡，它是指耶穌的神性。這個人怎麼會說出相同的話呢？這就是洗禮的神學要義，接受了洗禮，聖靈便降在人的身上，他也就有了神的生命。既然受洗分享了神的生命，也就能說「我是」。

洗禮與復活

〈約翰福音〉第九章還有許多其他特色，反映出洗禮的其他面向。這也是為什麼從古到今，〈約翰福音〉第九章一直被用來預備那些要受洗的「慕道友」（catechumen，這個傳統的宗教術語，是指那些被傳授以基督宗教信仰的人）。

現今，天主教會和許多其他宗派的教會，會在四旬期（Lent，亦稱大齋期、大齋

22. 大多數英文譯文把這個人的回答修改為「我就是他」（I am he）或是「我就是這個人」（I am the man），但在希臘原文裡，他的回答就只是「我是！」（I am!）

23. 譯注：有一次摩西（梅瑟）遇見神，他問神叫什麼名字，神向他啟示了祂的名字：「我是」，和合本聖經的完整翻譯為：「我是自有永有者。」（I AM WHO I AM）

節、大齋節期等）的後半期閱讀和宣告〈約翰福音〉第九章，用來預備在復活節受洗的慕道友。顯然，死海古卷不必看到洗禮的意象，但在〈約翰福音〉第九章和死海古卷文獻中所出現的類似措辭和意象，確實帶出了這段經文所呈現的無畏色彩，而有助於澄清耶穌這種引人好奇的行為——吐唾沫在地上，然後把塵土和成黏土——的意義。

我們必須快馬加鞭把〈約翰福音〉剩餘的章節迅速瀏覽完畢，指出其他相關的洗禮主題。

在〈約翰福音〉十一章，拉撒路（拉匝祿）的復活是一種洗禮的意象，因為受洗意謂著靈性上的死人死而復活，有了新的生命。聖保羅對此做了具體的闡釋：「你們受洗禮的時候，你們是跟基督一同埋葬；你們受洗禮的時候，也藉著信那使他復活的上帝的作為，跟他一同復活。」（歌羅西書／哥羅森書 2:12）

在〈約翰福音〉十三章，耶穌洗門徒的腳，但他在回應彼得（伯多祿）時，提到了他們先前的洗禮，「洗過澡的人，全身都乾淨了，只需要洗腳。」（13:10）在十四至十六章，耶穌講論聖靈，而且使徒有一天會領受聖靈的洗禮（使徒行傳 2:38）。

在〈約翰福音〉十八章，耶穌離開馬可樓[24]開啟了他的受難序曲，然後在十九章，羅馬總督彼拉多下令把耶穌釘在十字架上。〈約翰福音〉十九章三十四節描述了耶穌被釘十字架的最後高潮，一個士兵用槍刺穿耶穌的肋旁，隨即有**水和血**汩汩流出。在此，有

水和血流出的真諦為何？

耶路撒冷在慶祝逾越節期間，祭司要宰殺許多羔羊在聖殿獻祭，因此他們必須用許多桶水清洗滴在聖殿地板上的血，所以有大量血水從聖殿山（Temple Mount）附近流進汲淪溪谷（Kidron Valley）下游[25]。因此，古代猶太人承認血和水是聖殿的標記，而耶穌的身體就是新的聖殿（約翰福音2:21），也就是「人殿」（4Q174 1:6）。這實現了耶穌的預言：「有活水的河流要從他心中湧流出來。」（約翰福音7:37-38）

在聖經中，伊甸園是第一座聖殿，在園中有生命樹和生命河[26]。現在，在各各他（哥耳哥達，髑髏地），耶穌的身體就是最後的聖殿。生命樹就是十字架，耶穌的身體和寶血就是生命的果子，生命河就是從他肋旁流出的血和水。在〈約翰福音〉裡，血象徵聖餐（聖體），人要吃喝基督的身體和寶血：「你們若不吃人子的肉，不喝人子的血，

24. 譯注：馬可（馬爾谷）家境富裕，家中的一幢寬敞樓房，被耶穌選為慶祝逾越節的晚餐，即「最後的晚餐」的場所，這棟樓房後來一般稱之為「馬可樓」。
25. 參見《米示拿》小冊：《論尺寸》（*Middot*）3:2–3、《論聖日》（*Yoma*）5:6、《亞里斯提亞書信》（*Letter of Aristeas*）§§88–91；以及 David Gurevich, "The Water Pools and the Pilgrimage to Jerusalem in the Late Second Temple Period," *Palestine Exploration Quarterly* 149 (2017): 103–134，尤其是128頁尾。
26. 關於伊甸園是第一個聖殿，參見 Gregory Beale, *The Temple and the Church's Mission: A Biblical Theology of the Dwelling Place of God* (Downers Grove, IL: IVP Academic, 2004)。

就沒有生命在你們裡面。」（6:53）同樣地，水象徵洗禮，人也要接受水洗：「人若不是從水和聖靈生的，就不能進上帝的國。」（3:5）對初代基督徒而言，這個信息再清楚不過：從十字架上耶穌的身體聖殿流出了聖禮（聖事）之河，而聖靈將會賜給所有領受它們的人。

快速瀏覽〈約翰福音〉後，我們也許可以看出，整卷〈約翰福音〉讀起來就像是出自一位曾跟隨施洗約翰的門徒之手，他在約翰的薰陶下，深受昆蘭人的影響。作者從施洗約翰那兒汲取到「洗禮」這個神聖儀式的重要性與核心地位。洗禮在〈約翰福音〉裡，或是放在顯著的中心位置，或是潛藏在字裡行間。也是從施洗約翰那兒，作者可能擷取了這個特殊用語，以及二元論思想這個昆蘭人和愛色尼人的普遍特色：「光」與「黑暗」、「真理」與「謊言」、「善」與「惡」。

此外，施洗約翰、愛色尼人、耶穌和使徒約翰，都針對石頭興建而成的耶路撒冷聖殿發出了嚴厲批判，因為聖殿已被禮儀或是道德的敗壞（或者兩者兼具）所玷汙。他們全都有志一同，尋求以「亞倫的聖殿」取而代之。對愛色尼人而言，「聖殿」就是他們的教派。對昆蘭人而言，聖殿專指他們的社群。但對使徒約翰來說，聖殿就是主耶穌基督——然後延伸為 *ekklesia*（亦即「會眾」或「教會」），他們吃喝耶穌的「肉和血」，共享了祂的聖殿本質。

儘管「使徒約翰是〈約翰福音〉的作者、他曾是施洗約翰的門徒」的觀點，最終無法獲得證實，但它確實符合現有的證據[27]。不過，有一件事是確定的，就是〈約翰福音〉在第二聖殿時期末的猶太教世界中最能被理解，這個時期是在聖殿被毀之前，至少當時有些讀者熟悉愛色尼人的《感恩讚美詩》以及聖殿在節期流出血和水的傳統。

不久之前，有學者把〈約翰福音〉歸類為一本晚期的虛構福音書作品，認為它深受希臘柏拉圖學派的深奧哲學形式的影響，但他們的論點錯得離譜[28]。誠如威廉・布朗利（William Brownlee，他是最早目睹死海古卷真品的三位學者之一）的評論：「如果有人在尋找使徒的新鮮獨立見證——不是那種來自福音書傳統末期的想像力虛構產物——而是出於一個生活在巴勒斯坦，在初代基督宗教最初數十年的文化脈絡中，活生生的見證者之口，那麼〈約翰福音〉就是了。」[29]

---

27. 參見Raymond Brown, "The Qumran Scrolls and the Johannine Gospels and Epistles," pp. 206–207 in *The Scrolls and the New Testament* (ed. Krister Stendahl; New York: Harper, 1957)。
28. 已獲得W. F. Albright認可，參見"Recent Discoveries in Palestine and the Gospel of St. John," pp. 153–171 in *The Background of the New Testament and Its Eschatology* (ed. W. D. Davies and D. Daube; Cambridge, UK: Cambridge University Press, 1964)。
29. William H. Brownlee, "Whence the Gospel of John?," pp. 166–194 in *John and the Dead Sea Scrolls* (ed. James Charlesworth; New York: Crossroad, 1990), here p. 185.

Point

〈約翰福音〉是使徒約翰的作品並非無稽之談，他在跟從耶穌之前，曾是施洗約翰的門徒。他在施洗約翰的門下學習，汲取了洗禮的重要性，後來成了他所寫的福音書中一個常見的主題，也是昆蘭社群獨特的專門用語。死海古卷有助於我們在讀〈約翰福音〉時，從其所在的第一世紀背景脈絡下來解讀，而能理解文中原本令人困惑的一些特色。

第5章

洗禮在今日

Baptism Today

如同我在前文所述，洗禮（聖洗聖事）已經成為一種全球化的人類現象。據估計，全球大約有三分之一的人口（約相當於二十二億人）已經受洗。顯然，許多人相信這種神聖的儀式——由第一世紀一位殉道的前愛色尼教派猶太先知加以普及化，然後被他的表弟，也是一位殉道的猶太先知所採行——也就是洗禮，對受洗者的靈性生命和永恆的福樂非常重要。不過，關於一個人受洗時到底發生了什麼事，受洗者之間的看法有很大的差異。

在前兩章，我們談論了兩個約翰（John），也就是施洗約翰（洗者若翰）與使徒約翰（若望宗徒）的許多事蹟。現在，我要再談談另外兩個約翰：我自己，以及曾是我最要好朋友的喬（Jon，是John〔約翰〕的變體）。

由於我們兩人的牧師父親有段時間都被派駐在美國海軍陸戰隊一處基地，我們小時候有幾年的時間一起在基地成長。我的父親和喬的父親彼此也是很親近的好友，兩人雖然都是新教基督徒，卻來自兩個不同的神學傳統。

我的父親出身於荷蘭改革宗（Dutch Reformed），這個教派在荷蘭是受到了法國與瑞士宗教改革家約翰・加爾文（John Calvin）的啟迪而創建。喬的父親則是一位循理宗（Free Methodist，又譯衛斯理宗、循道宗）信徒，這個教派致力於保存昔日在英、美宣教的兄弟檔佈道家約翰・衛斯理（John Wesley, 1703-1791）與查理・衛斯理（Charles

Wesley, 1707-1788）的精神。

我們第一次見面是在小學，我當時已經受洗，但還不能領聖餐（聖體），而喬已經領聖餐，卻還沒有接受洗禮。我們的家庭和信仰傳統對於洗禮和聖餐禮這兩種儀式的觀點，可說是南轅北轍。對循理宗而言，只要是信徒，都可以領聖餐（也就是感恩禮，或稱感恩聖事），但洗禮是保留給達到一定年紀並具有分辨能力的信徒，不僅如此，還要能夠有自覺地過著委身於耶穌基督的門徒生活。而對荷蘭改革宗而言，洗禮是與神立約的記號，而且受洗對象擴大到孩童，因為這應許是給我們和我們的兒女（使徒行傳／宗徒大事錄 2:39）。但聖餐是保留給可以公開「信仰宣告」，和可以參與教會、做個有責任感（和有投票權）的成人教友。

有意思的是，我們兩人那時候根本不認為洗禮會對我們的生命產生任何轉化作用。洗禮反倒像是一種外在儀式，是受洗者或是受洗的嬰兒（由父母代替他們）藉此公開宣告他們相信耶穌。也因此，我的朋友喬對自己受了好幾次洗，完全不覺得有任何不妥或疑慮。他第一次受洗是在我們小學高年級的時候。幾年後，已經是青少年的我們再次相遇，他告訴我，他後來又受了幾次洗，因為隨著信仰的增長，他懷疑自己之前受洗不夠真心誠意。

我把這件事告訴了我的父親，他私下告訴我「重新受洗就是不應該」，因為「教父們反對這樣做」。我隸屬的教派創始人約翰．加爾文在研讀了許多教父的著作後，明瞭初代教會已經就洗禮神學的教義達成共識，就是任何人不該受洗一次以上。這個基督宗教慣例貫穿了整個宗教改革時期，當時教派分裂，有些教派（如「重洗派」或「再洗禮派」）開始為曾改變信仰的人重新施洗。許久之後，一些循理宗教會也循此慣例。

那麼，洗禮的原始意義究竟為何？在我看來，死海古卷能夠幫助我們用嶄新的眼光來讀《新約聖經》，以下我就來闡述我個人的觀點。

洗禮的原始意義

我是一個基督徒，我堅信洗禮來自於神，而且如同聖經所教導的，洗禮具有救贖的意義。但我也相信這種禮儀的形式有其人類歷史沿革，昆蘭和愛色尼人在這當中扮演著舉足輕重的角色。我們從《社群規章》對他們自己的洗禮的描述中可以看出，這個儀式顯然不僅具有象徵性，還具有靈性功效，堪稱是真正的聖禮[1]。

對愛色尼人而言，不是所有的潔淨禮儀都一樣。要潔淨汙穢，有一套根據摩西（梅瑟）律法來施行的標準潔淨儀式，而且通用於所有猶太人。但愛色尼人仍保留了水洗儀式，用一種「更純淨的聖水」[2]來浸洗，根據約瑟夫的描述，候選成員除非通過一年的考驗期，否則不能領受洗禮。

《社群規章》頭幾欄的內容似乎是關於入教流程的描述，整個過程最後是用淨化的聖水水洗儀式來結束。文中也嚴厲警告，候選成員的首要之務是真實悔改，否則接受了洗禮也沒有用：

> 凡拒絕加入神（的社群）者，寧願繼續恣意行事，這種人不會（被接納加入）這個神的真理社群……他缺少悔改的力量。他不會被視為正直之人……贖罪儀式無法恢復他的無罪，淨水也不會使他得潔淨。在海中與河裡浸洗不會使他成聖，只是接受淨身禮也不會使他得潔淨……
>
> 因為唯有靠著聖靈（聖神），一個人的所有過犯才能獲得赦免，而聖靈充滿在真正屬神的社群中；因此，唯有凝神仰望生命之光，他才能靠著聖靈進到神的真理當中，潔淨所有惡行。秉持正直、謙卑的態度，他的罪或能被遮蓋，謙卑在神的一切法律之前，他的肉體得以被潔淨。**唯有如此，他才能真正領受淨化之水，被潔淨的水流潔淨**。（1QS 2:25-

1. 在傳統的基督宗教，以羅馬天主教或是希臘正教等古代傳統來代表，聖禮不僅是一個象徵性行動，還是一個記號，代表實現了它所象徵的事物。換言之，聖禮把其所象徵的事物實現在領受聖禮者身上。
2. 《戰史》2:138 (2.8.7)，希臘文是：*katharôterôn tôn pros hagneian hudatôn*。

3:9，重點標示是我加上去的）

我們看見這裡面有三個要素彼此互補：候選成員的內在意向、聖靈充滿的社群、水洗儀式。對昆蘭人而言，這三個要素必須同時真實存在於候選成員身上，才能使他脫離罪的挾制。如果候選成員沒有正確的心態——換言之，如果他沒有真正認罪悔改——任何儀式都只是虛有其表，失去效力。

同理，在昆蘭社群之外舉行的儀式也無效，因為聖靈是在這個社群內部工作。但這個社群內部的水洗儀式是不可或缺的，因為候選成員的良善意圖以及這個社群的存在都無法轉化他，除非他在「純淨之水」中浸洗。

同一組構成要素也出現在初代教會對洗禮的教導。舉例而言，〈使徒行傳〉第二章描述了彼得（伯多祿）在五旬節當天的講道，在耶路撒冷的猶太群眾聽了以後深感扎心，就問在場的使徒：

「弟兄們，我們當怎樣行？」彼得說：「你們各人要悔改，奉耶穌基督的名受洗，叫你們的罪得赦，就必領受所賜的聖靈；因為這應許是給你們和你們的兒女，及一切在遠方的人，就是我們上帝所召來的。」

……於是，領受他話的人就受了洗。那一天，門徒約添了三千人，都恆心遵守使徒的教訓，彼此交接，擘餅，祈禱。（使徒行傳 2:37-42）

彼得堅持，悔改必須先於洗禮。洗禮必須由社群的代表來施洗——在這個情況裡，就是使徒——因為在〈使徒行傳〉裡，聖靈只透過在場使徒的手或是他們的代表澆灌下來[3]。教會是聖靈充滿的社群。儘管如此，洗禮仍是必要的儀式：「……受洗……領受所賜的聖靈。」（使徒行傳 2:38）

有趣的是，在《新約聖經》裡找不到一處經文指出，洗禮只是一種相信耶穌為救主的信仰公開宣示。使徒描述洗禮是神在信徒身上工作，而非信徒為了神而受洗。舉例來說，聖保羅（保祿）最廣為人知的事蹟之一，是教導信心在基督徒生命中的重要性，但是他也對洗禮所扮演的角色表達了強而有力的觀點：

你們豈不知道，我們受洗跟基督耶穌合而為一，也就是受洗跟他同死嗎？藉著洗

3. Joseph Fitzmyer, "The Role of the Spirit in Luke-Acts," pp. 165–184 in *The Unity of Luke-Acts* (ed. J. Verheyden; Leuven: Peeters, 1999), here p. 182.

禮，我們已經跟他同歸於死，一起埋葬；正如天父以他榮耀的大能使基督從死裡復活，我們同樣也要過著新的生活。（羅馬書 6:3-4）

聖保羅似乎在說，洗禮會對受洗者的靈命帶來真正的轉變，因為他緊接著說道：

如果我們跟基督合而為一，經歷了他的死，我們同樣也要經歷他的復活。我們知道，我們的舊我（又譯舊人）已經跟基督同釘十字架，為的是要摧毀罪性的自我，使我們不再作罪的奴隸……因為我們知道，基督已經從死裡復活，他不再死；死也不能再控制他……你們也要把自己當作死了，但是在基督耶穌的生命裡，你們是為上帝而活。（羅馬書 6:5-11）

聖保羅常常與「唯獨因信稱義」（salvation by faith alone，又譯「唯獨因信成義」）的基督宗教教義連結在一起。當然，信心對聖保羅在〈羅馬書〉中的論述非常重要，但我們確實注意到了洗禮也在重生得救一事上扮演著重要角色，藉著洗禮，一個人的生命得以與基督的死聯合，而能活出新生的樣式。

使徒和初代教會領袖的教導也強調洗禮的重要性。〈馬可福音〉（馬爾谷福音）的結論裡如此提到洗禮：「信而受洗的，必然得救。」（16:16）我們注意到它結合了內在意向（信心，希臘文是*pistis*）和外在儀式（洗禮）。〈馬可福音〉經常被視為彼得的講道集[4]，而〈彼得前書〉（伯多祿前書）也強調了洗禮的救贖本質。〈彼得前書〉提到了挪亞（諾厄）時代的大洪水，說「藉著水而得救的不多，只有八個人」：

> 這水所表明的洗禮，現在藉著耶穌基督復活，也拯救你們；這洗禮本不在乎除掉肉體的污穢，只求在上帝面前有無虧的良心。（彼得前書3:21）

潔淨肉體不是洗禮的重點，所以彼得才教導說「不在乎除掉肉體的污穢」。反之，重要的是洗禮對人內在所產生的效力，因為它代表了「只求在上帝面前有無虧的良心」，也就是祈求神注入「無虧的良心」在人心裡面，若用希伯來文來表達，會用「清潔的心」來表示，如同大衛（達味）寫說：「上帝啊，求你為我造清潔的心。」（詩篇／聖詠集51:10）[5]同樣地，古代的先知也保證，在末後的日子：

4. 譯注：〈馬可福音〉的作者是馬可（馬爾谷），內容是記錄彼得（伯多祿）的講道。
5. 譯注：此為和合本聖經，思高聖經是在〈詩篇〉51篇12節。

我必用清水灑在你們身上，你們就潔淨了……我也要賜給你們一個新心，將新靈放在你們裡面……我必將我的靈放在你們裡面，使你們順從我的律例，謹守遵行我的典章。（以西結書／厄則克耳 36:25-27）

以西結在此表明了**神的一項行動**，祂要潔淨我們內在的自我，並傾注聖靈在我們裡面，而這些都與灑水有關。先知撒迦利亞（匝加利亞）也說出類似的預言，允諾會有一個泉源要潔淨人的罪而不是身體的汙穢：

在那天，我要為大衛的後代和耶路撒冷居民開一個泉源，把他們的罪惡和污穢洗滌乾淨。（撒迦利亞書／匝加利亞 13:1）

昆蘭人相信，這個預言和其他預言，會在他們的社群與水洗儀式中得到實現。有一份昆蘭禮儀文獻，感謝神藉著「浸洗而潔淨了祂的子民」（4Q414 13:7），儘管內容是關於潔淨儀式的施行章程。昆蘭人和初代基督徒採用其他預言性的經文，把水的潔淨效力和賜下聖靈連結在一起，例如：

我要將水澆灌口渴的人，將河澆灌乾旱之地。我要將我的靈澆灌你的後裔，將我的福澆灌你的子孫。（以賽亞書／依撒意亞 44:3）

關於賜下聖靈的意象，耶利米（耶肋米亞）另外描述了一種新約的實現，這個新約將會改變內在的自我：

上主說：「時候將到，我要與以色列人和猶大人訂立新的約……新的約和這舊的約不同。我要與以色列人民訂立的新約是這樣：我要把我的法律放在他們裡面，刻在他們的心版上。」（耶利米書／耶肋米亞 31:31-33）

雖然耶利米沒有提到水或聖靈，但神把法律放進以色列百姓心中，將它刻在他們心版上的動作，指的當然是神要轉變人的心。還有一個相同的情況，以西結（厄則克耳）的描述是透過灑水把「新心」或「新靈」（即新的精神）放在人裡面。「公義的教師」把這些觀念融合在他寫的一首讚美詩中：

我深知，除了祢，沒有人得稱為義。我靠著祢放在（我）心中的靈，祈求祢的恩

惠……靠著祢的聖靈來潔淨我，並照著祢的大憐憫吸引我貼近祢的心意。（1QH[a] 8:29-30）

「公義的教師」遵行神的法律——吸引我「貼近祢的心意」——因為他有神的靈（聖靈）在他裡面。

昆蘭人和初代基督徒相信，這些預言性的經文會應驗在他們所施行的水洗儀式上。無論是哪種情況，洗禮都是出於神的行動，換言之，洗禮是神在人身上工作，而不是人為了神而做[6]。在初代教會，洗禮是領受聖靈的常見方法（使徒行傳 2:38；哥林多前書／格林多前書 12:13），萬一，聖靈沒有降在受洗的人身上（使徒行傳 8:14-16、19:1-4），會被看作異常情況，那麼使徒必須設法補救（8:17、19:5-6）。

為兒童施洗的理由

洗禮的重要真相，亦即洗禮是出於神的行動，解釋了為什麼初代教會要為兒童施洗。這個慣例已經表明在《新約聖經》中，當時所有初代教會的家庭——包括孩童在內——全都受了洗。舉例來說，在〈使徒行傳〉十六章，有個腓立比（斐理伯）的監獄看守人，對於發生在聖保羅和西拉（色拉）身上的事情人感驚奇，於是問他們：「兩位先生，我該做什麼才能得救呢？」他們回答說：「信主耶穌，**你和你一家人**就會得救。」於是，「**他和他的**一家立刻都受了洗禮……他和**全家**滿有喜樂，因為他們都信了上帝」（使徒行傳 16:30-34）。

初代教會本來有理由相信，既然悔改和相信是接受洗禮的必要條件，孩童當然不能受洗。但這不是初代基督徒的想法。反之，由於洗禮是神必要的救贖行動，他們非常渴望自己的孩子也能共享神的救恩，所以也為孩童施洗。彼得曾說救恩是透過洗禮來獲得，「因為這應許是給你們和你們的兒女」（使徒行傳 2:39）。這裡有一個猶太先例：在舊約裡，割禮（割損）是進入這約的入口，男嬰必須受割禮。而洗禮是新的割禮，也就是摩西所應許的「在你的心上行割禮」（申命記 30:6）[7]，因此，聖保羅把洗禮描述為「不是人手所行的割禮」以及「基督的割禮」[8]：

6. 猶太學者 Joseph Baumgarten 對於昆蘭社群的水洗，如此評論：「這遠不僅只是一種外在行動……這些淨化行動被視為是聖靈（聖神）要恢復全體以色列人的潔淨。」參見 Baumgarten, "The Purification Rituals in DJD 7," pp. 199–209 in *The Dead Sea Scrolls: Forty Years of Research* (ed. Devorah Dimant and Uriel Rappaport; Studies on the Texts of the Desert of Judah 10; Leiden: Brill, 1992), here p. 208。
7. 編注：為貼近原文，此處經文採用思高聖經，和合本聖經的翻譯為「將你心裡的污穢除掉」。
8. 關於保羅把洗禮視為是一種新的割禮（割禮），參見 Scott McKnight, *It Takes a Church to Baptize: What the Bible Says About Infant Baptism* (Grand Rapids, MI: Brazos Press, 2018), pp. 52–53。

> 你們在他（基督）裡面也受了**不是人手所行的割禮**，乃是**基督使你們脫去肉體情慾的割禮**。你們既**受洗**與他一同埋葬，也就在此與他一同復活，都因信那叫他從死裡復活上帝的功用。（歌羅西書／哥羅森書 2:11-12）

因為嬰孩是無罪的，他們對故意犯罪一無所知，所以我們可以認為，嬰孩對於神藉著洗禮要做成的工作會溫順接受，因此他們的父母可以代表他們做信仰宣告，就像《舊約》時代的父母一樣。所以，《新約》之外一個最早的基督宗教洗禮規範如下：

> 首先，要為孩童來施洗，如果他們可以自己做信仰宣告，就讓他們自己說——否則，就由父母或其他親戚來代表他。（希坡利陀〔*Hippolytus*〕，《使徒傳統》〔*Apostolic Tradition*〕21:16〔A.D.215〕）[9]

如同教父奧利金（Origen）所述：

> 教會從使徒領受了給孩童、甚至是給嬰孩施洗的傳統。使徒致力於聖事的奧祕，深知每個人天生有罪性，必須藉著「水和聖靈」（約翰福音 3:5）得潔淨。（《羅馬書釋經》

〔*Commentaries on Romans*〕5:9〔A.D.248〕)[10]

這些早期的基督宗教信仰宣告，反映了他們相信洗禮是神的作為，是神自己做在人身上。這是基督宗教承繼自猶太傳統的一部分，因為第一世紀的猶太人堅信他們的水洗不僅具有象徵性，也在他們身上做了**上帝神聖的工作**[11]。然而在今天，全世界的基督徒大都認為洗禮是一種外在的記號，是公開見證他們相信耶穌基督：是對神的公開表白，而不是神要在他們生命中做轉化的工作。

許多基督徒對於「洗禮是神轉化人生命的行動」的觀點，看成一種中世紀的迷信，而不是在基督宗教誕生之前就已經獲得實證的猶太思想，而且是根植於一些以色列偉大

---

9. 關於教父們對嬰兒洗禮的最佳引述，包括了這個來自希坡利陀的引文，都收錄在McKnight這本書中：*It Takes a Church to Baptize*, pp. 16–18。希坡利陀的見證尤其重要，因為他出身於耶路撒冷一個猶太基督教家庭中，而他所傳達的傳統，常常帶有愛色尼人的色彩。
10. 參見 McKnight, *It Takes a Church to Baptize*, p. 17。
11. 參見 Hannah K. Harrington, "Purification in the Fourth Gospel in Light of Qumran," pp. 117–138 in *John, Qumran, and the Dead Sea Scrolls: Sixty Years of Discovery and Debate* (ed. Mary L. Coloe and Tom Thatcher; Atlanta: Society of Biblical Literature, 2011)。Harrington 以委婉的言詞來表達她的觀點，提到了猶太人的潔淨禮是「參與」聖靈的工作，但主要的文獻來源則結合了二者。Harrington 的措辭兼顧了現代人的感受力和隱喻。但她就猶太人對潔淨禮的態度所下的結論絕對正確：「透過洗禮，個人從神的審判和死亡進入到獲神接納為自己的選民的生命。」(pp. 137–138)。

先知的預言上。事實上，洗禮發展至今，已經失去了許多原始的猶太意涵，今天人們把洗禮看作基督宗教和猶太教之間的一種分野標記，而不是連結教會和以色列人民的精神遺產的一部分。

Point

死海古卷幫助我們明白，《新約聖經》在提到洗禮是「神藉著洗禮，賜下聖靈給認罪悔改者」的重要性時，是嚴肅而認真的。這種聖禮唯實論（sacramental realism）並非中世紀的產物，而是反映了第二聖殿時期末的一種猶太儀式，如同我們在昆蘭所見。

PART

3

聖餐禮（聖體聖事）與死海古卷

第
6
章

昆蘭有聖餐禮嗎？

Did Qumran Have a "Eucharist"?

綜觀整個基督宗教，用許多不同的方式記念耶穌最後的晚餐。在美國一些教會裡，教友傳遞盛有切成小方塊的去皮白吐司的銅盤，然後是盛有迷你個人杯葡萄汁的大圓銅盤。每個人坐在長條椅上，牧師一聲令下，便一起吃喝麵包和葡萄汁。有些教會則是傳遞一條麵包，每個教友拿到後就撕下一片，然後在一杯共飲的葡萄汁中蘸一下吃下。還有一些教會是信徒排成一列來到台前，由神父或其他主禮者把一片圓形聖餅遞給每個人，或者直接放到信徒舌頭上。

儘管聖餐禮（聖體聖事）的形式形形色色，不變的是都有麵包或餅[1]以及葡萄汁或酒——傳統上是酒，但在美國，用葡萄汁來替代的教會愈來愈多。這種聖事（聖禮）幾乎與洗禮一樣普遍，形式的變化度也愈來愈大，甚至連名稱也變得不一致。有些稱之為「主的晚餐／主餐」（Lord's Supper）或「領聖體」（communion），但在「高派教會」（high churches），亦即天主教、東正教，還有一些聖公會和路德教派等，則稱之為「感恩聖事」（the Eucharist，或稱感恩禮），這源於一個希臘字 *eucharistia*，意思是「感恩」，「感恩聖事」是這個重要的基督宗教禮儀最早的稱呼。殉道者賈斯汀（Justin Martyr）這位初代基督徒作家描述了在一五〇年左右，初代基督宗教的感恩禮儀式：

> 當主禮者向神獻上感謝，所有人齊聲應和後，我們稱之為執事的人會發給在場每一個

人，讓他們取用祝謝過的餅與水酒，也會保留一部分帶給缺席的人。這種我們稱之為「感恩禮」的食物，不是每個人都能吃喝，只有那些相信我們的訓誨真實無誤，而且已經接受赦罪的水洗獲得重生，得以像基督一樣生活的人，才能取用[2]。

幾乎每一位基督徒都知道，這項儀式要回溯到耶穌被猶大（猶達斯）背叛之前的那一夜，他拿起餅、祝謝了，就擘開，說：「這是我的身體，是為你們犧牲的；你們應該這樣做，來記念我。」在晚餐過後，耶穌拿起杯子，也同樣如此祝謝（哥林多前書／格林多前書 11:23-25）。

不過，如同我們在前文所見，耶穌在最後晚餐裡的舉動，不是發生在一個聖餐真空的文化裡。當時已經有早期猶太的聖餐禮，而耶穌在改變它們的意義和儀式，其中又以猶太逾越節的聖餐禮最顯著。有幾個猶太群體也開始定期共享聖餐，吃喝餅酒，而不僅限於逾越節，這些儀式對於了解耶穌在死前最後幾天的言行也大有助益。

1. 譯注：今日聖餐（聖體）的內容多樣，除了麵包，也有傳統的無酵餅，這是猶太人為了紀念神帶領他們脫離埃及的奴役，由於匆忙離開，來不及用酵母發麵，因此在第一個逾越節做了無酵餅，耶穌在最後的晚餐吃的便是無酵餅。今天，台灣一些教會也使用一種特製的無酵餅作為聖餐。
2. Justin Martyr, *First Apology*, ch. 66, 譯文摘自 volume 1 of *The Apostolic Fathers with Justin Martyr and Irenaeus* (ed. A. Roberts, J. Donaldson, and A. C. Coxe; Buffalo, NY: Christian Literature Company, 1885), p. 185。

儘管後來出現的拉比文學指出，有敬虔的法利賽人團體聚集舉行這樣的禮儀[3]，但我們現今根據來自耶穌和使徒時代的文獻顯示，只有愛色尼人實行這種共享餅和酒的儀式。約瑟夫寫道：

在辛勤工作五小時後，他們來到一個地方再次聚集；他們穿上白衣就緒後，接著用冷水沐浴。在淨身過後，他們各自前往社群的一座樓房聚集，其他人等一律禁止入內；他們進到餐廳猶如進到聖殿，然後安靜地就定位坐下；接下來，烘焙師傅依序發餅給每個人；廚師也準備了一盤某種食物，放在所有人面前；接著，有個祭司會做飯前祝謝祈禱；任何人在謝飯禱告還沒有開始就先吃，是違反規定的。

同一位祭司主禮者在吃過後，會再次在飯後做祝謝祈禱；而且飯前和飯後，他們都會為神賜給他們食物享用來讚美神；接著，他們脫下身上的（白色）衣服，再次上工直到傍晚；然後，回家吃晚餐，重複上述用餐儀式。（戰史2:129〔2.8.5.1〕）

從約瑟夫的描述中，這一餐顯然確實滿足了身體需要，但它不僅是共享一頓午餐而已。我們從文中看到了幾個要素，表明這是一種敬拜儀式。

首先，他們的造型類似祭司（又譯司祭），穿上「白衣」，我們可以確定那就是昆蘭出土的白色亞麻衣物碎片[4]，因為白色亞麻衣物與以色列的祭司職務有關（利未記／肋未紀 16:4、16:23、16:32）。

再者，他們沐浴淨身，這很像以色列祭司要進聖所敬拜之前的必要儀式（出埃及記／出谷紀 30:20；利未記 8:6）。考古學家從出土的昆蘭遺址發現，這裡設有足夠的潔淨池，來容納短時間裡湧進的大批沐浴淨身人潮。

第三，沐浴過後，他們來到一個神聖的地方——約瑟夫提到其他人等禁止入內，進到這裡「猶如進到聖殿」。這符合愛色尼人自己內部文獻的記載，如同我們在前文所見，這個社群被描述為「亞倫（亞郎）的至聖所」和「亞倫的聖殿」，也有證據顯示，昆蘭人仍保留了自己的祭壇來獻祭，並在禮儀中食用祭牲的肉（「一盤某種食物」）[5]。

第四，約瑟夫提到烘焙師傅會「依序發餅給每個人」，似乎有意讓人想起〈出埃及記〉四十章二十三節中，摩西（梅瑟）依序「在桌上放著獻給上主的供餅」。

---

3. 參見Saul Lieberman, “The Discipline in the So-Called Dead Sea Manual of Discipline,” *Journal of Biblical Literature* 71 (1952): 199–206。
4. 參見Orit Shamir and Naama Sukenik, “Qumran Textiles and the Garments of Qumran’s Inhabitants,” *Dead Sea Discoveries* 18 (2011): 206–225.
5. 參見Jodi Magness, “Were Sacrifices Offered at Qumran? The Animal Bone Deposits Reconsidered,” *Journal of Ancient Judaism* 7 (2016): 5–34.

第五，約瑟夫強調，在開動之前祭司必須先祈禱——事實上，在祭司做飯前祝謝祈禱之前「就先吃，是違反規定的」，更強調了這個事實——亦即這不是普通的一餐，而是一種敬拜行為。

最後一點，但並不表示這點無關緊要，就是有個事實表明了這是一種敬拜儀式，約瑟夫說他們在飯前和飯後都要「讚美神」，我們幾乎可以很肯定地說，這就是指頌唱讚美詩。這些詩歌很可能就是「公義的教師」所譜寫的《感恩詩篇》。引人注意的是，每一首讚美詩都是如此開頭：「我感謝祢，我的主。」在希臘文中就是 *eucharistô soi* 或 *kyrie mou*[6]。

用餐儀式的八個重點

約瑟夫所描述的愛色尼人用餐儀式，與昆蘭出土的愛色尼人內部文獻記載有充分的相關性。《社群規章》描述了這個社群成員的公有制集體生活，其中包含了以下規範：

> 如此一來，他們就能在各自居住的地方照章行事……他們要一起共食，一起祈求神的庇佑（也就是祈禱）以及共商事宜。每一個地方都有一個社群公會十人團駐點，十人團中

> 一定有一個祭司。而且每一個人要照著層級高低，依序在祭司面前坐席……。
>
> 他們在備好餐桌或要飲用的新酒時，這名祭司是第一個拿取餅酒的人，來祝謝用初熟果子製作的餅和新酒。此外，在公會十人團的駐地，日夜都要有人輪班負責解釋律法。「眾人」（the Many，希伯來文 *ha-rabbim*）每天晚上有三分之一時間要一起守望，趁此一起讀經、解釋規章和祈求神的庇佑（也就是祈禱）。（1QS 7:1-8）[7]

約瑟夫的描述和《社群規章》的這段敘述有兩個明顯的共通點：一是他們都強調依序用餐——大家照著層級就座，烘焙師傅「依序」把餅放在餐盤上；二是祭司的祝謝角色，他在其他人開動之前，先做飯前祝謝祈禱。

在昆蘭人的聖餐儀式中，有幾方面使我們聯想到福音書中對於最後晚餐的描述。

第一點，受邀者的排他性——在「社群的一處公寓聚集，其他人等一律禁止入內」。雖然耶穌常常與形形色色的人一起吃飯（稅史和罪人），但在最後的晚餐，祂吩咐彼得（伯多祿）和約翰（若望）預備「他們自己的一座樓房」（參見路加福音 22:7-13），而

6. 有時候，在這些感恩詩中的開場，「我的神」會以「我的主」來代替。
7. 這段譯文摘自F. García Martínez和E. J. C. Tigchelaar的著作，*The Dead Sea Scrolls Study Edition*, vol. 1 (Grand Rapids, MI: Eerdmans, 1999), p. 83。

且只有十二個使徒受邀一起晚餐。

第二點，飯前水洗。約翰格外強調這點（約翰福音 13:1-17）。耶穌為所有使徒洗腳，這讓我們想起祭司必須先洗腳才能進到會幕（出埃及記 30:19-21）。彼得要求說他需要一個更全面的身體水洗，但耶穌堅決表示使徒們已經「洗過澡」了，這可能是指他們的洗禮（約翰福音 13:9-10）。

第三點，飯前和飯後祈禱。耶穌扮演了祭司在愛色尼人聖餐禮中的角色，在晚餐開始前和結束後，做祝謝祈禱（路加福音 22:17-20）。使徒會意識到，耶穌對這餐的「祝福」或「感謝」是一種祭司的行動。

第四點，《社群規章》特別強調祝謝餅酒的禱告，在福音書中，則在最後的晚餐中出現了類似記載，耶穌分別為餅和酒祝謝祈禱（路加福音 22:17-19）。

第五點，《社群規章》大力強調「每一個人要照著層級高低依序就座」。有鑑於此，路加所記載的使徒之間爭論誰為大（路加福音 22:24）的事件，突然間變得更加合理。使徒爭論著他們位階的高低，以確定他們在最後晚餐的座位。

第六點，耶穌在最後晚餐舉起杯時說出了奇怪的話，讓基督徒困惑了好幾個世紀，他說：「這是我的血，是印證上帝與人立約的血，為了使眾人的罪得到赦免而流的。」（馬太福音／瑪竇福音 26:28）耶穌到底在說什麼呢？「為眾人」？祂不是應該說「為每一個人」嗎？但有鑑於猶太習俗稱呼一個社群的成員為「眾人」（這在《社群規章》、一些死海古卷文獻，和後來出現的拉比文學中都獲得證實[8]），因此主耶穌的這句話也就變得可以理解了。在猶太文本中，「為了眾人」的意思是指「為了社群成員」，換言之，就是為耶穌的社群，在其他聖經經文則是指「教會」（希臘文 *ekklesia*，參見馬太福音 16:18、18:17；使徒行傳／宗徒大事錄 5:11）

第七點，出現了頌唱讚美詩的場面。約瑟夫提到愛色尼人飯前和飯後都要「讚美神」，他們所唱的詩歌很可能是《感恩讚美詩》（1QH^{a}）：「我感謝祢，我的主。」堪比福音書（馬太福音 26:27；馬可福音 14:23；路加福音 22:17-19；對照約翰福音 6:11、6:23）所記載的最後晚餐的主題「感謝」（希臘文 *eucharistia*）。耶穌和使徒也在最後的晚餐結束時，唱了一首感恩讚美詩（馬太福音 26:30；馬可福音 14:26）。

最後，很有意思的一點是在《社群規章》所描述的共餐場景之後，緊接著就是描述社群成員有三分之一的晚上時間，**是在一起通宵默想聖經經文和禱告**。這不禁讓人聯想起使徒離開馬可樓、來到客西馬尼園（革責瑪尼園）一起禱告的場景。〈路加福音〉說：

8. 參見 Frank Moore Cross, *The Ancient Library of Qumran* (Garden City, NY: Doubleday, 1958), p. 231; 以及 Lieberman, "Discipline in the So-Called Dead Sea Manual of Discipline," 尤其是201頁。

「耶穌出來，照常往橄欖山去，門徒也跟隨他。」（22:39）聽起來耶穌似乎習慣在耶路撒冷或附近用晚餐，然後帶著使徒來到橄欖山山坡上的這座花園徹夜禱告。

這樣看來，昆蘭愛色尼人的聖餐禮，和福音書對耶穌最後晚餐的描述之間，有許多啟發性的相似之處，但其中許多相關性，也能在猶太習俗或其他猶太教派中普遍看到[9]。因此，我們現在不是在爭論說耶穌的最後晚餐是**直接**仿效愛色尼人的聖餐儀式，而是藉助死海古卷（當代唯一記載著與耶穌服事相關的現存猶太文獻）幫助我們了解耶穌當時的說話與肢體動作，彷彿我們是活在與耶穌同時代的猶太人。

末世預期現象

讓我們回到愛色尼人的共餐上：我們已經看到它不只是滿足肉體的需要，而是在全面塑造一個祭司主禮的禮拜儀式。但這種聖餐禮對愛色尼人具有什麼**意義**呢？我們現在要進行某種學術上的重建工作，因為無論是約瑟夫的文章或是死海古卷的記載，都沒有具體解釋他們的聖餐禮的意義。但是，藉助某種邏輯和常識來仔細閱讀他們的文獻，我們可以重新建構出這種聖餐禮對愛色尼人有哪些方面的意義：

我們首先要留意的是，所有外人、甚至是還在考驗期的新人，一律不准領受聖餐禮。約瑟夫說新人在通過一年的考驗期後，可以接受「純淨之水」的洗禮，但要能食用「眾人（全社群）的潔淨食物」必須通過一到兩年的考驗期，而且「在獲准可以食用他們共餐的食物之前，他必須先作重大宣誓」（戰史 2:138-139）。至於這些宣誓的內容，似乎記載在《社群規章》的頭幾欄中。因此，食用聖餐表明了每個成員都參與在這個「新約社群」（昆蘭人對此深信不疑）的核心圈裡。

說穿了，食用聖餐表示成員開始進到這個新約之中。反之，罪會使人抵擋這個新約社群而被排拒在聖餐禮之外：「凡是隸屬於這個社群之約的成員，沒有一個會公然違規，去觸碰聖徒的潔淨食物。」（1QS 8:16-17）。因此，凡食用這個社群潔淨食物的成員也表明與實踐了這個事實：他堅定站立在這個約之中。

另外一個關於昆蘭社群聖餐禮意義的線索，出現在一號洞穴所出土的第一件《社群規章》手抄本的附錄中。這個文獻的標題為〈全體以色列會眾末世守則〉（The Rule for the Whole Congregation of Israel in the Latter Days）——學者簡稱為「會眾規章」，它描述了昆蘭人在預想彌賽亞（默西亞）於末世來到時，整個以色列國要如何被治理：

9. 如同 Lieberman 在 "Discipline in the So-Called Dead Sea Manual of Discipline." 所指出的。

> 當（神）在他們當中創立了彌賽亞（或是彌賽亞向他們顯現時），德高望重者（被召）前往該社群所舉辦的盛宴之流程：首先進場的是（大祭司），他是全體以色列會眾的領袖，後面跟著（他的）弟兄們，亞倫（的子孫），這群祭司（受派）出席這場宴會。他們按照層級在（大祭司）面前就座。
>
> 接下來，以色列的彌賽亞進場了，千萬（以色列人的）領袖們依照層級在彌賽亞面前就座，他們的位階取決於（每個人）在軍營和戰役中（的職權）。最後，進場的是全體會眾所屬宗族的族長，偕同（他們博學的智者）進場，並照著層級在他們面前就座。（當）他們聚集（在）聖體桌前，桌上（已經擺好餅和）酒，聖體桌是（為了餐食）與飲酒（酒已倒入杯中）而設，在大祭司開動之前，其他人不得第一個伸手拿餅或（酒）。
>
> 大祭司要做飯前祝禱，所以要第一個拿餅。再來，是以色列的彌賽亞拿餅。（最後），社群的全體會眾，每個人都要（照著）層級（依序）祝謝。凡不下於十人的聚餐，一律都要遵行這個流程作為用餐守則。（1QS^{a} 2:11-22）

有意思的是，昆蘭社群願意花時間詳述他們的聖餐禮流程——我們甚至可以稱之為「禮拜儀式」——在彌賽亞時期要如何被遵行。其實，我們應該說「彌賽亞們」會更恰當，因為如同我們在第二章所述，他們預期會有兩個彌賽亞：一個是祭司身分的「亞倫的彌賽亞」，另一個是君王身分的「以色列的彌賽亞」（大衛（達味）的後裔）。

因此，我們有充分理由認為，這裡所提到的大祭司這位「全體以色列會眾的領袖」，就是亞倫的彌賽亞。無論如何，引人入勝的是昆蘭人想像他們的餅和酒聖餐禮將會持續到彌賽亞的時代，而且只有他們會與彌賽亞們和「德高望重者」（字面上的意思是「名人」）一起慶賀。這使我們想起耶穌在福音書中所說的話：

> 你們看見亞伯拉罕（亞巴郎）、以撒（依撒格）、雅各（雅各伯）和眾先知都在上帝的國度裡，而你們卻被驅逐在外面的時候，就要哀哭、咬牙切齒了！從東、西、南、北，各地都有人要來參加上帝國裡的筵席。那些居後的，將要在先；在先的，將要居後。（路加福音 13:28-30）

「亞伯拉罕、以撒、雅各和眾先知」都名列「名人」當中，他們會出席彌賽亞的盛宴。但座位的排序出人意表，人們到時候會發現，神（或彌賽亞）在考量每個人的**真正位階**時所依據的準則，會是「那些居後的，將要在先；在先的，將要居後」。

讓我們回到昆蘭人在《會眾規章》中所描述的聖餐禮，這點意義重大，因為他們展望這個禮儀的進行方式會和末世時所舉行的盛宴相同，都只在彌賽亞（們）和所有以色列名人現身時才會舉行。這闡明了他們每天進行聖餐禮儀的意義。每次他們聚集在餐廳裡食用聖餐禮的餅酒，他們就是在實行有一天他們在彌賽亞顯現時會遵行的一種儀式。因此我們可以說，昆蘭人每天吃的「感恩餐」反映了當神國建立時，他們對彌賽亞盛宴的殷切**期盼**[10]。

這種懷著盼望或預期之事成真來實行儀式的想法，對於我們這些世俗化的當代人來說，顯得有些奇特。但對古猶太教而言，這是他們宗教生活中的常態。許多（或許是絕大部分）猶太教的神聖儀式都帶有預期的特色。舉例而言，在住棚節的最後一天（也是最重要的一天），祭司會從聖殿走向西羅亞池，把一個大黃金水罐盛滿池水，然後攜回聖殿，把水傾倒在主祭壇上，製造出一條從祭壇流出的人工河[11]。

這反映了他們期盼著〈以西結書〉（厄則克耳）四十七章所說的預言成真，先知以西結著名的生命河異象從聖殿的中心流出。如同我們在前一章所看到的，這整個儀式與其奧義成了〈約翰福音〉七至九章的背景。因此，這種對末世的盼望或預期，是猶太教的普遍特色。

我們看見這種「末世預期」現象也出現在耶穌留給使徒（教會的骨幹）去實行的儀式當中。聖保羅（保祿）解釋了感恩禮（或稱「主的晚餐」）中所具有的這種預期本質：「你們每逢吃這餅，喝這杯，是表明主的死，直等到他來。」（哥林多前書 11:26）

昆蘭人的《會眾規章》則闡明了最後晚餐的意義，以及耶穌的話語和行動會如何被門徒所理解。昆蘭人預見了一個有餅和酒的盛宴，所有以色列的領袖都會出席，並由大祭司或者亞倫的彌賽亞來主禮，以色列（君王）的彌賽亞也會參與這場盛宴。

如今，所有人都同意，耶穌刻意揀選十二個使徒，以暗示以色列十二個支派將要被恢復[12]。這十二個人代表新以色列的「聖禮」。在馬可樓，耶穌與這群新以色列的骨幹聚集在一起，與他們一起慶祝吃喝餅和酒的盛宴，並擔任祭司彌賽亞的角色，第一個拿起餅和新酒祝謝了。這幕景象並沒有遺漏耶穌行為所具有的象徵性。我們會在第八章針對〈路加福音〉所記載的最後的晚餐，做更詳盡的探討。

我們現在要來回答本章一開始標題所問的那個問題。昆蘭愛色尼人真的有「聖餐禮」（即感恩禮）嗎？顯然，他們完全沒有這種基督宗教意識，因為初代教會相信聖餐禮吃喝的餅酒確實會轉化成彌賽亞，亦即拿撒勒（納匝肋）人耶穌的身體和血。而且，我

---

10. Matthew Black, *The Scrolls and Christian Origins* (Brown Judaic Studies 48; New York: Scribner, 1961), pp. 105, 113.

11. 《米示拿》小冊《住棚節》(*Sukkot*) 4.9。參見Herbert Danby, *The Mishnah* (Oxford: Oxford University Press, 1933), p. 179.

12. 這在學術界是很普遍的。例子可參見Joseph Ratzinger/Benedict XVI, *Jesus of Nazareth: From the Baptism in the Jordan to the Transfiguration* (San Francisco: Ignatius Press, 2008), p. 171。相關討論可參見Brant Pitre, *Jesus and the Last Supper* (Grand Rapids, MI: Eerdmans, 2015), pp. 444–446。

們在約瑟夫和昆蘭的內部文獻記載中，沒有看到隻字片語暗示彌賽亞供應自己的身體和血，讓人吃喝。

但我們有充分理由相信，昆蘭人確實舉行「聖餐禮」——如果我們從一個更廣義的角度去了解的話——因為他們每日都有一餐吃喝餅和酒，飯前和飯後都頌唱感恩（希臘文 *eucharistia*）讚美詩，二者表明他們已經完全通過新人入教程序，而能進到「新約」之中，並且預期他們有一天將會在彌賽亞和所有以色列名人出席的盛宴裡，一起慶賀。固然，耶穌所創立的聖餐禮意涵不僅限於此，它卻是昆蘭人的「感恩餐」所代表的最重要內涵。

Point

愛色尼人確實實行一種感恩禮，一種吃喝餅和酒的聖餐禮，由一名祭司主禮，每天實施，用以感謝神，並盼望彌賽亞的來到。愛色尼人的這項儀式對於理解福音書中所記載的最後的晚餐，以及初代基督徒所實行的聖餐禮有相當大的幫助。

第
7
章

最後的晚餐究竟在哪一天？

When Was the Last Supper?

「無神論者聖經研究」是近期的西方文明現象。這種說法看似是一種矛盾修辭法，但你想想看，連無神論者當中，都要有懂得如何利用聖經來推翻聖經主張的學者，他們必須能夠對聖經所記載的各種事件與天啟，提出非超自然的解釋。

這個運動目前最受歡迎的天之驕子，就是學者巴特・葉爾曼（Bart Ehrman）。葉爾曼成長於一個保守的基督宗教環境，他進入穆迪聖經學院（Moody Bible Institute）就讀，這所神學院是傳統的美國新教的堡壘，該校的聖經研究方法結合了三個強有力、卻缺乏彈性的信念：「唯獨聖經」（Bible Alone，拉丁文 *sola scriptura*）是信心和生命的源頭；聖經是神的啟示；以及字面解經法。

葉爾曼在校表現卓越，從穆迪畢業後，在一所頂尖大學繼續他的聖經博士研究。他在這裡研究古代聖經抄本（現代聖經英文譯本的原始文本），但碰到了從事聖經研究都會面臨到的一些棘手處境，像是古代抄寫員抄寫錯誤，甚至會故意竄改內容。如果抄寫員會犯下抄寫錯誤，與原文不相符，我們要怎麼相信聖經呢？葉爾曼脆弱的聖經研究方法在壓力下變得不堪一擊，最後甚至連自己的信仰也放棄了。

我定期會在聖經學者的年度全國大會上碰到葉爾曼。他一身耳釘、深色T恤、運動外套打扮，不用說，非常上鏡，他這身裝扮完全不同於穿著粗花呢衣服和毛衣背心的典型沉悶學者形象，使他看起來更像是要上脫口秀的好萊塢名流。自從放棄信仰後，他已經為自己打響了知名度——當然，也讓他財源廣進——他寫了幾本暢銷書，書中指出聖經明顯的錯誤和不一致，動搖了基督徒對聖經的信心。葉爾曼最喜歡舉的例子，就是福音書中所記載的最後晚餐和耶穌受難的日期[1]彼此出現不一致。許多讀者可能連有這樣的問題都不知道，所以我要花點篇幅來解釋這個問題。

在讀不同的福音書對於受難週的敘述時，我們會發現，對於同一件事，會出現〈馬太福音〉（瑪竇福音）、〈馬可福音〉（馬爾谷福音）和〈路加福音〉（也就是三卷「對觀福音書」）抱持一種說法，而〈約翰福音〉（若望福音）卻是另一種說法的奇怪現象。舉例而言，根據〈馬可福音〉記載，馬利亞在伯大尼（伯達尼）用香膏塗抹耶穌這個著名的事件，是發生在「逾越節前兩天」（馬可福音 14:1-3），然而約翰似乎認為是發生在「逾越節前六天」（約翰福音 12:1-3）。

接下來，馬可描述說，在「除酵節的第一天，就是宰逾越羊羔的那一天」（馬可福音 14:12），耶穌指示彼得（伯多祿）和約翰（若望）前往耶路撒冷（路加福音 22:8），為十二個使徒預備「逾越節的晚餐」，兩人在當天晚上就預備好了（馬可福音 14:17），顯然，

1. 參見 Bart Ehrman, *Jesus Interrupted: Revealing the Hidden Contradictions in the Bible (And Why We Don't Know About Them)* (San Francisco: HarperOne, 2010), pp. 25–27

這就是為了慶祝逾越節的最後的晚餐。

但是，約翰卻描述最後的晚餐是發生在「逾越節以前」（約翰福音 13:1），所以**不可能**是在逾越節當天。此外，約翰有提到，在受難週期間，猶太人的當權者們不願意進到彼拉多的官邸，唯恐沾染了汙穢而不能吃「逾越節的晚餐」（18:28），這暗示了聖週五（Good Friday，即耶穌受難日）是在逾越節晚餐的**前一天**。

最後，約翰提到耶穌被釘十字架是發生在「逾越節的預備日」（19:14），似乎再次暗示了那是在逾越節之前發生的。所以，這到底是怎麼一回事？為什麼馬太、馬可和路加都堅持最後的晚餐是發生在逾越節當天，而約翰似乎堅持耶穌是在逾越節前一天被釘十字架？難道福音書的作者不能把他們的故事記錄得更清楚明確嗎？還是他們當中有一位或幾位搞糊塗了，或者更糟，是有人說謊？

一塊麻布的涵義

無論如何，我們要更仔細地來檢視不同福音書中所記載的細節，先讓我們從一個可能解開這個謎團的方法開始。我們來看幾件有些蹊蹺的事情，它們大都被讀者和解經家所忽略，因為若沒有研究死海古卷，它們所具有的特殊意涵就無法被理解。

舉例來說，路加記載了耶穌對彼得和約翰說：「你們進城，**會遇見一個人拿著一瓶水**，你們就跟著他，到他進去的那座房子，問那家的主人說：『老師問，他和門徒吃逾越節晚餐的那間客房在哪裡？』」（路加福音 22:10-11，重點標示是我加上去的）一個人拿著水瓶有什麼重要意涵呢？許多讀者認為那只是湊巧而已，或認為那是耶穌的神聖預知事件中奇特的一例。但熟知古代近東文化的人一眼就看出事有蹊蹺：在當時，提水是**女人的工作**[2]。

聖經裡就記載了許多例子，說明這項工作多麼具有性別的針對性[3]。如果男人一定要提水，譬如是在長途旅行中，他們會使用皮製的長頸壺，而不是水瓶[4]。主人可能會叫僕人去提水，但耶穌不是說「一個僕人」（希臘文 *doulos*）而是「一個（男）人」（希臘文 *anthrôpos*），指出那是一個提水的自由身男人——另外，也可以從一個人的穿著來分辨他是奴僕或是自由人[5]。

所以，為什麼一個有著自由身的男人會提著一瓶水走在耶路撒冷城呢？我們恰好

2. 參見 Bargil Pixner, *Paths of the Messiah* (ed. Rainer Riesner; trans. Keith Myrick et al.; San Francisco: Ignatius Press, 2010), p. 240; and Darrel Bock, *Luke 9:51–24:53* (Grand Rapids, MI: Baker, 1996), pp. 1711–1712。
3. 參見 Gen 24:14–20; Exod 2:16; 1 Sam 9:11; John 4:7, 28。
4. I. Howard Marshall 的說明，在 Bock, *Luke*, p. 1711 被引用。
5. Contra Bock, *Luke*, p. 1711，他下結論說這個男人一定是個僕人，而沒有考慮到有可能是個愛色尼人。

知道有一支猶太人所在的社區，裡面住的既不是女人也不是**奴僕**，所以裡面的男人必須工作，而這些工作通常是由女人或奴僕在做。有一個愛色尼人社群就定居在耶路撒冷。由於他們人數夠多，耶路撒冷有一道防禦牆的牆門專供他們使用，牆門就取名「愛色尼門」（the Essene gate）[6]。

考古學家們已經挖掘出這座牆門，其中一位考古學家暨聖經學者，是聖本篤修會的修士巴吉爾．皮士拿（Bargil Pixner）。他們在牆門附近發現了潔淨池和一個茅坑，這類設施可以讓當地愛色尼人遵守聖城所祭出的一項嚴格規定：禁止在城區內大小便，萬一內急，只得立即離開解決並用水洗淨[7]。另外，不論從哪方面來看，住在耶路撒冷的愛色尼人都必須保持獨身，因為他們嚴禁夫妻在這個聖殿所在的城市裡有任何性行為[8]。

因此，住在耶路撒冷的愛色尼人大部分（或說全部）都是獨身的男人，斐洛（Philo）也強調他們不蓄奴，而是要彼此服事、分擔僕人的工作[9]。這些都使我們強烈懷疑，這個提著一瓶水（一般是女性或奴僕的工作）的男人，是個愛色尼人，而他帶領彼得和約翰前往的房子，就位在耶路撒冷的愛色尼人社區。

但這個故事不是只有這樣而已，還有更多後續。我們會在〈馬可福音〉後面所描寫的最後晚餐的記事中，看到耶穌去了客西馬尼園（革責瑪尼園），他就是在這裡被逮捕的。門徒這時全都如鳥獸散，而馬可記下了有個年輕男子跟著他們：「有一個青年，

身上只披著一塊麻布，跟在耶穌背後。他們抓他，可是他丟下那塊布，赤著身子逃跑了。」（馬可福音 14:51-52）

披著一塊麻布有什麼特殊意涵呢？出土的考古文物告訴我們，亞麻織品在當時的猶大地區不是普通衣物，它們只占所有成衣的百分之三十[10]。亞麻織品既貴重又昂貴，所以很稀有：亞麻布的原料亞麻只生長在加利利（加里肋亞），必須高價出口到猶大。相比之下，羊毛就便宜多了，而且很容易取得，所以羊毛織品占了所有成衣的百分之七十[11]。如此看來，這個年輕人的衣著有些矛盾。一方面，亞麻布是富有奢華的象徵；另一方面，只穿一件衣服是貧窮或奴僕的象徵。這很像一個人全身上下只穿著一件亞曼尼的正裝長褲，就沒有其他衣服了。

這種集奢華與貧窮的奇異組合，只出現在愛色尼人身上。所有在昆蘭出土的衣物都

6. 參見 Bargil Pixner, “The Essene Quarter in Jerusalem,” pp. 192–219 in Pixner, *Paths of the Messiah*。

7. 參見 Pixner, “The Essene Quarter,” pp. 213–215。

8.《大馬士革文獻》12:1–2：「男人不准在聖殿所在的城市與女人共枕而眠，以免他的不潔玷汙了聖殿。」

9. Philo, *Every Good Man Is Free,* ch. 12, §79. 10. Orit Shamir and Naama Sukenik, “Qumran Textiles and the Gar-ments of Qumran’s Inhabitants,” *Dead Sea Discoveries* 18 (2011): 206–225, here p. 215.

10. Orit Shamir and Naama Sukenik, “Qumran Textiles and the Gar-ments of Qumran’s Inhabitants,” *Dead Sea Discoveries* 18 (2011): 206–225, here p. 215.

11. Shamir and Sukenik, “Qumran Textiles,” pp. 214–216.

是亞麻衣[12]。約瑟夫也告訴我們，愛色尼人只穿一件衣服，而且會穿到破舊不堪為止，「他們也不能隨意更換衣服或鞋子，除非被穿爛到不能再穿」（戰史 2:126）。

誰是那位穿得像愛色尼人的年輕人？一個非常古老的基督宗教傳統指出，他就是馬可（John Mark）本人，也就是〈馬可福音〉的作者[13]。

就像畫家在自己傑出畫作的小角落畫了一個不起眼的迷你自畫像，凝視著所有看畫的人，馬可也在〈馬可福音〉十四章五十一至五十二節為自己畫了一個不起眼的迷你自畫像。我們稍後會看到，馬可的母親提供了自己的房子作為門徒們和初代教會的運作中心（參見使徒行傳／宗徒大事錄 12:12），顯然，門徒們在五旬節前聚集的「樓房」（使徒行傳 1:13）也是同一棟房子，甚至在更早之前，最後的晚餐也是在這裡舉行（路加福音 22:12）。

關於日期的爭論

在這一條環環相扣的長鏈上，只要每個環節的鏈結夠牢固，我們就足以下結論說：馬可與愛色尼人有關聯，他家的房子招待了耶穌最後的逾越節[14]。這一切似乎都表明了，耶穌是在耶路撒冷的愛色尼人住宅區或附近，舉行了最後的晚餐。

但我們怎麼知道愛色尼人在耶路撒冷有個住宅區，而不是分布於耶路撒冷各處？這是因為他們嚴格的禮儀潔淨條例——也就是他們的**潔食**（*kosher*）規範——要求他們緊密地凝聚在一起，並遠離其他族群。

這與最後晚餐的日期爭論有什麼關係呢？事實證明，關係可大了。無巧不巧，學者在研究死海古卷的過程中，有一件事變得很明顯，就是昆蘭社群（以及大部分愛色尼人）採行一個不同於法利賽人所實行的禮儀曆法，法利賽人有權決定耶路撒冷聖殿的律例規章[15]。法利賽人採行的曆法是一種陰陽曆[16]，包含了十二個陰曆月份，一年有三百五十四天，每三年就要增加第十三個月（設置閏月）以補足與太陽年（或稱回歸年）之間所產生的天數落差。

但愛色尼人採行的是一年三百六十四天整的陽曆，這是相當古老的傳統以色列宗教

12. Shamir and Sukenik, "Qumran Textiles," p. 206.
13. 參見Raymond Brown, vol. 1 of *The Death of the Messiah: From Geth-semane to the Grave* (2 vols.; New York: Doubleday, 1994), pp. 297–304, for a summary of the history of interpretation of this passage。
14. 參見Pixner, *Paths of the Messiah*, pp. 239–252, 319–367。
15. 我參考了以下知名著作：Annie Jaubert, *The Date of the Last Supper* (New York: Alba House, 1965)，以及較近期的Stéphane Saulnier, *Calendrical Variations in Second Temple Judaism: New Perspectives on the "Date of the Last Supper" Debate* (*Journal for the Study of Judaism* Supplement Series 159; Leiden: Brill, 2012)。
16. 譯注：農曆就屬於一種陰陽曆。

曆法，而且很可能曾通行於全以色列境內，直到馬加比（瑪加伯）諸王於西元前一五〇年繼任大祭司[17]。馬加比王朝支持採行陰陽曆的法利賽人，後來在聖殿施行這種曆法。但許多較傳統和宗教傾向的猶太人都忠於舊曆法，一些當時的暢銷書，像是《禧年書》和《以諾一書》都支持並捍衛舊曆法。這些作品後來被翻譯成希臘文，廣被羅馬帝國統治下的猶太人閱讀，也被後來的初代基督徒所閱讀。

在死海古卷中也發現了這兩部作品的許多抄本[18]。昆蘭人當然把《禧年書》視為聖經書卷之一，而且他們的文獻都反映出他們奉行一年三百六十四天的禮儀曆法。在死海古卷中看到類似以下的描述，其實並不罕見：

> 挪亞（諾厄）出方舟那日，是在一年**三百六十四天**整的年末。（4Q252 2:2-3，重點標示是我加上去的）
>
> （那月的第二十八天是）安息日。這月在安息日（星期日）之後還有一天、第二天，再加一個（第三天）。今年圓滿結束：三百六十四天。（4Q394 1:1）

這種曆法有一個很大的優點，就是一年剛好就是五十二個星期整，不多不少，因此每年的聖日和節慶都落在相同的星期數。舉例來說，逾越節永遠落在星期三，這意謂逾越節的晚餐是在星期二晚上，因為猶太人的一天是從落日開始，到隔天落日結束（參見創世記 1:5）。

這種曆法每年會比實際的太陽年落後一天多一點，因此使用這種曆法，每隔幾年就要多新增一個星期整，來補足落差。我們無法得知他們實際的**置潤**時程表（藉增加天數來調整曆法），但他們一定有一個曆法，他們不但確實加以採行，而且還能符合大自然節氣的運轉[19]。

因此，我們可以百分之百確信，在耶穌基督在世期間，猶太人至少採行兩種禮儀曆法：一種是法利賽人在聖殿所採用的陰陽曆，一種是其他猶太人（包含愛色尼人）所採行的一年三百六十四天整的陽曆。可能還有其他曆法：撒馬利亞人（撒瑪黎雅人）當然採用他們自己的曆法，其他猶太教派可能也有自己的曆法變體。所以，耶穌時代的猶太教情況與今天的基督宗教實際情況類似，因為採行多種宗教禮儀曆法（有天主教、東正教和一些較不知名的宗教禮儀年曆）而出現相同節日（例如復活節）出現在不同一天的現象。

17. Saulnier, *Calendrical Variations*, pp. 22–30.
18. 參見 James C. VanderKam, *The Dead Sea Scrolls Today* (2nd ed.; Grand Rapids, MI: Eerdmans, 2010), pp. 54–58。
19. 參見 Saulnier, *Calendrical Variations*, pp. 234–238, 244–245。

這可以解釋福音書中為什麼會出現逾越節日期不一致的問題嗎？許多學者都表示認同。回到一九六〇年代，法國聖經學者安妮．朱波特（Annie Jaubert）出版了一本著作，這本知名的作品，書名就叫做《最後晚餐的日期》（*The Date of the Last Supper*），她在書中根據古老的猶太曆法來計算〈馬太福音〉、〈馬可福音〉和〈路加福音〉裡的逾越節日期，得出那天落在星期二晚上，但〈約翰福音〉裡的事件發生日期，是根據聖殿所採行的陰陽曆，因此逾越節落在耶穌去世[20]那年的星期六（安息日）。有什麼證據證明她的這種推論可能是對的？

我們已經注意到，那個提著一瓶水的男人和穿著一件亞麻衣的年輕人，強烈地暗示了耶穌的最後晚餐與愛色尼人有關聯。但除此之外，還有其他事實可以作為佐證。在〈馬可福音〉和〈路加福音〉裡，記載了耶穌告訴彼得和約翰說：「問那家的主人（希臘文 *oikodespotes*）說：『老師問，他和門徒吃逾越節晚餐的那間客房（*kataluma*）在哪裡？』」愛色尼人當時以友善聞名，而且不僅限於彼此之間，對外人也是如此。約瑟夫就曾如此評論：

> 他們沒有特定的城市居處，但他們當中有許多人散居在每個城市；如果有任何其他教友來訪，他們很樂意敞開大門招待他們，彷彿那是他們自己的家；他們也如此接待完全不

> 認識的陌生人，彷彿他們是認識已久的老朋友。因此，除了攜帶武器防盜之外，他們總是兩袖清風出門遠行。有鑑於此，**他們會在每個居住的城市，特別指派一個人負責關心照顧陌生人**，提供衣物和其他必需品給他們。（戰史 2:124-125）

約瑟夫提到，他們當中有「**許多人**散居在**每個**城市」，當然也包含首都耶路撒冷——所以，他們才有自己的「愛色尼門」（戰史 5:145）。此外，耶穌指示彼得和約翰去見的那位家主，很有可能就是被指派去「關心照顧陌生人」的幹事之一[21]。

在福音書中譯作「客房」的這個字 *kataluma*，是一個罕見的希臘字，只用來指稱馬可樓，以及馬利亞和約瑟（若瑟）沒有地方可以投宿時所棲身的「馬槽」（路加福音 2:7）。它指的是一個撥出給客人用的空間，「一個躺下休息的地方」。顯然，所有愛色尼人住宅區仍然保留了這種招待客人的民宿或客房[22]。有關愛色尼教派典章制度的文獻之一《大馬士革文獻》，就規定每個地方的愛色尼人社區必須捐助一個公有之家，用來照顧窮

20. Jaubert, *Date of the Last Supper.*
21. 參見 Pixner, *Paths of the Messiah*, p. 240。
22. 參見 Brian Capper, "The New Covenant in Southern Palestine at the Arrest of Jesus," pp. 90–116 in *ground to Postbiblical Judaism and Early Christianity* (ed. James R. Davila, Studies on the Texts of the Desert of Judah 46; Leiden: Brill, 2003)。

人和其他有需要的人：

這條規範是為了滿足全體社群成員的需要而設立的：每個人每個月至少要將兩天的工資交給監督。然後，評審團會撥出部分款項，分別用於救助傷患、窮人和其他有需要者，以及（上了年紀的駝背老人）、皮膚病病人、被外國俘虜者、沒有人贖身的女孩、無人認養的男孩；凡此皆屬公共事務，因此**公有之家**（希伯來文 *beth ha-hever*）不該被裁撤。（CD 14:12-17，重點標示是我加上去的）

這個「公有之家」，或說是「社團之家」（house of the association）這個更名副其實的稱呼，似乎是指由當地愛色尼人社區所維持的一棟建築物，可以指定作為慈善關懷之用。有沒有可能這樣一棟由馬爾谷家族所擁有或經營的公有之家，就是耶穌在受難週尋求款待的地方？

有任何理由可以證明耶穌本人雖然不是愛色尼教派，但有可能和耶路撒冷的愛色尼人同住嗎？其實，要理解箇中原因並不難。福音書很明白地指出，撒督該人（撒杜塞人）和法利賽人正想辦法誣陷耶穌、要置他於死地，而耶穌也知道他們的意圖[23]！當時，全耶路撒冷被這兩個教派所掌控，人們一面倒地支持他們，所以對耶穌而言，沒有一個地方是安全的。但愛色尼人是和平主義者[24]，而且福音書中從未出現愛色尼人公開與耶穌衝突的記載。

此外，耶穌的一些門徒和愛色尼人之間似乎有私人接觸，對事情也有相同的看法，而且兩者都堅決反對撒督該人和法利賽人當時的統治方式。這並非巧合，舉例而言，福音書記載了受難週期間，耶穌在公開的辯論中，重挫了撒督該人和法利賽人（馬太福音22:23-46）。同樣地，昆蘭的愛色尼人使用難聽的綽號來嘲笑這兩個教派，例如稱法利賽人為「追求好逸惡勞者」——暗指他們鑽營輕鬆的方法來擺脫宗教義務[25]。

有句古老諺語說「敵人的敵人就是朋友」——這或許也能套用在耶穌和愛色尼人身上。雖然他們對潔淨禮儀的觀點不全然一致，但他們都對兩大猶太教派的批判有諸多相同點。撒督該人和法利賽人當時聯手掌控聖殿，耶穌和愛色尼人都強烈反對現行的聖殿運作方式，這從福音書所記載的耶穌潔淨聖殿的故事，以及死海古卷（例如：4QMMT）的一些描述中，都可以看出端倪。

23. 馬可福音14章1－2節；路加福音22章2節；馬太福音26章3－5節；約翰福音11章47－53節。
24. Philo, *Every Good Man Is Free,* §78.
25. 參見James C. VanderKam and Peter W. Flint, *The Meaning of the Dead Sea Scrolls* (San Francisco: HarperCollins, 2002), pp. 276–281。

猶太人的逾越節

我們現在可以把考古證據帶進以下場景中。傳說中那間位在耶路撒冷、舉行最後晚餐的客房，或說是馬可樓遺址，有很高的真實性，因為根據歷史的記載和考古資料回溯發現，耶路撒冷城在西元七十年被毀之後不久，一座新建的猶太基督宗教會堂就坐落在馬可樓的遺址上[26]。而且，這個傳說中的遺址很接近「愛色尼門」，這座牆門也被考古學家挖掘出土了[27]。

如同我們先前所述，挖掘出「愛色尼門」的同一批考古學家，還在門外附近發現了一個茅坑和多個潔淨池，以因應定居在耶路撒冷的愛色尼人能夠遵行必要的潔淨規範[28]。此外，如同在昆蘭發現的公墓一樣，考古學家也在附近發現了明顯是愛色尼人的墓塚[29]。還有一條從「愛色尼門」出發的對外道路，如果沿途重建起來的話，可以直通死海，終點是昆蘭[30]。所有這些環境證據都支持這個假設：愛色尼人群居在馬可樓附近，因此很有可能耶穌在他們的社區裡或在附近慶祝逾越節，而且沿用他們的曆法[31]。

在〈約翰福音〉裡，有處被人忽略的經文支持這個假設。〈約翰福音〉有個描述以色列各種宗教節慶的奇特習慣，而且總是表明它們是「猶太人的」節慶：

- **猶太人的**逾越節近了，耶穌就上耶路撒冷去。（約翰福音 2:13）
- 這事以後，到了**猶太人的**一個節期，耶穌就上耶路撒冷去。（約翰福音 5:1）
- 那時，**猶太人的**逾越節近了。（約翰福音 6:4）
- **猶太人的**逾越節快到了。節期以前，許多人從鄉下上耶路撒冷去，要在那裡守潔淨禮。（約翰福音 11:55）

讓我們來思索〈約翰福音〉十一章五十五節的這句話：「猶太人的逾越節」。乍看之下，這句話顯得累贅多餘：「猶太人的逾越節」？這是哪種逾越節？這聽起來像是在說「美國的七月四日」（美國國慶）。除了美國人，還有誰在慶祝七月四日呢？

所以，約翰說「猶太人的逾越節」究竟是什麼意思呢？首先，這不是一個很精確的

26. Pixner, *Paths of the Messiah*, pp. 319–359.
27. Pixner, *Paths of the Messiah*, pp. 192–219.
28. Pixner, *Paths of the Messiah*, pp. 213–215.
29. Boaz Zissu, "'Qumran Type' Graves in Jerusalem: Archeological Evidence of an Essene Community?" *Dead Sea Discoveries* 5 (1998): 158–171.
30. Pixner, *Paths of the Messiah*, p. 208.
31. Pixner, *Paths of the Messiah*, pp. 250–252.

翻譯。在〈約翰福音〉的希臘原文中，*ioudaios* 這個字若翻成「猶大人」（Judeans）會比「猶太人」（Jews）這個現代用語更貼切，箇中原因我已經在第四章論述過了。再來，這個字**不是**贅字。其實，當時**不是只有一個**逾越節。

「猶太人的逾越節」是指當時聖殿所在的猶大省所慶祝的逾越節，這裡由希律（黑落德）黨人以及結盟的法利賽人和撒督該人共同統治。但還是有其他的逾越節。在耶穌的時代，撒馬利亞人根據他們自己的曆法，在坐落於基利心山（革黎斤山）上的聖殿慶祝逾越節，這裡位在耶路撒冷北方，而且這項傳統一直延續到今天[32]。當時撒馬利亞人的人口遠比我們今天所知的更多，而且就像猶大人一樣，他們在羅馬帝國境內的各大城市中有自己的社區和猶太會堂，此外，他們總是自稱為「以色列人」而不是「猶大人」[33]。愛色尼人也有逾越節，而且就和撒馬利亞人一樣，愛色尼人認為他們自己是「以色列人」而不是「猶大人」[34]。

因此，當約翰說「猶太人的逾越節快到了」，這絕不是興之所至或是多餘的贅句。他其實是根據猶大人以及耶路撒冷聖殿所採用的禮儀曆法，標示事件發生的時間，來對照撒馬利亞人、愛色尼人所採行的其他曆法。如此一來，根據聖殿曆法，耶穌受難那週的逾越節是落在星期六（安息日），因此，主耶穌舉行最後晚餐的時間是在猶大人逾越節開始之前（約翰福音 13:1），而在逾越節前一天（約翰福音 19:14）被釘十字架，這也解釋了為什麼猶大人會如此急切地想要在聖日（安息日）開始之前，把耶穌的屍體從十字架上取下來（約翰福音19:31）[35]。

無論如何，耶穌的最後的晚餐，根據愛色尼人和其他族群所採用的舊陽曆曆法，是在那週稍早的星期二晚上舉行。依照陽曆的星期二逾越節晚上與依照猶大人曆法的星期六逾越節之間的時間落差，充分地解釋了〈馬可福音〉與〈約翰福音〉在描述馬利亞在伯達尼用香膏抹主耶穌的時間，為何會出現四天的落差：〈馬可福音〉指出的時間是在逾越節前兩天，〈約翰福音〉所說的則是在逾越節前六天（馬可福音14:1；約翰福音12:1）。

另外，知道最後的晚餐是發生在星期二晚上，也有助於闡明一個本來令人費解的儀式——就是初代教會奉行在星期三禁食，以記念主耶穌在那日被逮捕。由於沒有人能從

32. Reinhard Pummer, *The Samaritans: A Profile* (Grand Rapids, MI: Eerdmans, 2016).
33. Reinhard Pummer, "Synagogues—Samaritan and Jewish: A New Look at Their Differentiating Characteristics," pp. 51–74 in *The Samaritans in Historical, Cultural and Linguistic Perspectives* (ed. Jan Dušek; Studia Judaica 110, Studia Samaritana 11; Berlin: De Gruyter, 2018).
34. John S. Bergsma, "Qumran Self-Identity: 'Israel' or 'Judah'?" *Dead Sea Discoveries* 15 (2008): 172–189.
35. 參見 Annie Jaubert, "The Calendar of Qumran and the Passion Narrative in John," pp. 62–74 in *John and the Dead Sea Scrolls* (ed. James H. Charlesworth; New York: Crossroad, 1990).

福音書中得出「主耶穌是在星期三被逮捕」的結論，這項傳統就必定會被認為與這件事無關，而是基於某個獨立的傳統[36]。

此外，兩位初代教父——薩拉米斯的愛比法（Epiphanius of Salamis）與畢多的維多利諾主教（Victorinus of Pettau）也有一個傳統的說法，就是最後的晚餐是在星期二舉行的[37]。愛比法的見證尤其重要，因為他生出於聖地一個猶太基督宗教家庭，受到猶太基督宗教傳統的耳濡目染，而這些耶路撒冷傳統都可以回溯至第一世紀[38]。

主張用曆法來解釋為何〈約翰福音〉和其他三卷對觀福音書對於最後晚餐的發生時間有「不一致」的現象，最強有力的理由之一，是它留出了足夠的時間讓所有事件（從耶穌被逮捕到被釘十字架之間的數次審判和其他事件）得以全部發生。我們採用記載最詳盡的〈約翰福音〉作為此處說明的時間框架，這些事件包括了：

1. 在已退休大祭司亞那（亞納斯）面前舉行的一場聽證會（約翰福音 18:13-24）。
2. 在現任大祭司該亞法（蓋法）面前舉行的一場聽證會（約翰福音 18:24-28；馬太福音 26:57-68；馬可福音 14:53-72；路加福音 22:54-62）。
3. 在公會（全體猶太議會成員）面前受審（馬太福音 27:1-2；馬可福音 15:1；路加福音 22:66-71）。

4. 在總督彼拉多面前舉行的第一次聽證會（約翰福音 18:28-32；馬太福音 27:11-14；馬可福音 15:2-5；路加福音 23:1-2）。
5. 在彼拉多面前的私人訊問（約翰福音 18:33-38；對照路加福音 23:3）。
6. 在大希律王面前舉行的一場冗長受審（路加福音 23:8-12）。
7. 一場公開的聽證會，彼拉多設法用耶穌來交換巴拉巴（巴辣巴）（約翰福音 18:8-40；馬可福音 156-11；路加福音 23:13-19）。
8. 鞭打和嘲弄耶穌（約翰福音 19:1-3；馬太福音 27:27-31；馬可福音 15:16-20）。
9. 耶穌受到嘲弄之後，在大眾面前公開露臉（約翰福音 19:4-7）。
10. 另一次在彼拉多面前的私人訊問（約翰福音 19:9-11）。
11. 彼拉多和猶太當權者之間的協商，彼拉多試圖釋放耶穌（約翰福音 19:12-13）。
12. 最後的「攤牌時刻」，當彼拉多坐在審判席上，設法要釋放耶穌，但最終還是屈從於群眾，把耶穌交給他們釘上十字架（約翰福音 19:12-16；馬太福音 27:15-26；馬可福音 15:6-15；路加福音 23:22-25）。

36. Saulnier, *Calendrical Variations*, p. 55。
37. Saulnier, *Calendrical Variations*, pp. 34–35.
38. Pixner, *Paths of the Messiah*, pp. 250–252.

沒有一卷福音書把上述事件完全依序記載下來，顯然，每一位作者都展現了某種文學創作自由，做了選擇性的敘述。福音書的作者不可能把耶穌的所有言行全部記錄下來（約翰福音 21:25），所以他們選擇最能闡明耶穌真理的事件來傳達給其他人，而略去了其他事件。

例如，〈馬可福音〉在敘述耶穌受難時就沒有明顯的時間間隔：但在他所記載的事件間隔中，我們必須把他略去的時間加以還原，像是在亞那和大希律王面前舉行的聽證會，以及在彼拉多面前展開的多次訊問……等等。所有這些聽證會和審訊，絕無可能全部都在星期四的半夜到隔日星期五的正午之間、短短的十二小時內——還有逾越節當天——發生！

然而，到了後來，一些學術重建研究使我們相信，**在猶大人逾越節那天**，猶大地的宗教當權者多次聚集召開法庭，聯合羅馬總督對猶太人的王[39]進行重大審訊，煽惑一群暴民將耶穌釘上十字架，這些事件全都在**半天之內**發生——儘管他們先前已經決定不在節期期間捉拿耶穌（馬可福音 14:2），因為猶太人的法律**禁止**在夜間和節期進行審問（見《米示拿．公會篇》4:1[40]）。奇怪的是，耶穌在逾越節被釘十字架這件事，並未困擾這些猶太學者——逾越節可是僅次於贖罪日的最神聖日子，但他們確實想要把耶穌的屍體倉促地從十字架上取下來，因為隔天就是安息日（約翰福音 19:31）！這些聽起來似乎非常不合理[41]。

反之，你可以推論出下面的場景：耶路撒冷的當權者設計陷害耶穌，要將他去之而後快，他們採取行動的時間，是在耶路撒冷慶祝逾越節和無酵節的那個長達一週的節期之前。他們在星期六逾越節之前的星期二晚上逮捕耶穌，以為他們有充裕的時間在星期三進行審判，並在星期四處死耶穌。但整個法律流程進行得並不順利，尤其在彼拉多開始認同耶穌、並阻礙後續審判程序之後，這迫使他們在星期五落日、逾越節晚餐開始之前，便匆促地將耶穌處死。

但是，根據舊的禮儀曆法，耶穌已經與愛色尼人共度了逾越節，他們基於私人關係以及都反對當權派，而認同耶穌和他的門徒。在此因緣際會之下，巧妙地促成了耶穌既

39. 譯注：指耶穌，參見約翰福音18章33–37節。

40. 譯注：Mishnah Sanhedrin，《米示拿》係由著名的猶太拉比領袖猶大於西元二世紀，將猶太教的口傳律法彙編而成，全書以希伯來文寫成，共分成六大方面的律法，再細分成六十三篇，是當時宗教法、刑法、民法的總綱。

41. 我的好友兼合作夥伴Brant Pitre寫了一本令人印象深刻的著作，支持這種傳統的耶穌受難和死亡的日期順序：濯足節（星期四）→受難日（星期五）→聖週六 (*Jesus and the Last Supper* [Grand Rapids, MI: Eerdmans, 2015], pp. 251–375)。他反對我在文中所提出的曆法闡釋。在我看來，我認為Pitre傑作的最大弱點，是若根據他的觀點，耶穌在受難週期間所經歷的所有審判和其他事件，將全部集中在星期四午夜到隔日星期五中午（這天就是逾越節）這短短的十二個小時內發生，顯然非常不合理。但如果有一天我的主張被證明是錯的，我會轉而優先支持Pitre的假設。

在逾越節當天於馬可樓以自己為聖餐，也在逾越節當天被釘十字架——這全要拜不同的曆法所賜。

曆法假設的可能性

這種解釋最後晚餐日期的理由無法獲得證實，固然是事實，但它確實使原本看似只是隨機發生的大量「噪音」變得合理，諸如：提著一瓶水的男人、穿著一件亞麻衣的年輕人、馬可樓靠近古愛色尼門、〈馬可福音〉十四章一節與〈約翰福音〉十二章一節對於相同事件的敘述卻產生引人疑竇的四天落差、〈約翰福音〉所提到的「猶太人的逾越節」，以及有太多的審判要在星期五凌晨進行，再加上最後的晚餐是在星期二晚上舉行而耶穌在星期三被逮捕……種種原本令人費解的古代說法。

一項理論成立與否的最有力證據，往往取決於它的闡釋能力。因此在學術界，只要你能改良一個理論，使原本看似不相關、難以理解的大量資料突然可以連結起來，使混沌難明的事實都有了合理的說明，這通常意謂著你已經正中真相的紅心了。

無論如何，曆法假設提出了令人信服的合理說明，解開了福音書之間就逾越節究竟是落在受難週哪一天所出現的日期不一致謎團，而且這項理論尊重所有福音書在這方面的敘述，而不會對它們嗤之以鼻，嘲弄它們是非史實的虛構小說。而且，它是建立在堅實的考古學研究上：死海古卷、第二聖殿時期的猶太教和福音書研究。

所以，如果我是葉爾曼，我不會把這種福音書之間所出現的不一致，當作自己的頭號範例，而指稱福音書是不可信的。相反地，我會指出要留意福音書中所描述的細節，這會帶領我們進入一個引人入勝的故事裡——亦即受難週的宗教和文化背景故事。

Point

死海古卷可能有助於解決福音書之間的這種不一致說法，前三卷福音書指明耶穌是在逾越節當天舉行最後的晚餐，而〈約翰福音〉卻描述耶穌是在這個神聖節日的前一天被釘十字架而受難。死海古卷告訴我們，愛色尼人採行一種較古老的禮儀曆法，據此曆法，逾越節是在星期二晚上。瑪竇、馬爾谷和路加似乎是根據這個曆法來標示發生在受難週期間的事件的日期，但約翰則採用了較新的猶大人聖殿曆法。如果耶穌是根據愛色尼人所使用的曆法，在耶路撒冷的愛色尼人住宅區附近舉行最後的晚餐，那麼福音書中所記載的一些奇特特徵，以及考古學上的資料和古代教父的家族傳統，就全都說得通了。

第8章

整合：從死海古卷解讀最後的晚餐

Putting It All Together: Reading the Last Supper in Light of the Scrolls

在我念初中的時候，我們全家是康乃狄克州一間保守的浸信會教會的教友，因為我是個愛讀書的書呆子，教會給了我一份圖書館助理的義工工作。星期天的夜間崇拜聚會結束之後，我會在教友的聯誼時間裡，打開教會圖書館的門讓人借書。這個工作給了我機會，可以閱讀許多優秀的文學作品，而我是個對書飢不擇食的嗑書蟲。

有一次，我拿起了約瑟夫・貝利（Joseph Bayly）寫的《福音飛船與其他故事》（*The Gospel Blimp and Other Stories*）。這是一本現代寓言集，小小地挖苦了二十世紀末的美國教會生活。書中有個故事是〈我們要怎麼記念約翰？〉[1]，描述有個家庭在一次意外中，失去了他們的兒子還有兄弟約翰。這家人思索著要怎麼做才能永遠懷念約翰，他們靈機一動，想到他最愛吃的早餐燕麥片，於是他們開始每天早上都吃燕麥片來記念約翰。但沒多久，他們開始把早餐儀式化，把燕麥片盛在一個小銀碗裡，用昂貴的湯匙來吃。然後，他們改成一週一次，再換成一個月一次，再來是三個月一次。作者的結論是，但願他們在早餐時從未忘記約翰。

貝利的寓言所要傳達的信息非常清楚：耶穌衷心希望藉著最後的晚餐，我們能有一餐是來記念他的。但隨著教會參與其中，這個普通的一餐經過數世紀的發展，已經走了樣，變成一種我們稱之為「聖餐」（聖體聖事）的儀式。因此，當代基督徒所要做的，就是回到這個簡單的古老家庭餐，大家聚在一起來記念耶穌。

貝利透過二十世紀末一個良善的美國基督徒的眼睛，對最後的晚餐和教會歷史所作的解讀完全合理。但這個故事和實際的最後的晚餐（那個在第一世紀由一群以色列猶太人所舉行的一餐）幾乎不相干。

如果我們願意讓死海古卷帶領我們回到耶穌時代以色列人的心態，那麼耶穌在最後晚餐中的言行所傳達的意涵，遠甚於只是為了「記念約翰的一餐」。

我們會以〈路加福音〉所描述的最後晚餐，作為後續論述的依據，因為它的這部分記載是福音書中最詳盡的。〈路加福音〉一般被認為是寫給有文化教養的希臘人和羅馬人，有許多人認為路加是外邦人——《新約聖經》作者群中唯一的外邦人。但我自己的研究結果和教導這卷福音書的經驗告訴我，路加對《舊約》和猶太傳統的熟悉程度，不下於其他《新約》作者。他寫作的福音書，甚至有幾方面與死海古卷相似，這是在其他聖經書卷中找不到的，這部分我們已經在第四章探討過了。

路加如此揭開他所描述的最後晚餐的序幕：「除酵節期內，該宰逾越節羔羊的日子到了。」（路加福音 22:7）在《舊約》裡，長達一週的無酵節緊接在逾越節之後。但在耶穌的時代，這兩個節日合而為一，統稱為逾越節，如同路加在前面說的：「除酵節（又

1. Joseph Bayly, *The Gospel Blimp and Other Stories* (Elgin, IL: David C. Cook, 1983), pp. 121–123.

叫逾越節）的節期快到了。」（路加福音 22:1）

如果我們是對的，那麼根據舊曆，逾越節的第一天會是受難週的星期二。一些人引用「除酵節的第一天，就是宰逾越節羔羊的那一天」（馬可福音／馬爾谷福音 14:12）這節經文來指出，耶穌的門徒確實在那天宰殺了一隻羔羊在聖殿獻祭，所以這一定是聖殿曆法的逾越節[2]。但這過度解讀了〈路加福音〉與〈馬可福音〉的這兩處經文，它們只有一種意思，就是法律和習俗都明訂了這一天要宰殺羔羊獻祭[3]。

耶穌和門徒是否獻祭羔羊，仍然是個懸而未決的問題。愛色尼人（可能還有其他猶太人）並未參與聖殿的獻祭，因為他們認為聖殿已經被各式各樣的原因給玷汙了[4]。同樣地，耶穌藉「潔淨」聖殿來訓斥聖殿的領導階層，我們也從未看過他在聖殿獻祭。因此，有些人解釋說，由於聖殿是唯一獻祭的地方，現在因為被玷汙而失去了獻祭的意義，所以愛色尼人不會用羔羊慶祝逾越節。耶穌或許也是如此。但是，考古學家最近已經發現了證據，證實昆蘭愛色尼人有自己的祭壇來獻祭[5]。或許，其他地區的愛色尼人也有自己的祭壇，用羔羊作為獻祭來慶祝逾越節。關於這點，目前仍難有定論。

但對許多神學家來說，逾越節的羔羊似乎顯得多餘，因為耶穌本身就是「上帝的羔羊，除去世人罪孽的！」（約翰福音／若望福音 1:29），他知道自己將要以「身體」和「血」作為逾越節的「羔羊」。因此，在沒有任何清楚的經文描述耶穌和門徒是否有吃逾越節羔羊的情形下，耶穌不用羔羊、而是把自己當作羔羊獻上，是非常合理的，如同〈創世記〉二十二章八節所言：「上帝必自己預備作燔祭的羊羔。」

路加繼續描述說，耶穌派彼得（伯多祿）和約翰（若望）去找一個拿著一瓶水的男人，他會帶他們去一間有著寬敞樓上房間的「客房」。如同我們在前一章所看到的，我們有理由相信這個男人是一個獨身的愛色尼人，他會帶他們去一間由這個教派經營的公有之家，這間房子後來變成耶路撒冷教會的中心，至今依舊被尊為最後晚餐的遺址所在。

---

2. 參見Brant Pitre, *Jesus and the Last Supper* (Grand Rapids, MI: Eerdmans, 2015), pp. 255–256 and elsewhere。

3. 這個出現在〈馬可福音〉14章12節的經文：when they would sacrifice the Passover，是一個非特指某一個人的第三人稱複數形式的經典例子，這是一種常見的希伯來文和希臘文句法結構，具有被動的意味：when the Passover was sacrificed.（在逾越羔羊被宰殺的那一天）。參見Steven Thompson, *The Apocalypse and Semitic Syntax* (Cambridge, UK: Cambridge University Press, 1985), pp. 18–22。路加是一個更優秀的希臘文文體家，把馬爾谷的非正式表達語法改變成〈路加福音〉22章7節的被動式。從這些不確定的表達語句中，無法證明使徒們確實殺了一頭羔羊獻祭——它們只是表達了那天是習俗或法律規定獻祭的日子而已。我了解這兩處經文是指耶穌成了那個真正被獻為祭的羔羊（譯注：中文聖經的對應經文並未完全反映相應句法）。

4. 參見Lawrence Schiffman, "Community Without Temple: The Qumran Community's Withdrawal from the Jerusalem Temple," pp. 267–284 in *Gemeinde ohne Tempel: Zur Substituierung und Transformation des Jerusalemer Tempels und seines Kults im Alten Testament, antiken Judentum und frühen Christentum* (ed. Beate Ego et al.; Wissenschaftliche Untersuchungen zum Neuen Testament 118; Tübingen: Mohr Siebeck, 1999)。

5. 參見Jodi Magness, "Were Sacrifices Offered at Qumran? The Animal Bone Deposits Reconsidered," *Journal of Ancient Judaism* 7 (2016): pp. 5–34。

〈路加福音〉提到：「時候到了，耶穌坐席，使徒也和他同坐。」（路加福音 22:14）約翰在這個時間點插入了耶穌為門徒洗腳的事件（約翰福音 13:1-20）。從死海古卷和約瑟夫的文章中，我們知道，在聖餐（領聖體）之前先沐浴淨身的儀式，是敬虔的愛色尼人一項非常重要的慣例：他們每次吃聖餐前都會先沐浴淨身，然後換上白衣。在基督宗教，這種以水淨身並換上白衣的儀式，已經被重新定義為終生一次的洗禮。

我們知道重視潔淨禮儀的愛色尼人，與猶太教有更廣泛的共通點，因為〈約翰福音〉提到，許多猶太人在逾越節前來到耶路撒冷，要在那裡潔淨自己（約翰福音 11:55），或許是指要在城中的潔淨池潔淨自己。耶穌洗門徒的腳是一個小規模的潔淨禮，有可能他們之前已經做了更完整的潔淨儀式（約翰福音 13:10）。洗腳具有祭司的隱藏意涵，因為祭司在進到聖所之前，必須先洗手洗腳才能獻祭（出埃及記／出谷紀 30:19-21），而耶穌等於是帶領門徒進到某種聖所，向他們展示如何獻上一種新的祭禮，以進到新的聖約當中。約瑟夫在文章中提到愛色尼人「進到餐廳，猶如進到聖殿」（戰史 2:130），在最後的晚餐那一晚，耶穌同樣把馬可樓轉化成了「聖殿」。

為客人洗腳通常是僕人的工作，但在這裡沒有僕人。愛色尼人不養奴僕，而是降卑自己彼此分擔僕人的工作[6]。雖然耶穌不是愛色尼人，但也具有人皆平等的人道思想，並藉著洗腳和其他身教來教導門徒，他所創建的這個團體的領袖，必須以身作則，立下謙

卑和服事人的榜樣：「我為你們立了榜樣，是要你們照著我替你們做的去做。」（約翰福音 13:15）

記念的獻祭

〈路加福音〉清楚呈現了耶穌主禮最後的晚餐，因為他是第一個拿起餅和杯的（22:17-19）。耶穌舉起餅和杯來「祝謝」（希臘文 *eucharisteo*），「祝謝」一詞與「祝福」（bless）是同義字，也就是透過感謝禱告把食物獻給神，使食物神聖化[7]。我們從昆蘭人的文獻中得知這是祭司的職權，因為祭司與彌賽亞（默西亞）主禮聖餐的餅酒祝謝禱告。在馬可樓，耶穌身兼祭司和君王，祂是大衛（達味）的後裔，大衛也兼具這兩種身分於一身（詩篇／聖詠集 110:4）。

耶穌再三提到神的國快要臨到，來強調他所做之事的君王面向。他說：「非等到這晚餐在上帝的國度裡有了真正的意義，我絕不再吃它。」以及「從今以後，非等到上帝

6. Philo, *Every Good Man Is Free*, §§78–79.
7. 留意「賜福」和「祝謝」是同義詞，比較這兩處：馬太（瑪竇）福音 14 章 19 節，約翰福音 6 章 11 節。

的國度來臨，我絕不再喝這酒。」（路加福音 22:16-18）因為酒是當時猶太人平日固定用來搭配主餐的飲料，因此耶穌的話暗示了神的國即將來到：在他食用下一餐之前，神的國就已經在這裡了。愛色尼人每天吃喝他們的餅和酒，是在期盼著「以色列的彌賽亞」在穩妥地統治萬物之後，與他們同席共享盛宴的那一日到來。耶穌告訴門徒這樣的盼望將要實現，而門徒們正站在這個重要的轉折點上。

耶穌拿起餅，說：「這是我的身體，是為你們捨的。你們這樣做來記念我。」但這絕對不是「以他最喜愛的一餐來記念約翰」之類的行為。在聖殿，猶太人以獻祭來記念神，祭物通常是部分的餅加動物祭牲（利未記／肋未紀 24:7）。事實上，根據傳統，大衛寫了兩首關於獻祭的讚美詩（詩篇 38;70），它們的希臘文標題是「*eis anamnêsin*」，翻譯過來就是「記念的獻祭」（for the memorial sacrifice）。而耶穌在最後的晚餐也說出了相同的話。

事實上，我們可以如此翻譯耶穌的話：「你們這樣做，就是獻祭來記念我。[8]」耶穌的話使人想起聖殿的獻祭，以及更新昔日神與以色列人立約的儀式，因為這種「記念」的想法與古以色列人的這個聖約有關[9]。在希伯來文中，一個人「記念」他的約，意思是「記起後便履行他該盡的義務，因為他處在一種盟約的關係中」[10]。

所以，我們在撒迦利亞（匝加利亞）的頌讚詩中讀到：「**記念**他的神聖盟約，就是他對我們祖宗亞伯拉罕（亞巴郎）所起的誓。」（路加福音1:72-73）因此，這種在聖殿記念神所作的獻祭，就是為了敦促神「記得」祂與祂的百姓所立的盟約，而能賜福給他們[11]。耶穌的話使人聯想起這個聖殿獻祭：耶穌在最後晚餐的舉動，就是在主禮一個立約的禮拜儀式。

耶穌拿起杯，說：「這杯是上帝的新約，是用我**為你們流出的血設立**的。」約是「透過立誓與外人建立起親人般的關係」，換言之，約是一種藉由立誓所形成的家人關係[12]。舊約是摩西（梅瑟）之約，猶太人卻再三背約，而耶利米（耶肋米亞）應許有一天會訂立新約：

---

8. 它的希臘文是 *eis tēn emēn anamnēsin*。
9. 參見：創世記9章15節和9章16節；出埃及記2章24節和6章5節；利未記26章42節、45節；申命記4章31節；歷代志（編年志）上16章15節；詩篇105篇8節和106篇45節；以西結書（厄則克耳）16章60節；路加福音1章54節、72節。
10. 這是我自己的定義，但與O. Michel這本著作裡的論點一致，"*mimnēskomai* etc.," pp. 675–683 in vol. 4 of *Theological Dictionary of the New Testament* (ed. G. Kittel, G. W. Bromiley, and G. Friedrich; Grand Rapids, MI: Eerdmans, 1964)。
11. 關於記念的禮拜儀式的神學，參見Scott Hahn, "The Persistence of Memory: Anamnesis and Actualization," pp. 144–157 in *Letter & Spirit: From Written Text to Living Word in the Liurgy* (New York: Image, 2005)。
12. 關於約的定義，參見Gordon P. Hugenberger, *Marriage as a Covenant: Biblical Law and Ethics as Developed from Malachi* (Vetus Testamentum Supplements 54; Leiden: Brill, 1994), pp. 168–215。

時候將到，我要與以色列人和猶大人訂立新的約。（耶利米書31:31）

「以色列」和「猶大」是指北方的十個支派和南方的兩個支派：總計十二個支派，不是只有「猶大人」（希臘文 *ioudiaoi*）而已。這個新約不會像遭背棄的摩西之約：「我親手領他們的祖先出埃及以後，曾經與他們立約。我是他們的丈夫，他們卻破壞了這約。新的約和這舊的約不同。」（耶利米書31:32）

新的約是神以超自然的方式來轉變以色列人的心：「我要把我的法律放在他們裡面，刻在他們的心版上……全國上下都認識我。我要赦免他們的罪，不再記住他們的過犯。」（耶利米書31:33-34）

愛色尼人認為「新約」已經賜給他們。《大馬士革文獻》重複提到「新約」（希伯來文 *berith ha-hadashah*）是「在大馬士革」立約的[13]。學者認為這有兩種可能，一種是這個族群確實在某個時間點遷移到大馬士革，並在這裡建立新約，或是「大馬士革」是一個密碼，意指昆蘭或其他地點[14]。總之，愛色尼人相信他們已經是神在末世所建立的「新約社群」的一部分。他們每天一起共餐的餅和酒則是一個記號，表明了他們每一位已經完全進入到這個新約之中[15]。

但是，耶穌和其他猶太人並不認同愛色尼人是最後的答案。反之，耶穌在最後的晚餐中宣告，**他**正在錫安山（熙雍山）[16]上建立新約。十二個使徒則代表了以色列十二個支派的十二個新族長。十二個使徒是新以色列的骨幹，而耶穌藉著這個聖餐禮所建立的新約，創建了新以色列，這是個奧祕。

〈馬太福音〉和〈馬可福音〉所記載的耶穌話語，更容易讓人聯想起摩西之約與十二個支派在西乃山的情景；當耶穌拿起杯，說：「這是我立約的血。」其中這句「立約的血」引用了摩西在西乃山使用祭牲的血，來神聖化上帝與以色列立約時所說的話[17]。這句話的言外之意就是：**我在錫安山與你們十二個使徒所做的事，就和摩西在西乃山與十二個支派所做的事一樣重要**。

耶穌也說祂的血是「為了眾人……而流的」[18]。如同我們在第六章所提到的，死海古卷清楚闡明了這種表達方式的意義。在希伯來語中，「眾人」這個措辭是一種典型的表達

13. 《大馬士革文獻》6:19, 8:21, 19:33, 20:12; 1QpHab 2:3；4Q269 殘片 4，欄 2，行 1。
14. 參見 John S. Bergsma, "Damascus," pp. 702–708 in *Theologisches Wörterbuch zu den Qumrantexten, Band 1* (ed. Heinz-Josef Fabry and Ulrich Dahmen; Stuttgart: Kohlhammer, 2011)。
15. 獲准共餐「多人（全社群）的潔淨食物」以及「多人的酒」是加入社群的最後階段：約瑟夫〈戰史〉2:137–142；參照 1QS 6:16–23。經過一年後，新人獲准取用食物，兩年後，也可以喝酒了。
16. 譯注：最後的晚餐的地點馬可樓坐落於錫安山。
17. 參見：馬太福音 16 章 28 節；馬可福音 14 章 24 節；出埃及記 24 章 8 節。
18. 馬太福音 26 章 28 節；馬可福音 14 章 24 節。

方式，意指整個社群[19]。門徒是那個社群（新以色列）的骨幹，所以路加以此意涵來記錄耶穌的話：這血是「我為你們流出的」（路加福音 22:20），你們就是指十二個使徒。

僕人領導

耶穌把他的身體和血給使徒們吃喝後，使徒之間起了爭論，爭執著誰最大（路加福音 22:24）。如同我們在第六章所述，在愛色尼的聖餐和其他猶太社會中[20]，每個人按照自己在社會裡的位階依序入座是很重要的。所以，這**不全然是**因為使徒愛慕虛榮而已——雖然他們在某種程度上確實如此。耶穌則勸勉他們不要如此關心自己的位階：

各國都有君王統治他們，他們的掌權者稱為恩主。但你們卻不要這樣；你們中間最大的，應當像最小的；作首領的，應當像服事人的。哪一個大呢？是坐著吃喝的還是服事人的呢？不是坐著吃喝的嗎？然而我在你們中間，如同服事人的。（路加福音 22:25-27）

愛色尼人也在身體力行這種互相服事的理想，雖然他們也很關心自己在儀式中要有相稱的排名。斐洛如此描述他們：

他們拒絕並遠離任何有可能刺激他們貪念的事情；他們當中沒有一個是奴僕，他們都是自由人，彼此互相幫忙；他們譴責主人，因為在他們看來，這麼做不僅不公平，還破壞了平等的原則……也褻瀆了神，因為他們破壞了人生而平等的自然法則……在他們看來，這種人與人之間的自然關係，已經被人心詭詐的貪念所破壞而陷入失序，這種想要比別人擁有更多好運的無盡貪欲，反而造成人與人之間的疏離而不是關愛，憎恨而不是友愛[21]。

我們可以看出，這與耶穌在最後晚餐所教導的「僕人領導」有相同的精神。有人可能會對斐洛所描述的這種愛色尼人的友愛特質表示反對，因為這與死海古卷中所記載的部分內容互相矛盾，愛色尼人在這些內部著述中非常強調他們是一個層級分明的社群。儘管如此，死海古卷文獻也強調成員之間的友愛和人人平等的精神：極力強調成員要以謙卑、友愛的精神對待彼此，以及成員有權力在討論會上發言，而且在重要的決策上，監督必須諮詢每一位成員的意見[22]。

19. 希伯來文是 *rab* or *rabbim*；參見 1QS 6:18, 20–21, 25; 7:3。
20. 參見 $1QS^a$ 2:11–15。
21. Philo, *Every Good Man Is Free*, §§78–79.
22. 參見 1QS 2:24–25; 1QS 欄 5–6，尤其是 1QS 6:9–10。

耶穌在強調僕人領導的必要性之後，祂也稱讚門徒的忠心：

我在磨煉中，你們始終跟我在一起。我現在要把我父親所**賜給**我的王權也**賜給**你們。你們要在我的國度裡跟我同桌吃喝，並且要坐在寶座上，審判以色列的十二個支派。（路加福音 22:28-30）

就許多方面來看，這都是〈路加福音〉對於最後晚餐的敘述的最高潮，因為耶穌把聖父所賜給他的國賜給了門徒。關於「賜給」這個動詞，英文版聖經一般是使用「指定」（appoint）或其他同義字，但這是一個常見的希臘字（*diatithêmi*），意指《舊約聖經》中的立約[23]。在《舊約》裡只有一個王國是神的聖約所創建的，也就是大衛的王國[24]。當然，路加也極力證明了耶穌是大衛的子孫（路加福音 2:4-7、3:31）。

耶穌賜給門徒的就是大衛的王國，而且作為新約的一部分，耶穌已經藉著這場晚餐與出席的門徒們訂立了新約。大衛的子孫耶穌確立門徒為他的十二個王室官員，如同大衛的兒子所羅門王（撒羅滿王）在全以色列選任了十二個官員（列王記上 4:7）。

耶穌剛剛以免費的晚餐餵養他們，這應驗了以賽亞（依撒意亞）的預言，他與晚餐的客人建立了大衛之約（以賽亞書 55:1-3）。獲得承受王國的殊榮，是他們能夠「在我的國度裡跟我同桌吃喝」的首要條件。這是末世時為以色列的官員與君王彌賽亞一同坐席所預備的盛宴，而愛色尼人已經生動地預見了這場筵席，並在《會眾規章》中寫下了具體的規範。而使徒們也會在未來「坐在寶座上，審判以色列的十二個支派」。

這使人聯想起以色列的彌賽亞與這個王國的高階官員在這場盛宴中一同坐席，如同《會眾規章》所述「千萬以色列人的領袖們」，這或許也使人想起在〈列王紀上〉四章七節所記載的，所羅門王在十二個支派中選立十二個官員的意象[25]。耶穌堅稱他就在這場晚餐中重建以色列的大衛王國，並且選立十二個使徒出任這個王國的總督或君王。

總而言之，當我們透過昆蘭人的觀點以及愛色尼人的聖餐傳統來看最後的晚餐，關於這個事件的種種新面向，便逐一浮出檯面。我們看見耶穌主導了最後的晚餐，而且以明確無誤的祭司身分來祝福餅和酒，但耶穌也同時兼具了君王的身分，這從他「立約」把他的國賜給使徒們可以看出。這絕不是偶然的一餐，最後的晚餐是根據猶太人的聖餐

23. 相關探討，參見John Bergsma and Scott Hahn, "Covenant," pp. 151–166 in *The Oxford Encyclopedia of Biblical Theology* (ed. Kathleen Dell et al.; Oxford: Oxford University Press, 2015)。

24. 撒母耳（撒慕爾）記下5章1－3節；詩篇89章3－4節。參見Bergsma and Hahn, "Covenant," p. 158; W. J. Dumbrell, "The Davidic Covenant," *Reformed Theological Review* 39 (1980): 40–47; and Jon D. Levenson, *Sinai and Zion: An Entry into the Jewish Bible* (San Francisco: Harper & Row, 1985), pp. 97–101.

25. $1QS^a$ 2:15–16.

傳統而舉行，最終連結到了聖殿和祭司職任。

最重要的是，這是**立約的一餐**，象徵並實現了每一個出席晚餐的人都加入了**新約**，如同以色列人吃了逾越節晚餐，他們每一個人便得以進到摩西之約中，而吃愛色尼人的聖餐，就使每一個愛色尼人都進到他們的「大馬士革新約」中。耶穌命令門徒「你們這樣做來記念我」，暗示了門徒要持守這個餐禮，作為「記念的」獻祭，以「記念」——也就是記起並且恢復——這個向「眾人」（根據這約聚集而成的群體）傳達赦罪的新約。

這當中的許多相似點和關聯性，不全然都是愛色尼人獨有的特色，但死海古卷提供了證據證明，這些觀念和禮儀在時間和地點上最接近拿撒勒（納匝肋）人耶穌的服事。透過死海古卷充分的說明，我們足以下結論說，最後晚餐的意涵，遠不只是「記念約翰的一餐」如此簡單而已。

最後，看到我們所確認的這些主題、意涵和儀式，是如何延續到初代教會的生活中，這的確很吸引人。我想以現存關於主的晚餐（聖餐）最早的文章描述，來總結本章。這篇文章的寫作時間距離使徒約翰去世只有短短六十年，而約翰是參加耶穌最後晚餐的門徒中最後離世的一位。文章的作者是教父殉道者賈斯汀（A.D.100–165），他向有學養的希臘人和羅馬人闡述，當時基督徒每星期舉行一次的聖餐的本質[26]：

他信服並且認同我們的教導，因此我們在為他施洗（也就是洗禮）過後，領他到我們稱之為弟兄的人集會的場所……然後，有餅和一杯水酒拿給一位主禮的弟兄；他帶領全體會眾奉聖子和聖靈（聖神）的名，把頌讚、榮耀都歸給全宇宙的父神，我們則為自己竟配得從神手上領受這些恩惠，用很長的時間向神獻上感謝（希臘文 *eucharisteo*）。

當主禮的弟兄結束禱告和感謝神後，全體會眾會齊聲應和說阿們……我們稱之為執事的人會發給在場每一個人取用祝謝過的餅與水酒，也會保留一部分帶給缺席的人。這種我們稱之為「聖餐」（聖體）的食物，不是每個人都能吃喝，只有那些相信我們的訓誨真實無誤，而且已經接受赦罪的水洗獲得重生，得以像基督一樣生活的人，才能取用。因為我們不是把它們當作普通的餅酒來領受，而是效法我們的救主耶穌基督：他道成肉身，以自己的身體和寶血救贖我們。所以我們據此被教導，這種照著耶穌的祝禱所祝謝的食物，就是他道成肉身的身體和寶血，我們的血和身體在吃喝了它們後，會得到滋養。

使徒在他們所寫的記事中，亦即我們所說的福音書裡，已經告訴我們他們所受的託付；那就是耶穌拿起餅祝謝了，說：「你們應該這樣做，來記念我。」以及飯後，他照樣

---

26. Justin Martyr, *The First Apology of Justin*, p. 185 in vol. 1 of *The Apostolic Fathers with Justin Martyr and Irenaeus* (ed. A. Roberts, J. Donaldson, and A. C. Coxe; Buffalo, NY: Christian Literature Company, 1885).

拿起杯祝謝了，說：「這杯是上帝的新約，是用我為你們流出的血設立的。」然後拿給他們每一個人喝。

Point

死海古卷幫助我們，對第一世紀的猶太聖餐儀式有了更詳盡且具體的認識，使得福音書中對於耶穌的最後晚餐的描述更顯生動。耶穌在馬可樓上的舉動，就像是一位集祭司與君王身分於一身的彌賽亞，他與使徒立約，賦予他們大衛之約的君王般地位。這場晚餐是一個禮拜儀式，連結於猶太祭司的職位和聖殿，意謂這項餐禮要持守到彌賽亞耶穌再臨的那一天。

PART

4

婚姻、獨身與死海古卷

第9章

死海古卷論獨身

Celibacy in the Scrolls

二〇〇三年，《紐約時報》（*New York Times*）暢銷作家丹．布朗（Dan Brown）的作品《達文西密碼》（*The Da Vinci Code*）颳起了一股旋風，他在這部小說中宣稱，耶穌確實娶了抹大拉（瑪達肋納）馬利亞為妻[1]。

丹．布朗為了證實自己所言不假，他所援引的論證之一，是因為猶太人不實行獨身，他們非常看重生養兒女，所以耶穌必須結婚。一個善良的猶太人會得到上帝的祝福「要滋生繁多」（創世記 1:22），妥拉（摩西五經，又譯梅瑟五書）的第一條誡命也是如此，因此耶穌有道德上的義務要找一個妻子生養孩子，以榮耀上帝和以色列的百姓，尤其是拉比更要以身作則，所以拉比耶穌一定會結婚，而抹大拉的馬利亞就是他的妻子。

我並不在乎《達文西密碼》，但我無法對丹．布朗有過多的苛責，因為我的大半人生也曾犯下和他一樣的基本錯誤：以為當代的猶太教和古代的猶太教一樣。舉例來說，成長為一個敬虔的新教徒，我在十幾歲的青少年階段每天都會讀聖經，但我還記得，我對於〈馬太福音〉（瑪竇福音）裡耶穌對婚姻和獨身的教導深感困惑：

> 他（耶穌）說：「摩西因為你們的心硬，才准許你們休妻，但起初並不是這樣。我告訴你們，凡休妻另娶的，如果不是因為妻子不貞，就是犯姦淫了。」門徒對他說：「夫妻的關係既然是這樣，倒不如不結婚了。」耶穌對他們說：「這話不是每個人都能領受的，

只有賜給誰，誰才能領受。因為**有生來是閹人的，也有被人閹的，也有為天國的緣故自閹的**。這話誰能領受，就領受吧！」（馬太福音 19:8-12，重點標示是我加上去的）

我很清楚「有生來是閹人的」的意思，一定是指天生的生理障礙，以致無法生育的人。我也明白「有被人閹的」的意思：在古代近東地區，國王招募太監來照顧、保護皇室女眷，以及服侍其他朝廷官員，這種情況非常普遍，因此有些古代語言中，「太監」和「王室官員」是同義詞[2]。但令我困惑的是這句「為天國的緣故自閹的」，我知道一定是指那些為宗教緣故而自願獨身的人，但在耶穌的時代有誰會這樣做？獨身是基督宗教的一種慣例（我那時這麼認為），但那是在距耶穌的時代很久之後才發展出來的，大約是在中世紀時代，教宗強迫天主教所有神職人員要守獨身，這樣他們就沒有兒子會繼承他們的土地，而由教宗全部接收[3]。

讓我們回到耶穌所說的話上，他不是說「**將會**有為天國的緣故自閹的」，而是「**已**

1. 丹・布朗，《達文西密碼》(New York: Doubleday, 2003)。
2. 舉例而言，在希伯來文裡，*saris* 這個字包含了兩種觀念，例如：創世記 39章 1節；以賽亞書（依撒意亞）56章 3－4節。
3. 祭司保持獨身並無歷史根據，但在美國的非天主教基督徒當中，這是一個經常被提及的觀點。

經有為天國的緣故自閹的」。顯然，耶穌說的是他那個時代奉行獨身的男人，他們是為了「天國的緣故」守獨身。我當時對這點感到很不解，因為「天國」是耶穌的講道中獨一無二的觀念（我當時這麼認為），既然那時耶穌才剛開始傳講「天國」的道理，怎麼可能已經有人為了天國的緣故自閹呢？

有一個學者指出，丹．布朗和我都被迷惑了，因為我們不能分辨「拉比猶太教」（rabbinic Judaism）和「古以色列宗教」（religion of ancient Israel）之間的差異。我後來被我的研究所指導教授（他是猶太教的專家）嚴厲警告，不要犯這種錯誤。

我先就這點稍作說明：這個我們稱為猶太教的宗教系統，或者更精確地說，拉比猶太教，基本上是在後聖經時期發展出來的，也就是說，它是在《舊約》（又稱為希伯來聖經〔Hebrew Bible〕）寫成後，逐漸演進而成的。因此，古代以色列人實踐他們宗教的方式，和當代的猶太人有很大的差異。

舉例而言，古代以色列人的宗教如同聖經所顯示的，主要以聖殿和祭司為中心。它有三個重要的節慶，以色列人會在三大節期期間出發，一路沿著山路到耶路撒冷朝聖，並在祭司的協助下以動物為祭牲獻祭。除此之外，以色列人若是犯下大錯（或者相反，是經歷了神很大的祝福），他也會來到聖殿，以動物祭牲作為贖罪祭（或感謝祭）。聖殿、祭司和祭牲——構成了古以色列人生活的核心。

相較之下，現代猶太人的生活，是以猶太會堂、拉比、研讀妥拉和禱告為核心。《舊約》沒有提到猶太會堂或拉比。猶太會堂不是聖殿，也就沒有任何獻祭儀式，它甚至連敬拜場所都不是。

「猶太會堂」（synagogue）是個希臘字，意思是「聚集在一起」，猶太會堂是在希臘化時期（Hellenistic period, B.C. 300-100）發展出來的，主要是因為當時猶太人散布在地中海四周，距離聖殿遙遠而難以前往，猶太會堂於焉誕生。為了維持信仰，他們興建公有之家，作為聚會禱告和研讀聖經的場所。聖經教師就以「拉比」這個稱呼而廣為人知，於是開啟了猶太會堂作為研讀聖經和禱告場所的傳統，並持續到今天。

耶穌在世期間，這兩種宗教系統——拉比－猶太會堂、祭司－聖殿——並行不悖。在以色列本土的猶太人每週或每日在猶太會堂禱告，但也前往聖殿朝聖，根據摩西（梅西）律法在聖殿以動物獻祭。但在西元七十年，羅馬人毀壞耶路撒冷聖殿，祭司四散，只剩拉比－猶太會堂繼續存在於以色列境內，在摩西律法的核心（亦即聖殿）不復存在的當時，為了延續摩西律法、使其得以繼續施行，猶太會堂獲得更進一步的發展。

由此發展出來的法律主體收錄於各種文獻中，例如《米示拿》（A.D. 200）、《塔木德》（A.D. 600）。其中一項新舊法律的差異，是後來發展出一系列符合猶太教規的潔食規範（kosher food），雖然摩西律法禁止食用許多種食物，但比起來潔食規範要複雜多了。摩西禁止用小山羊媽媽的奶來煮小山羊（出埃及記／出谷紀23:19、34:26；申命記14:21），因為這是迦南（客納罕）人的魔法儀式。

在晚古時期的猶太拉比把這套食物規範擴大成一般禁令，禁止乳製品與肉類混合，結果導致需要一套完整的食物分類制度，把食物分成「肉類」（fleishig）、「乳製品」（milchig）和「中性食物」（pareve），並且發展出一種適法、適用的烹飪系統。這整套食物規範制度，比起相對簡單的摩西律法所明訂的食物禁令，要複雜多了。因此，那種說摩西和以色列人在沙漠遵守潔食規範的說法，無疑是把年代錯置了。

另一種年代錯置的觀念，是主張古色列人反對獨身。雖然現代的拉比猶太教積極鼓勵每一位猶太男人要生養孩子，可是相同的催逼並未出現在古以色列。古代的以色列先知確實已經力行獨身，例如：以利亞（厄里亞）和以利沙（厄里叟）放棄了正常的家庭生活，以實踐他們的呼召[4]。

同樣地，神命令耶利米（耶肋米亞）保持獨身，向當代人作見證（耶利米書16:1-4），神也基於相同的理由，命令以西結（厄則克耳）要保持鰥夫的身分（以西結書24:15-24）。其他先知也保持獨身，如同最後一位、也是最偉大的先知施洗約翰（洗者若翰）。在《新約》裡，耶穌、使徒約翰（若望宗徒）和保羅（保祿）全都保持獨身，還有其他一些人亦然。

保持獨身的理由

為什麼要獨身？一個理由是作為神即將來到的審判的記號。有時候，先知保持獨身是一種表徵，表明現在不是成家的時候，因為神正帶來一場對人類的大審判[5]。但也有一個現實的理由，就是先知的生活方式，與他所要負的家庭責任和家庭生活的歡樂，格格不入。因此，必然會出現的先知獨身傳統，於焉產生。

對祭司而言，也有一種定期式的獨身傳統。根據摩西律法，婚姻關係會造成祭司至少會有一天不潔，所以祭司不能在聖殿連續服事的期間與妻子行房[6]。因此，祭司在聖殿「值勤期間」必須保持獨身一段時間，換言之，他們要孕育孩子的機會只限「下班」時間，也就是說，他們有一段時間不必到聖殿服事。

走筆至此，如同我們稍早所見，愛色尼人把他們自己視為先知和祭司的繼承人，而他們的獨身制度正是他們的宗教生活方式中最顯著的特色之一。所有描述愛色尼人的古代學者——約瑟夫、斐洛和普林尼，以及其他一些不是那麼重要的作家——都針對他們

4. 從未看到有關以利亞和以利沙妻子或孩子的論述。聖經描述他們保持獨身，全心奉獻在祂們的先知服事上。
5. 耶利米書16章1－4節；以西結書24章15－28節。
6. 利未（肋未）記15章18節和22章1－6節。

的獨身做了評論：

- 愛色尼人不認為歡愉是邪惡的，但看重節制和禁慾，把它們視為美德。他們鄙視婚姻，但選擇收養其他人的孩子……根據他們自己的規矩來教養、形塑他們。（約瑟夫）7
- 他們拒絕婚姻，同時力行節制，因為沒有一個愛色尼人曾經娶妻。（斐洛）8
- 有個愛色尼部落與世隔絕、隱居在此，相較於世界其他部落，他們顯得鶴立雞群，獨樹一格，因為這裡沒有女人，他們棄絕了所有性慾。（普林尼）9

這是引人矚目的交會，三個古代學者都描述了愛色尼人保持獨身。此外，他們對獨身慣例的證詞不僅限於單一現象的評論，他們三個人後續還描述了愛色尼人所過的公有制集體生活，但都隻字未提有女人或小孩出現在他們當中——事實也是如此，古代學者們所描述的愛色尼人簡樸生活方式，根本沒有辦法再養家餬口。愛色尼人過著一種禁慾刻苦的生活，餐飲、家當和財物全都共用——不論是在當時或在今天，在那樣的環境下要養家，無異是天方夜譚。

不過，也有許多學者主張愛色尼人不是真的獨身，這種觀點的出現，是基於另外一個理由。舉例來說，有學者說這三位古代學者對於愛色尼人的描述都錯了，因為他們深受古代一種據稱為「支持獨身」（pro-celibacy）的世界觀的影響[10]。但沒有證據顯示約瑟夫、斐洛或普林尼「支持獨身」。他們沒有一個是單身，而且除了一位之外，他們在作品中從未宣稱在愛色尼人之外，還有哪個族群是維持獨身的[11]。希臘和羅馬文化並不鼓勵或是提倡獨身。這些古代作家確實對愛色尼人的自我克制印象深刻，但這並不表示他們也心嚮往之，想過獨身生活！

還有一些學者聲稱，之所以會出現這種愛色尼人保持獨身的觀點，主要是因為某些天主教神職人員像是羅藍．迪沃思神父（Fr. Roland De Vaux）是最初挖掘死海古卷的領導人，因此推廣了這種看法。但有許多來自不同宗教信仰和種族背景的學者——包括

7.《戰史》2:120。

8.《假想》（*Hypothetica*）11:14。

9. Trans. H. Rackham, *Pliny—Natural History II* (Loeb Classical Li-brary; Cambridge, MA: Harvard University Press, 1942), p. 277.

10. 尤其要注意Paul Heger, "Celibacy in Qumran: Hellenistic Fiction or Reality? Qumran's Attitude Toward Sex," *Revue de Qumrân* 26 (2013): 53–90。

11. 斐洛還描述了另一個獨身族群，非常像愛色尼人的一個猶太族群，即知名的「特拉普提派」（therapeutae），斐洛特別寫了一個關於他們的專著《論冥想生活》（*On the Contemplative Life*）。但特拉普提派包含女人。在猶太教之外，唯一被認為實行獨身的經典群體是畢達哥拉斯學派。

傑出的以色列學者伊加爾・雅丁（Yigael Yadin）、以利沙・坤朗（Elisha Qimron）和莫根・布洛許（Magen Broshi）等——都確信愛色尼人過著獨身生活[12]。

其他學者則堅稱，這些在文章中描述昆蘭遺址居住的是獨身男人的古代作家們，其證詞只是局外人的觀察而已。他們還指出，如果只從考古遺跡和死海古卷的基礎上來探究，爭論只會持續下去，永遠不會得出昆蘭的愛色尼人保持獨身這種看法。但是，這種論點也站不住腳。因為死海古卷和考古結果都指出，有個獨身的男性社區定居於昆蘭。

從考古結果來看，我們在昆蘭幾乎找不到像是珠寶、梳子、手持鏡子或紡錘之類的女性物品，卻在其他同時代的猶太遺址發現了它們的殘骸，有力地證明了有女性在那裡生活[13]。再者，雖然考古學家在昆蘭附近的墓園挖掘出了女性骨骸，但再做更進一步調查後發現，這些骨骸的主人與在此定居的昆蘭社群不是來自同一時代。這批三十多具的骷髏中，確定沒有一具是女性或孩童，它們是從一處大型墓園挖掘出來的，裡面差不多有一千個南北向的墳墓[14]。

我們應該還記得，在絕大多數的古代墓園遺跡中，成人男性骨骸的占比在百分之二十五以下。因此，這些殘存骨骸所在的墳塚本身似乎表明了，這個社群拒絕家庭生活，因為每個墳墓裡只有一具骷髏。相比之下，當時的猶太墓葬慣例是所有小家庭的成員，甚至連大家庭的所有成員都被合葬在一處墓穴或墓塚裡。

重點是，即使沒有外部的歷史證人，女性與孩童在《社群規章》裡也沒有和他們相關的規範，他們在昆蘭社群定居時期的遺址考古紀錄中也幾乎完全消失，這點也能嗅出事有蹊蹺。這在在顯示，無論是誰住在這裡，他們都放棄了過正常的猶太家庭生活。

接下來的一個明顯問題，是為什麼愛色尼人要實行獨身？以及，雖然他們從未在內部的文獻中寫明具體原因，但其實不難理解箇中原因：婚姻會導致不潔，而昆蘭人從未想要不潔！他們渴望「聖潔無暇」和「潔淨」，雖然潔淨不同於聖潔，卻是進入聖潔的**先決條件**[15]。

舉例而言，我們已經在第一章看過這段著名的《大馬士革文獻》段落：

12. Yigael Yadin, *The Temple Scroll,* vol. 1 (Jerusalem: Israel Exploration Society, 1983), pp. 288–289; Elisha Qimron, "Celibacy in the Dead Sea Scrolls and the Two Kinds of Sectarians," pp. 287–294 in vol. 1 of *The Madrid Qumran Congress* (2 vols.; Studies on the Texts of the Desert of Judah 11/1; Leiden: Brill, 1992); Magen Broshi, "Essenes at Qumran? A Rejoinder to Albert Baumgarten," *Dead Sea Discoveries* 11 (2007): 25–33.
13. Jodi Magness, *The Archeology of Qumran and the Dead Sea Scrolls* (Grand Rapids, MI: Eerdmans, 2002), 尤其是163–187頁："The archeological evidence attests to only minimal female presence at Qumran" (p. 182)。
14. 參見Joseph E. Zias, "The Cemeteries of Qumran and Celibacy: Confusion Laid to Rest?" *Dead Sea Discoveries* 7 (2000): 220–253，尤其是230–237頁，他指出有些被考古學家認為是女性的骷髏，對第一世紀的巴勒斯坦女性而言，他們的身高異常的高，而引發了重大疑問：這些骷髏的性別鑑定正確嗎？
15. 關於《舊約聖經》中「潔淨」與「聖潔」兩個觀念的區別，參見John Bergsma and Brant Pitre, *A Catholic Introduction to the Bible: Old Testament* (San Francisco: Ignatius Press, 2018), pp. 210–211。

簡言之，凡是遵行這些律例度日，言行保持**聖潔無瑕**（希伯來文 *tamîm qôdesh*）者，謹守遵行了一切命令，上帝將會堅固祂所立的約，賜他生命直到千萬代。

但若他們住在營區中並隨從這地的準則娶妻生子，就讓他們按照摩西律法生活。（CD 7:4-7，重點標示是我加上去的）

這個段落對比了兩種不同的生活型態：「聖潔無暇」的生活，以及「住在營區中」，並且在營區中「娶妻生子」。因此，「聖潔無暇」的生活明顯意謂放棄婚姻和孩子[16]。這樣選擇的人需要一些鼓勵，因為他們看不到自己有後代來承續他們所遺留下來的產業，也無法感受這種人類固有的欣慰之情。因此，《大馬士革文獻》激勵他們說：「上帝將會堅固祂所立的約，賜他生命直到千萬代。」

至於另一個娶妻生子的族群，當然就是只有約瑟夫所提到的「另一個愛色尼人分支」，這個分支過著正常的家庭生活：

另外，還有一個愛色尼人分支，他們認同另一個分支的生活方式、習俗和法律，卻不認同他們對婚姻的看法，因為他們考慮到，不婚等於是切斷了人類生活一個很重要的部分。（戰史 2:160）

那麼，這個結婚的愛色尼族群，佔全體愛色尼人的比例究竟有多少呢，至今依舊成謎。從古代作家們幾乎只描述獨身的愛色尼人來看，似乎結婚的愛色尼人算不上是這個教派的特色。

大多數的愛色尼人都被「聖潔無暇」的想法所吸引，它的意涵不是獨身本身，而是過一種永遠不會讓自己變得汙穢不潔的生活方式（至少不是故意不潔）。因此這種生活方式**包含**了獨身，而不是被獨身所**定義**。

昆蘭人渴望過一個「聖潔無暇」的生活，這點與他們自認是一個祭司族群和神的聖殿的觀念，彼此緊密交織在一起。《社群規章》如此描述昆蘭社群：

> 他們要成為那「試驗過的牆[17]……一塊寶貴的房角石」（以賽亞書 28:16），他們的根基必不動搖，是堅固的堡壘，**是亞倫（亞郎）的至聖所**，他們都知道公義之約而獻上馨香的祭。他們必在以色列成為**清白無瑕而真實的神之家**，謹守遵行這永存的典章之約。（1QS 8:7-10）

---

16. 相關討論，參見 Qimron, "Celibacy in the Dead Sea Scrolls," pp. 289–294。
17. 譯注：死海古卷中的翻譯為「試驗過的牆」（the tested wall），但英譯本聖經為「試驗過的石頭」（a tried stone）。

「神之家」是一個希伯來文片語，意思是聖殿[18]；「清白無瑕而真實的」則是一種聖殿用語。昆蘭社群自認是聖靈的居所，意謂他們不僅是聖殿而已，更是貨真價實的「亞倫的至聖所」，至聖所是聖殿裡最聖潔的地方，大祭司可以在這裡為全體百姓來贖罪[19]。

任何的汙穢不潔一律不准進到聖殿，所以很難想像在聖殿裡會發生夫妻行房之事，因為這種行為會導致個人和所在環境的不潔。因此，愛色尼人不僅在聖殿裡，在全耶路撒冷城裡都嚴禁夫妻行房：

> 男（人）夢遺不得進入我的殿，直到（整整）三日過後。第一天，他要把衣服洗淨和洗澡；第三天，他要再次把衣服洗淨和洗澡；然後在太陽落下後，他可以進到殿中。他們在汙穢不潔期間不得進入我的殿，因為那會玷汙我的殿。凡是與妻子行房的男人禁止進入聖城（我要以我的名居住在其中）三天。（11QTemplea 45:7-12）

然而，昆蘭社群不僅認為他們會取代聖殿，更是「亞倫的聖殿」，所以社群要求全體成員必須過著完全「聖潔無暇」的生活，永遠不得**隨心所欲**做那些會導致他們不潔的事情，包括性交。目前還不清楚昆蘭社群是否以地理範圍來界定他們由人構成的「聖殿」，譬如說，是以他們群居的聚落為邊界，還是根據成員來界定，使「聖殿」範圍擴大到每個已進入社群之約的成員身上。我們對此沒有明確的答案，但就昆蘭的日常生活而言，這種分別並沒有太大的意義：性交和其他不潔的活動不會發生在這個社群裡。好了，這個話題就到此為止。

禁欲與獨身

初代教會就像昆蘭社群一樣，把教會視為人構成的聖殿。保羅在寫給以弗所（厄弗所）人的書信中，向年輕的基督徒闡明這件事的意義：

> 這樣看來，你們不再是外人和客旅，而是與聖徒一同作國民，是神家裡的人了；並且

18. 希伯來文是*bêth ha-'elohim*，這個詞經常出現在《舊約》中，例如：歷代志（編年紀）；以斯拉記（厄斯德拉上），尼希米記（厄斯德拉下）。

19. 至聖所是大祭司在贖罪日那天為全國贖罪之處，贖罪日是猶太禮儀年中最神聖的日子。關於昆蘭作為替代聖殿與其贖罪的角色，參見Lawrence Schiffman, "Community Without Temple: The Qumran Community's Withdrawal from the Jerusalem Temple," pp. 267–284 in *Gemeinde ohne Tempel: Zur Substituierung und Transformation des Jerusalemer Tempels und seines Kults im Alten Testament, antiken Judentum und frühen Christentum* (ed. Beate Ego et al.; Wissenschaftliche Untersuchungen zum Neuen Testament 118; Tübingen: Mohr Siebeck, 1999)。

建造在使徒和先知的根基上，基督耶穌自己就是房角石（又譯基石），整座建築都靠著他連接配合，漸漸增長成為在主裡面的聖殿。（以弗所書 2:19-21）

聖殿無關地理範圍，而是延伸擴展到每一位教會信徒本身。保羅在其他地方如此提醒第一代基督徒：

你們不知道你們的身體就是聖靈的殿嗎？這聖靈住在你們裡面，是上帝所賜的。你們不屬於自己，而是屬於上帝。（哥林多前書／格林多前書 6:19）

有趣的是，初代教會和昆蘭社群一樣，看見了社群的這種聖殿本質和性行為之間的直接關聯性。因為他們是聖靈的殿，保羅強烈提醒基督徒：

你們一定知道，你們的身體就是基督的肢體。我可以把基督的肢體當作娼妓的肢體嗎？絕對不可！……所以，你們要避免淫亂。人無論犯什麼罪都不影響自己的身體，惟有犯淫亂的人是害了自己的身體。（哥林多前書 6:15-18）

雖然昆蘭人要求他們的聖殿成員杜絕所有性交，但是教會只禁止婚姻外的性行為。教會主張，夫妻之間的交合本身是純潔的行為：「婚姻，人人都當尊重，床也不可汙穢；因為苟合行淫的人，上帝必要審判。」（希伯來書13:4）

但這並不表示初代教會不看重獨身。不同於法利賽人和撒督該（撒杜塞）人，初代教會和愛色尼人一樣高度推崇獨身，只是所持的理由不一樣。對愛色尼人而言，獨身是竭力要在禮儀上過著潔淨無暇生活的一部分。但對基督徒而言，問題不在禮儀上的潔淨，而是脫離家庭生活的義務，以便把自己完全奉獻給主耶穌。

這點也體現在耶穌的教導上：「有為天國的緣故自閹的。這話誰能領受，就領受吧！」這節經文的意思是，為了靈性目的而保持獨身，是一種高尚的行為，能夠如此遵行的人就當如此行。保羅也在他的書信中針對婚姻做了長篇討論，強調獨身的價值，他自己也如此身體力行：

> 我認為男人不親近女人倒好……我願人人都像我一樣；只是各人有各人從神得來的恩賜，有人是這樣，有人是那樣……我現在要對未婚的人和寡婦說，他們若保持像我這樣就好了；但如果不能自制，就應當結婚，因為結婚總比慾火焚身好。
>
> 為了目前的困難，我認為人最好能保持現狀……我願你們無所掛慮。沒有娶妻子的

人，掛念的是主的事，想怎樣去得主喜悅；但娶了妻子的人，是為世上的事掛慮，想怎樣去討妻子的歡心，這樣他就分心了……我說這話，是為了你們自己的益處；我不是要限制你們，而是要你們作合宜的事，一心一意地對主忠誠。（哥林多前書 7:1-35）

因此，基督徒的獨身不是為了遵守禮儀上的潔淨，而是為了要「一心一意地對主忠誠」。但我們不該因此在愛色尼人和基督徒之間做出涇渭分明的對比，因為就愛色尼教派而言，他們重視禮儀上的潔淨是為了能敬拜神，然而不潔會攔阻人這樣做。所以，對愛色尼人而言，獨身最終的目的，還是為了能「一心一意」事奉以色列的上主。

在初代教會，尤其希望神職人員能做到這種「一心一意」，而且根據一些初代教會的會議紀錄發現，教會領袖獨身的傳統要回溯至使徒時代：

> 神的聖潔主教、司鐸以及利未人（等於執事），也就是從事聖職者，力行完全的禁慾是合宜的，如此一來，他們所求於神的盡皆簡樸；**使徒的教導以及古時所遵行的**，讓我們也竭力遵行……讓我們感到欣慰的是，主教、司鐸、執事和守貞者，棄絕夫妻生活的魚水之歡，因此，凡在祭壇前事奉者，都可以保持完全的貞節。（迦太基大公會議〔Council of Carthage〕A.D.397）[20]

有意思的是，初代教會實行神職人員禁慾，但這不一定是反對婚姻。說得更確切些，教會是希望神職人員在接受聖職後可以力行禁慾，即使他們已經結婚了[21]。有些教會沒有適當遵行這條規範，導致醜聞發生。在聖奧古斯丁（St. Augustine）的時代，羅馬教宗西利修（*Siricius*）在信上寫道：「我們確實發現了有這樣的事情發生，有許多事奉基督的神職人員和執事們把孩子帶進人世，有些是婚生子女，有些則是行淫所生。」[22]

儘管如此，諸如聖奧古斯丁、聖安布羅斯（St. Ambrose）、聖耶柔米（St. Jerome）和聖依拉略（St. Hilary）這些深具影響力的教父們都相信，唯有保持獨身，才能全然奉獻自己，而這正是牧者對主和主的新娘（也就是教會）該有的忠心。這種信念在獲得羅馬天主教會支持期間，例如在教宗大聖良一世（Pope Leo the Great, 400-461）時期，獨身支配了西方神職人員的生活方式[23]。

綜觀整個基督宗教歷史，耶穌的生活方式當然啟迪了許多基督徒，像是使徒保羅和

20. 這句引文出自迦太基主教Genethlius，並獲得會議成員批准。參見Christian Cochini, *Apostolic Origins of Priestly Celibacy* (trans. Nelly Marans; San Francisco: Ignatius Press, 1990), p. 5；重點提示是我加上去的。
21. 參見Cochini, *Apostolic Origins*, pp. 3–13。
22. 摘自Cochini, *Apostolic Origins*, p. 9。
23. 參見Herbert Thurston, "Celibacy of the Clergy," in vol. 3 of *The Catholic Encyclopedia* (New York: Robert Appleton, 1908), pp. 481–488, esp. pp. 484–485。

約翰，以及許多其他人都力行獨身，以「一心一意地對主忠誠」。這些信徒被稱為「單身者」（single ones，希臘文的單身是 *monos*，後來被拉丁文借用成為 *monachos*）。最後，單身基督徒聚集的社群被稱為「修道院」（*monasteria*），他們在此一起工作、祈禱和敬拜——不經意地重現了過去昆蘭愛色尼人的公有制集體生活。

在英文裡，單身的基督徒被稱為「修士」（monk），他們的居所則被稱為「修道院」（monastery）而廣為人知。幾世紀後，當昆蘭聚落與其文獻出土，西方學者立刻看出這裡與修道院在生活方式上有高度相似性，而稱古昆蘭社群為一個「猶太修道院」[24]。

Point

不同於其他古猶太教支派，愛色尼人實行獨身，而且在昆蘭，愛色尼男人以宗教社區的方式群居在一起。他們力行獨身的生活方式，闡明了耶穌和保羅在獨身這個主題上的教導，以及基督宗教所發展出來的獨身宗教生活。

24. 參見 Magen Broshi, "Was Qumran, Indeed, a Monastery?: The Consensus and Its Challengers, an Archaeologist's View," in Broshi, *Bread, Wine, Walls and Scrolls* (Sheffield, UK: Sheffield Academic Press, 2001), pp. 259–273。

第10章

死海古卷中的婚姻制度

Marriage in the Scrolls

我曾在一間城市宣教教會擔任牧師，我在牧會的那幾年裡，目睹了基督宗教對於婚姻的本質有各式各樣的觀點。我屬於加爾文教派的一支，理論上，這個教派反對離婚和再婚，但是，從我們教會沿路再走兩個街區是另外一間加爾文教會，這間教會對離婚、再婚，甚至是婚外情都完全不在意。

在市郊，有一間非常大又有錢的五旬節教會，每個星期日都會派一部車到市中心的貧民區，接送當地居民到教會作禮拜。他們非常強調離婚的夫妻要與元配復合，我記得曾和他們的一位教友聊天，他向我保證他有信心主會動工，幫助他和妻子重修舊好，雖然他的前妻已經離開他與別的男人一起生活。

我有兩個朋友就住在教會附近，他們是天主教徒，我們街區的外圍剛好就是一個很大的天主教教區。我的兩位天主教朋友堅持婚姻是聖事的一種，但我和大多數的新教徒則強烈反對，我們認為除了洗禮和聖餐禮，其他一概不算。我牧養的教會位在一個舊街區，大概有六個小教會設在這裡，大家對於婚姻、婚姻的目的、婚姻的永恆性，以及性行為是否只限於結婚的夫妻、婚姻是否屬於聖事的一部分，還有其他與婚姻制度有關的問題等等，眾說紛紜。

在耶穌的時代，猶太教派對於婚姻的不同面向和性事的觀點，也是百家爭鳴。每一個教派都同意性行為只限於結婚的夫妻，但除此之外，大多數的婚姻相關細節都會引發爭論。舉例而言，離婚究竟可不可以，甚至連法利賽人內部都沒有取得共識。法利賽人有兩大思想學派，都用他們的創始人為名，分別是沙買（Shammai）和希列（Hillel）兩位拉比。沙買拉比傾向要一字不苟地嚴格遵行摩西（梅瑟）律法，但希列拉比則尋求要訴諸法律原則，這種做法會讓摩西律法在實務上更寬鬆易行。他們就〈申命記〉裡記載摩西允許離婚之事，展開了唇槍舌戰：

> 人娶了妻子，得著她以後，如果發現她有醜事，以致不喜悅她，他就可以給她寫休書，交在她手裡，叫她離開夫家；她離開夫家以後，就可以去再嫁別人。如果後夫又恨她，也給她寫休書，交在她手裡，叫她離開他的家；或者娶她為妻的後夫死了；那麼，叫她離開的前夫，不可在她受了汙辱以後，再娶她為妻，因為這在耶和華面前是可厭可惡的事；你不可使耶和華你的神賜給你作產業的土地蒙受罪汙。（申命記 24:1-4）

只要細心觀察，就會明白這不是一條要人離婚的命令，甚至不是允許丈夫可以隨意寫離婚休書給妻子。正確來說，摩西針對這條法律的唯一命令，是離婚的妻子若已經再婚過，便不能回頭嫁給第一任丈夫。儘管如此，這條法律確實默許了可以離婚以及合法的離婚程序。

法利賽人的兩大思想學派對於第一節經文所說的「醜事」出現歧見。沙買一派主張，它是指通姦這類嚴重的不貞行為，如果不是這類重大情事，丈夫不該與妻子離婚。反之，希列一派主張它可以是指任何事情，連丈夫不喜歡妻子烹飪早餐的方式都可以構成離婚理由。著名的希列學派拉比阿吉巴（Akiba）就說了，要離婚，任何理由都可以，即使丈夫只是為了想要一個年輕漂亮的妻子[1]。

兩個學派的舌戰在耶穌的時代愈來愈猛烈。因此在〈馬可福音〉（馬爾谷福音）第十章，記載了一群法利賽學者來見耶穌，想要知道他在這項爭議上的立場：

有些法利賽人來見耶穌，想陷害他，問他：「請告訴我們，我們的法律准許丈夫休棄妻子嗎？」耶穌反問：「摩西的命令是怎樣說的？」他們回答：「摩西准許丈夫寫一張休書給妻子，就可以休棄她。」

耶穌對他們說：「摩西給你們寫下這一條誡命，是因為你們的心腸太硬。可是太初，在創世的時候，上帝造人，有男的有女的；因此人要離開父母，跟妻子結合，兩個人成為一體。既然這樣，夫妻不再是兩個人，而是一體。所以，上帝所配合的，人不可拆開。」

他們回到屋子裡的時候，門徒又問起這件事。耶穌告訴他們：「任何男人休棄妻子，再去跟別的女人結婚，就是犯姦淫，辜負了妻子；妻子若離棄丈夫，再去跟別人結婚，也

是犯姦淫。」（馬可福音 10:2-12）

耶穌對婚姻的立場，甚至要比沙買學派更保守。耶穌教導說，婚姻關係是**牢不可破**的——婚約一旦確立，就不能背約。摩西對那些硬心腸、不願忠於妻子的以色列男人做了讓步。但耶穌對婚姻的看法卻一路追溯至神的創造——那個在人的罪尚未進入世界之前的時空——把他的婚姻神學建立在神「太初」就造了男人和女人，以及神創造他們的心意的基礎上。男女透過婚姻結為一體，是神的心意，也受到神的祝福，因此沒有人有權破壞這種結合。

離婚、重婚與多妻

有意思的是，耶穌對婚姻的教導與法利賽兩大思想學派的觀點迥異，反而與愛色尼

1.《米示拿》小冊〈休書〉（*Gittin*）§9.10。參見 Herbert Danby, *The Mishnah* (Oxford: Oxford University Press, 1933), p. 321。以下是完整敘述：「沙買學派說：男人不得與妻子離婚，除非發現妻子不貞，因為經上寫道：如果發現她有醜事。希列學派則說：他可以與她離婚，即使她只是給他做了一頓糟糕的飯菜，因為經上寫道：如果發現她有醜事。阿吉巴拉比則說：即使只是他發現了比妻子更漂亮的女子，因為經上寫道：如果發現她有醜事，以致不喜悅她。」

人的教導多所吻合。舉例來說，《大馬士革文獻》批評其他猶太教派落入**通姦罪**，指的就是違反法律的性行為：

> 「築牆者」……陷在……通姦罪中，因為他們一生娶兩個妻子，雖然神創造的原則是「（祂）造男造女」（創世記 1:27）以及「都是一對一對地，有公有母，到挪亞（諾厄）那裡進入方舟」（創世記 7:9）。至於領袖，聖經記載「王不可有許多后妃」。（申命記 17:17）（CD 4:19-5:2）

文中的「築牆者」可能是指法利賽人[2]。法利賽人曾以他們「在法律四周築起一道牆」而深感自豪，換言之，他們為了防止人們違反摩西律法，而給人們的生活方式增加限制。愛色尼人批評這些「築牆」的法利賽人「一生娶兩個妻子」，這可以是指重婚（bigamy）和離婚後再婚，因為離婚後再婚的男人一生會有兩個（或更多）妻子。

摩西法律確實允許重婚（出埃及記／出谷紀 21:10）和離婚（申命記 24:1-4），因此，看到愛色尼人採取和耶穌相同的解釋，便格外引人注意：他們不接受這種對摩西律法的粗糙解釋，而是回到聖經卷首的「創造的原則」（希伯來文 *yasôd ha-brî'ah*）。在這點上，愛色尼人引用了**與耶穌一樣**的經文：「（祂）造男造女」（創世記 1:27）。重點在於，神創造了一對數量平衡的男與女——一個男人（亞當）和一個女人（夏娃）。這表明了神的心意是一個男人只與一個女人配對。如果神想要一個男人有一個以上的妻子，祂會創造一個男人和幾個女人。

愛色尼人引用聖經中的大洪水事件來支持這個論點，聖經提到動物全都是「一對一對地，有公有母，到挪亞那裡進入方舟」。這說明了神的心意是成對的男與女，這樣的心意甚至在動物界也可以看到。

最後，摩西雖然允許普通老百姓可以離婚和重婚，卻禁止國家領導人有一個以上的妻子，堅持「王不可有許多后妃」。愛色尼人嚴格執行這項命令——只要有一個以上的妻子，就是「多妻」。對國家領袖有益的事情，理當對老百姓一樣有益：既然領導人不可有多個妻子，老百姓當然也不可以。

因此，若《大馬士革文獻》所描述的婚姻觀可以保持前後一貫，將會得出〈馬可福音〉第十章裡和耶穌一樣的結論：誰休妻另娶，誰就是犯「姦淫」。所以，當法利賽人前去見耶穌，想知道祂對婚姻的看法時，祂的回答會令他們大吃一驚，因為耶穌的立場既不支持希列也不支持沙買，而是傾向與他們對立的愛色尼人的嚴苛婚姻觀。在和法利賽

2. James C. VanderKam, *Dead Sea Scrolls Today* (2nd ed.; Grand Rapids, MI: Eerdmans, 2010), p. 154.

人的婚姻爭論上，福音書與死海古卷又再一次出現驚人的相似性[3]，它們都引述同一節聖經經文（創世記 1:27）以及相同的闡釋原則（創造的原則）！

雖然有人會從斐洛、約瑟夫和普林尼的文章描述中，判斷所有的愛色尼人幾乎全都是獨身的男人，但約瑟夫確實提到了有一個愛色尼人分支是實行婚姻制的：

> 另外，還有一個愛色尼人分支，他們認同另一個分支的生活方式、習俗和法律，卻不認同他們對婚姻的看法，因為他們考慮到，不婚等於是切斷了人類生活一個很重要的部分，也就是傳宗接代的指望；尤有甚者，如果全天下的男人都抱持獨身主義，人類將會滅亡……
>
> 但是，在妻子懷孕時，他們不會與妻子行房，以表明**他們結婚並非出於肉體歡愉，而是為了繁衍後代**。女人會著衣進到浴池，男人則會圍上腰布。這些就是這支愛色尼人的習俗。（戰史 2:160-161，重點標示是我加上去的）

約瑟夫強調，即使是已婚的愛色尼人也力行節制（在浴池裡著衣沐浴），也不是只為了滿足肉體慾望而性交。有學者質疑約瑟夫對愛色尼人的描繪，並宣稱死海古卷中沒有一處地方指出在懷孕期間要避開性交，或是約瑟夫在上述引文中所提到的一些慣例[4]。

然而，我們不能期待愛色尼人把他們的每一個習俗都記載在他們所遺留下來的死海古卷中，而且約瑟夫也沒有動機去虛構他所描述的這些細節。再者，「他們結婚並非出於肉體歡愉，而是為了繁衍後代」的原則確實記載於昆蘭文獻中，卻因為人們不熟悉以下要提到的這個文獻，而經常遭到忽略。

我們所說的就是〈多俾亞傳〉（又譯多比傳），這部作品被東正教和天主教納入為聖經書卷之一，卻不被拉比猶太教和新教的傳統所承認。在已出土的死海古卷中，包含了五卷〈多俾亞傳〉的手抄本，這是一個相當大的數量[5]，這個數字只比〈耶利米書〉（耶

3.《大馬士革文獻》13:15–17 提到一個男人要離婚應該先諮詢社群的監督。這是死海古卷唯一提到離婚的地方。Aharon Shemesh 評論說：「如果沒有這段文字，我們會以為昆蘭的法律不承認任何形式的離婚，」並且引述〈馬可福音〉第十章為例，來說明第二聖殿時期猶太法律的解釋是不承認離婚的 ("Marriage and Marital Life in the Dead Sea Scrolls," pp. 589–600 in *The Dead Sea Scrolls and Contemporary Culture* [ed. Adolfo Roitman, Lawrence Schiffman, and Shani Tzoref; Studies on the Texts of the Desert of Judah 93; Leiden: Brill, 2011], here p. 591, n. 7)。It could be that the Essenes permitted divorce but not remarriage, similar to the early Church, which permitted separation of spouses but not remarriage (1 Cor 7:10–11). 有可能愛色尼人允許離婚，但不允許再婚，與初代教會一樣，允許配偶離婚，但不能再婚（哥林多前書 7:10–11）。

4. Aharon Shemesh 指出，這個斷簡殘篇的文獻 4Q270 的殘片 2，欄 2，15–17 列，似乎禁止人們在懷孕期間性交 ("Marriage and Marital Life in the Scrolls," p. 596)，但因為文本的許多文字都不見了，其真實性如何，無法獲得證明。

5. 參見 James C. VanderKam and Peter W. Flint, *The Meaning of the Dead Sea Scrolls* (San Francisco: HarperCollins, 2002), pp. 184–185。

肋米亞〉和〈以西結書〉（厄則克耳）少一卷（分別有六卷）。

和目前已發現、被當代猶太教徒和基督徒承認為聖經書卷的十二部書卷相比，〈多俾亞傳〉手抄本的數量也比較多。這些書卷包括了：〈約伯記〉（約伯傳，四卷）、〈路得記〉（盧德傳，四卷）、〈雅歌〉（四卷）、〈耶利米哀歌〉（耶肋米亞哀歌，四卷）、〈撒母耳記〉（撒慕爾紀，上下共四卷）、〈士師記〉（民長紀，三卷）、〈列王記〉（上下共三卷）、〈約書亞記〉（若蘇厄書，兩卷）、〈箴言〉（兩卷）、〈傳道書〉（訓道篇，兩卷）、〈歷代志〉（編年紀，上下共一卷）、〈以斯拉記〉（厄斯德拉上，一卷）、〈尼西米記〉（厄斯德拉下，零卷）、〈以斯帖記〉（艾斯德爾傳，零卷）[6]。

多俾亞的婚姻觀點

如同當代的猶太教徒和基督徒，在昆蘭的愛色尼人當然也有屬於自己的「聖經」書卷清單，也就是他們認為神所啟示或神授的聖典。舉例而言，在出土的死海古卷中，有十五卷《禧年書》的抄本（改寫自〈創世記〉與〈出埃及記〉），以及我們稱之為《以諾一書》（包含了族長以諾〔哈諾克〕所得到的神啟）的十二卷抄本殘卷[7]。由於這兩部書卷都宣稱是神所啟示的作品，那它們在昆蘭受到歡迎，可能意謂著昆蘭人認為它們就是聖經（有意思的是，在衣索匹亞的東正教會，直到今天，這兩部書卷也仍然被視為是符合聖經的）。

另一方面，在昆蘭遺址找不到〈以斯帖記〉的抄本，也看不到任何關於經文中所描述的普珥節（Festival of Purim）的隻字片語，或當地有過普珥節的跡象。因此，昆蘭人很可能沒有把〈以斯帖記〉收錄在他們的聖經裡。

讓我們回到〈多俾亞傳〉，它在昆蘭已出土的死海古卷中所占的相對大數量顯示，昆蘭人確實認為這是一本天啟的聖書。這本書講述了一個名叫多比的男人的故事[8]。多比是流亡在亞述首都尼尼微的以色列支派拿弗他利（納斐塔里）人，一生的命運可說是坎坷多舛。

他雖然是個正直的人，卻因為受傷而成了瞎子，而且家裡一貧如洗。為了養家，他派兒子多俾亞出發前往瑪待國（即波斯，今天的伊朗），去拿回他很久以前存放在當地一位親戚家裡的錢。

6. 參見 VanderKam and Flint, *Meaning of the Dead Sea Scrolls*, pp. 178–180。
7. VanderKam and Flint, *Meaning of the Dead Sea Scrolls*, pp. 178–179, 194–199.
8. 編注：這部書有兩個名稱，一個是依故事裡父親多比的名字，稱為〈多比傳〉（Book of Tobit），天主教則是以多比之子多俾亞的名字，稱為〈多俾亞傳〉（Book of Tobias）。

多俾亞在天使拉斐爾（辣法耳）的守護下，展開了一段長期的歷險歲月，在這段期間，他拿回了父親的錢，也娶了美貌又富有的遠親撒拉（撒辣）。撒拉被一個惡魔所折磨，牠多次在她的新婚之夜趁新人還來不及圓房之前，就殺害她的新郎們。因此，當〈多俾亞傳〉的敘述來到多俾亞與撒拉成婚，兩人從新房的床上起身離開時，他向神發出了這個著名的禱告，求神保護並祝福他們的婚姻：

> 人們出去以後，他們倆關上了房門。多俾亞便從床上坐起來，對她說：「妹妹，起來！我們一同祈禱，祈求我們的上主，在我們身上施行仁慈和保佑。」……他便開始祈禱說：「我們祖宗的天主，祢是應受讚美的！祢的名號是世世代代應受頌揚的。諸天及祢的一切造物，都應讚頌祢於無窮之世。是祢造了亞當，是祢造了夏娃（厄娃）作他的妻子，作他的輔助和依靠，好從他們二人傳生人類。祢曾說過：一人獨處不好，我要給他造個相稱的助手。上主，**現在我娶我這個妹妹，並不是由於情慾，而是出自純正的意向**。求你憐憫我和她，賜我們白頭偕老！」他們互相答說：「阿們！阿們！」隨後便睡了一夜。（多俾亞傳 8:4-9）

這段經文對於婚姻的本質以及夫妻關係，呈現了一種細膩的優美觀點。多俾亞稱呼撒拉為「妹妹」，強調了一種伴侶、朋友和平等的關係，而不是性慾和支配的關係。多俾亞也用〈創世記〉一到二章中關於神的創造的經文來向神懇求（那也是耶穌和《大馬士革文獻》用來闡釋其婚姻神學的經文）。最後，多俾亞否認他結婚是出於情慾，而是「出自純正的意向」來對待這位與他結褵的女親戚。接著一句他倆「隨後便睡了一夜」，暗示了兩人甚至沒有圓房。

描寫愛色尼人的古代作家們都同意，他們拒絕性慾。普林尼描述他們「沒有女人，棄絕了各種性慾」[9]。約瑟夫則說他們「不認為歡愉是邪惡的，但看重節制和禁慾，把它們視為美德」（戰史 2:120），甚至連那些生育後代的愛色尼人也「並非出於肉體歡愉」（戰史 2:161）。斐洛則描述他們「慾火不再使他們焚身，不再受慾望挾制」（假想〔Hypothetica〕11:3），以及「極度禁慾」（假想 11:14）。愛色尼人強調控制肉體的慾望，而〈多俾亞傳〉呈現了一種非肉慾、而是朋友般的夫妻關係的觀點，這正是他們重視〈多俾亞傳〉的原因之一。

〈多俾亞傳〉繼續獲得初代基督徒的喜愛：它經常被教父們所引用，而納入聖經書卷中，這部神聖經書從聖奧古斯丁和初代教會所召開的羅馬（A.D.382）、希坡（A.D.393）

9. 拉丁文是：*sine ulla femina, omnia venere abdicata*，摘自普林尼的《自然史》（*Natural History*）5:73。

和迦太基（A.D.397, 419）等大公會議起，便一直沿用至今[10]。〈多俾亞傳〉如今已是天主教婚禮最喜歡誦讀的聖經書卷。「摒棄性慾」明顯出現在愛色尼人當中，也出現在〈多俾亞傳〉這類作品中，以及福音書和其他《新約》書卷中。

耶穌在著名的「登山寶訓」中教導說：

> 你們聽過古時候有這樣的教訓說：「不可姦淫。」但是我告訴你們，看見婦女而生邪念的，已在心裡姦污她了。假如你的右眼使你犯罪，把它挖出來，扔掉！損失身體的一部分，比整個身體陷入地獄要好得多。（馬太福音／瑪竇福音 5:27-29）

耶穌在此教導不可犯姦淫的誡命，正確的理解應該是，要禁止那些會成為性淫亂溫床的事情，像是色瞇瞇地看著女人。即使要付出痛苦的代價和犧牲，也一定要抗拒這類色慾的誘惑。耶穌的意思當然不是要人照字面所言挖出眼睛（這是一種文學上的誇張修辭法，以表示強調），耶穌的意思是：「無論要作出什麼樣的犧牲，一個人都要確保自己最終不會下地獄。」

聖保羅在寫給得帖撒羅尼迦（撒洛尼）基督徒的信上，也堅持性純潔的猶太傳統，即使是夫妻也不例外：

神的旨意是要你們聖潔，遠避淫行；要你們各人曉得怎樣用聖潔尊貴的方法保守自己的身體；**不要放縱邪情私慾，像那些不認識神的外族人一樣**；誰也不要在這事上越軌，佔弟兄的便宜，因為這一類的事，主必報應。這是我們從前告訴過你們，又嚴嚴警戒過你們的。神呼召我們，不是要我們沾染污穢，而是要我們聖潔。（帖撒羅尼迦前書 4:3-7，重點標示是我加上去的）

當聖保羅（保祿）把基督宗教對婚姻的態度，和「放縱邪情私慾，像那些不認識神的外族人一樣」作對比時，他是在表達自己對希臘和羅馬性文化的厭惡。愛色尼人、其他猶太人族群和初代基督徒都對此心有戚戚焉。

行淫的宗教習俗

在希臘和羅馬的社會裡，性對那些財大勢大的男人而言，不過是隨手可得的廉價

10. 參見 John Bergsma and Brant Pitre, *A Catholic Introduction to the Bible: Old Testament* (San Francisco: Ignatius Press, 2018), pp. 28–31, 462–463。

品，以致女人不受重視。下面這段出自古雅典雄辯家狄摩西尼（Demosthenes, B.C.384-322）作品的著名段落，對於當時上層階級男人看待女人的眼光，下了非常恰當的注腳：「我們包養情婦是為了滿足肉體的歡愉，娶妾則是為了平日有人可以照顧我們自己，但元配是為了懷有我們合法的孩子，以及成為我們家庭的忠心守護者。」[11]

狄摩西尼沒有提到他們也喜歡年輕男孩，因為他們偏好成年男人和青春期男孩之間的性關係[12]。這種同性戀童癖者——學術上稱為「戀青少年」（ephebophilia），指男人與青春期男孩之間的愛情——在希臘的貴族階級裡非常普遍。柏拉圖對於這種行為持保留態度：「柏拉圖式戀愛」的原始意義是指**男人與男孩**之間非關性事的友誼，而不是男女之間的愛情[13]。柏拉圖主張，如果男人愛上了男孩，他們會發展出一種智性的友誼，這是一種心靈上的真正契合，是兩個高貴靈魂之間互相傾慕[14]。

但是，大多數的希臘男人都忽略了柏拉圖的勸戒，繼續追求與男孩發生肉體關係。他們認為男女關係不足以完全體現愛情，因為女人被視為無論是在德行、理性或其他屬性上都遜於男人[15]。

與男孩和女人行淫，融入到了希臘的宗教習俗中，男孩與阿波羅神廟有關，女人則與女神阿芙蘿黛蒂（Aphrodite，羅馬神話中的維納斯）的神廟有關。希臘城市哥林多（格林多）就以其雄偉的阿芙蘿黛蒂神廟著稱，聖保羅至少寫了兩封書信給哥林多的基督徒。

大約在耶穌誕生的時期，古典地理學家斯特雷波（Strabo）如此描述哥林多：

> 阿芙蘿黛蒂神廟有錢到雇用了一千多個妓女，他們是善男信女獻給女神的。許多人來此一遊就是為了她們，這些妓女對於當地富裕的經濟貢獻良多：船長把大把大把的錢隨意地揮霍在這裡，一句俚語應運而生：「往哥林多的航程不是每個男人都去得了。」[16]

---

11. 這段引文要歸功於雄辯家阿波羅多羅斯（Apollodoros），引自Demosthenes, Oration 59, §122, *Against Neaera*，Perseus Digital Library提供線上版本，http://artflsrv02.uchicago.edu/cgi-bin/perseus/citequery3.pl?dbname=GreekSept18&getid=1&query=Dem.%2059。
12. 這可以從柏拉圖一本討論成熟之愛的對話錄著作《斐德若》（*Phaedrus*）中看出，文中的焦點不是一個丈夫與其妻子，而是一個成年的男性情人與其所愛的未成年男孩。有一本精簡版是Plato, *Phaedrus*（Christopher Rowe翻譯；New York: Penguin, 2005）。
13. 參見Mark Vernon, "Plato's Dialogues, part 4: What Do You Love?," August 24, 2009, *The Guardian,* https://www.theguardian.com /commentisfree/belief/2009/aug/24/plato-dialogues-philosophy.
14. 這是柏拉圖所寫的蘇格拉底對話錄《斐德若》的重點。參考用書見注釋12。
15. 參見Plato, *Timaeus,* §§42a–b, 90e, *Laws,* §781b, *Republic* 455d; Ar-istotle, *History of Animals,* §608b1–14; see discussion of classical Greek views of women in Nicholas D. Smith, "Plato and Aristotle on the Nature of Women," *Journal of the History of Philosophy* 21 (1983): 467–478。
16. Strabo, *Geography,* bk. 8, chap. 6, sec. 20，芝加哥大學提供線上版本：http://artflsrv02.uchicago.edu/cgi-bin/perseus/citequery3.pl?dbname=GreekSept18&getid=1&query=Str.%208.6.20。

我們可以從保存良好的龐貝城遺跡來判斷，這些古代妓女處於極端不人道的惡劣工作環境中：沿著黑暗的狹窄巷弄，滿布著狹小的房間，裡面唯一的傢俱就是一張簡陋窄小的床，以應付一天二十四小時不停歇的「工作」需求[17]。

猶太人和基督徒鄙視這種性交易行為，無法苟同任何婚外性行為。因此聖保羅在寫給哥林多人的第一封信中，會主要聚焦在性道德以及教會的聖殿本質上，絕不是巧合。他在信中把「教會是聖殿」或者「基督徒是聖殿」的道理，與這種象徵哥林多文化的神廟敗壞惡行兩相對比：

> 你們一定知道，你們的身體就是基督的肢體。我可以把基督的肢體當作娼妓的肢體嗎？絕對不可！你們也一定知道，誰跟娼妓苟合，誰就是跟她成為一體了。因為聖經上說了：「兩個人要成為一體。」
>
> 但是，誰跟主聯合，誰就在靈性上跟主合而為一了。所以，你們要避免淫亂。人無論犯甚麼罪都不影響自己的身體，惟有犯淫亂的人是害了自己的身體。你們不知道你們的身體就是聖靈的殿嗎？這聖靈住在你們裡面，是上帝所賜的。你們不屬於自己，而是屬於上帝，因為他用重價買了你們。所以，你們要用身體來榮耀上帝。（哥林多前書 6:15-20）

聖保羅對比這兩種神殿系統。一邊是阿芙蘿黛蒂神廟，在這裡，女奴被奉獻給女神，可以「用金錢來買取」。與其恰成對比的是神的聖殿，也就是教會，每一個基督徒都是「神的奴僕」，是用耶穌的寶血「重價買來的」。這是兩種截然不同的系統，不可以混合交融。

我們從聖保羅的這段書信中，看到了幾個與愛色尼人思想相通之處。昆蘭人把他們的社群視為聖殿，是要替代耶路撒冷聖殿的，因為聖靈（聖神）湧流在他們當中，這促使他們要過一個持守聖殿的潔淨標準的生活，而棄絕所有的關係。聖保羅則認為，從集體性和個別性兩方面來看，教會都要取代耶路撒冷聖殿，因為聖靈內住在每個信徒裡面。因此，教會這個社群裡的每個信徒都要過著純潔的性生活。

兩者之間一個主要的不同，是昆蘭人認為所有性交都會導致禮儀上的不潔，然而聖保羅所關切的不是禮儀上的潔淨，而是保持道德上的純正。一般而言，對聖保羅和基督徒來說，夫妻之間的性關係在道德上或禮儀上都不會造成玷汙，而是其他婚姻之外的性行為敗壞了道德。

17. 參見 Marguerite Johnson, "The Grim Reality of the Brothels of Pom-peii," *The Conversation*, December 12, 2017, http://theconversation .com/the-grim-reality-of-the-brothels-of-pompeii-88853。

正面的婚姻觀

少數幾卷關注婚姻的已出土昆蘭文獻，反映出一種相當正面的婚姻觀。其中有卷斷簡殘篇描述了一場婚禮：社區裡的男女老幼相聚一堂，一起歡樂慶賀，共同見證新娘和新郎彼此委身，現場祝福新人的聲音此起彼落[18]。這份文獻洋溢出來的歡慶氣氛不會讓我們感到驚訝，因為許多《舊約》經文都表明了對婚姻的高度重視。以〈箴言〉為例，作者勸勉男人不要跟其他女人打情罵俏，要對「年輕時所娶的妻子」（亦即第一個妻子，而且理想上是**唯**一的妻子）保持忠誠，還要與妻子經營婚姻生活的樂趣：

你要喝自己池中的水，
飲自己井裡的活水。
你的泉源怎麼可以外溢？
你的河水怎麼可以流在街上？
它們要獨歸你一人所有，
不要讓外人與你共享。
要使你的泉源蒙福，

要喜悅你年輕時所娶的妻子。
她像可愛的母鹿，
人所喜悅的母山羊，
願她的胸懷時常使你滿足，
願她的愛情常常使你戀慕。
我兒，為甚麼戀慕淫婦？
為什麼擁抱妓女的胸懷呢？（箴言 5:15-20）

同樣是在〈箴言〉裡，作者在最後一章描繪了一個忠誠的妻子和母親，呈現了才德兼備的典型智慧婦人化身（31:10-31），以及提到了她的丈夫是如何稱讚她的：「有才德的女子很多，但你比她們更超卓。」（31:29）在〈箴言〉一至九章裡，對配偶忠誠確實是智慧的典範，而且也出現在其他充滿智慧的文學作品裡[19]。

一卷已出土的昆蘭婚姻教導文獻（4Q416），詳述了聖經所教導的理想婚姻品質：

18. 參見4Q502，Maurice Baillet, *Qumrân grotte 4.III (4Q482–4Q520)* (Discoveries in the Judaean Desert 7; Oxford: Clarendon, 1982), pp. 81–205。Shemesh, "Mar-riage and Marital Life," pp. 592–594也對此有所探討。
19. 參見Bergsma and Pitre, *A Catholic Introduction to the Bible: Old Testa-ment*, pp. 612–613。

喜樂、深厚的感情和忠誠。這卷昆蘭婚姻教導文獻先是對新郎說的，然後才是新娘，也給予新人忠告，勸勉他們如何攜手共度未來。它甚至比古聖經文本更強調婚姻的神聖本質。舉例來說，〈創世記〉二章二十四節說：「因此，人要離開父母，與妻子**結合**，二人成為一體。」但這卷昆蘭文獻把「**離開**父母」以及「與妻子**結合**」，直接**歸功於神**：

> 祂（也就是神）已經使她（也就是你的妻子）離開她的母親，她要與你聯合，與你成為一體。祂會使你的女兒離開，（為了要與）其他人（結合）；（祂會使）你的兒子（離開），為了要與你的朋友的女兒結合[20]。

耶穌也分享了這個觀點。雖然〈創世記〉二章二十四節提到「男人」要與父母「分離」以便與妻子「結合」，但我們再次看到，耶穌把這樣的結果連結於神的媒合：「所以，神所配合的，人不可分開。」（馬可福音10:9）如同愛色尼人，耶穌明白神是希望成為男女訂婚與結婚過程中，幕後的真正媒人[21]。

這卷婚姻教導文獻繼續對年輕的丈夫提出忠告：

> 你和你懷中的妻子要成為一體（希伯來文 *yahad*），因為她是你赤裸的肉體。（4Q416

2 iv 5）

它的用字遣詞反映了極度的親密：她是「你懷中的」妻子——一種把某人擁抱在懷中的鮮明意象，以及她是「你赤裸的肉體」——意思就是像自己的裸體一樣親密。引人注意的是，愛色尼人使用 *yahad* 這個字來描述婚姻的結合，也用來形容像昆蘭這樣的聖約社群，這個字可以譯成「結合」或「合一」，因為它源自希伯來字 *ehad*，意思是「一」。丈夫和妻子之間的婚姻關係乃是一個「神聖之約」（希伯來文 *berîth qôdesh*）。這卷文獻直接告訴妻子：「在他（亦即你的丈夫）的懷中是妳的祝福……要當心，惟恐妳忽略了這個神聖之約。」（4Q415 2:3-4）[22]

我們看到了昆蘭團體透過聖約建構了合一的社群，而每一對夫妻則透過神聖之約建構了**合**一的婚姻關係，這暗示了整個聖約社群和每一對夫妻之間存在著一種神祕的關係。這兩個「立約團體」彼此映照對方。這種觀念自然是從古以色列先知發展出來的，他們經常以夫妻為隱喻，來描述上帝與以色列的立約關係，例如〈何西阿書〉（歐瑟亞）

20. 4Q416殘片2，欄4，3－4列。
21. 相關探討，參見Shemesh, "Marriage and Marital Life," p. 598。
22. 學者認為4Q415和4Q416可能是同一文本，參見Shemesh, "Marriage and Marital Life," pp. 598–599。

第二章。

〈以弗所書〉（厄弗所書）第五章是聖保羅最著名的關於夫妻結合為一體的教導，我們發現他在這篇講道中所詳述的正是這個觀念——夫妻藉著神聖的婚約結為一體，反映了上帝與祂的百姓也藉著聖約結合為一：

> 作妻子的，你們要順服自己的丈夫，好像順服主。因為丈夫是妻子的頭，正如基督是教會的頭，也是教會的救主。正如教會順服基督，妻子也應該凡事順服丈夫。作丈夫的，你們要愛自己的妻子，好像基督愛教會，為教會捨命一樣。他這樣做是要藉著他的話、用水來潔淨教會，使她榮美、聖潔、沒有瑕疵、沒有任何污點或皺紋，好獻給自己。
>
> 丈夫應該愛自己的妻子，好像愛自己的身體一樣；愛妻子就是愛自己。沒有人恨惡自己的身體；他總是保養、照顧它，正如基督對待教會一樣；因為我們是他身上的肢體。
>
> 聖經上說：「因此，人要離開父母，跟妻子結合，兩個人成為一體。」這經文啟示了極大的奧祕；我是指著基督和教會的關係說的，可是也可以應用在你們身上；丈夫必須愛妻子，像愛自己一樣，而妻子必須敬重丈夫。（以弗所書 5:22-33）

今天，讀者在讀到聖保羅命令妻子要「服從」自己的丈夫時，常會感到困惑不解，因為這似乎違背了當今兩性平等的原則。但在古代，幾乎沒有人會覺得這條命令有值得大驚小怪之處，因為那時候男人要負起大多數的法律責任，而且丈夫要比妻子年長許多[23]。

倒是有一點會引起古代讀者的注意，就是聖保羅直接告訴作妻子的，她有權決定自己是否要當一個道德行動者（5:22-24）。這點也能在昆蘭的婚姻教導文獻中看到[24]。就像更古老的以色列聖經（舊約）的教導一樣，死海古卷和聖保羅**從未**命令丈夫要**強迫**妻子順服他們，反而規勸作妻子的要**甘心樂意**順服自己的丈夫。

不過，古代讀者會發現一個更加吸引他們目光的事實，就是這段經文主要在闡述丈夫對妻子的**愛**應當效法基督對教會的愛——換句話說，是一種愛到甚至可以捨命的愛，是可以為所愛之人犧牲的愛：「好像基督愛教會，為教會捨命一樣。」這種愛確實震撼人心，因為與希臘和羅馬文化中的愛截然不同[25]。但是聖保羅的論點超越了我們在昆蘭文獻中所讀到的，甚至也超越了《舊約》，儘管《舊約》有許多經文（例如：箴言 5:18-19）鼓勵或顯示了丈夫對妻子的愛，但尚未闡明到自我犧牲的愛，便戛然而止。

23. 參見 Sue Blundell, *Women in Ancient Greece* (Cambridge, MA: Har-vard University Press, 1995), pp. 119–120。
24. 4Q415 2:1–8。
25. Blundell, *Women in Ancient Greece,* pp. 121–122: " 'Love and marriage' is a scenario largely absent from the literature of the classical period."

婚姻聖事

不過，聖保羅其他的婚姻教導聽起來都很耳熟。〈創世記〉二章二十四節強調夫妻一體的親密觀點，也反映在聖保羅描述妻子是丈夫「自己的身體」，使我們想起昆蘭婚姻教導文獻（4Q416）說：「她是你赤裸的肉體。」而我們前面提過的這段經文，則是讓「神聖社群的合一」與「夫妻的合一」之間關係的暗示，整個變得明朗起來：「作丈夫的，你們要愛自己的妻子，好像基督愛教會……『兩個人成為一體。』這經文啟示了極大的奧祕；我是指著基督和教會的關係說的……」（以弗所書 5:25、5:31-32）

綜觀這整段經文，聖保羅在論述夫妻之約與基督和教會之約時，輕鬆自如地在二者之間轉換，「沒有人恨惡自己的身體；他總是保養、照顧它，正如基督對待教會一樣；因為我們是他身上的肢體。」（以弗所書 5:29-30）因此，聖保羅說這是一個「奧祕」，「奧祕」的希臘文是 *mysterion*，在拉丁文則是 *sacramentum*，這就是英文「聖事」（sacrament，或譯聖禮）的由來。因此〈以弗所書〉五章三十二節可以如此翻譯：「這個聖事是極大的奧祕，我是指著基督和教會的關係說的。」不是所有的基督徒都同意婚姻是一種聖事，但有些諷刺的是，婚姻是傳統基督宗教的聖事中，唯一被聖經稱為「聖事」的。

一些古希臘羅馬的道德哲學家，對於婚姻和夫妻關係也有正面的論述[26]，在以色列的神聖傳統中，當然也包含了對夫妻關係的優美描繪，但保羅洞悉了丈夫用一種神聖的自我犧牲的愛來愛妻子，乃是效法彌賽亞（默西亞）對其百姓的愛，這種洞見超越了前人的觀點。初代教會則進一步把這樣的思想發揚光大，自然會發展出對獨身生活的高度重視，但儘管如此，他們也崇尚婚姻是一種神聖的制度，神透過婚姻賜福給作丈夫和作妻子的。崇尚婚姻和獨身雖然看似矛盾，卻有其內在邏輯：既然婚姻本身**如此美好**，所以為了天國而放棄婚姻，便是一種崇高的犧牲行為。

一般而言，聖保羅的教導和基督宗教對婚姻的信念，對西方文明產生了令人關注的影響。不像古希臘羅馬文化，教會要求性忠誠，這不僅限於妻子，也要求丈夫做到，而且拒絕諸如一夫多妻、納妾、賣淫之類專為男性而設的制度。

一男一女的婚姻關係，最終取代了年長男人與年輕男孩之間的色慾肉體關係，成為文化理想中兩個人之間最親密也最滿足的結合關係。這改變了在文化上和哲學上看待

26. 舉例而言，亞里斯多德略帶沙文主義的男女關係的觀點，如果你得知他敦促丈夫要善待妻子，不可與其他女人廝混、同床共枕，應該會沖淡他的沙文主義色彩（《經濟學》〔*Economics*〕1344a.1，Perseus Digital Library 提供線上版本 http://artflsrv02.uchicago.edu/cgi-bin/perseus/citequery3.pl?dbname=GreekSept18&getid=1&query=Arist.%20Oec.%201344a）。

女人的方式：女人現在被看作未來的伴侶，男人可以在女性伴侶身上找到一種完整而圓滿的關係，進入神聖的愛（神本身的屬性）當中。西方文化中關於「浪漫愛情」的各種敘事形式——無論是音樂、小說或（更近期的）電影——都是源自於基督宗教對婚姻的「浪漫化」。

Point

如同初代基督徒，愛色尼人高度重視婚姻，不鼓勵離婚、一夫多妻和賣淫。他們對婚姻的看法源自於〈多俾亞傳〉，這部經卷鼓勵夫妻之間形成友誼關係和忠於對方，貶抑性導向的關係。一些死海古卷稱呼婚姻為一種「神聖之約」，與聖保羅在〈以弗所書〉第五章對婚姻的教導相互呼應。這種猶太教與基督宗教共有的性與婚姻文化，和古希臘羅馬社會在這方面的觀念，成了強烈的鮮明對比。

PART

5

聖秩與死海古卷

第11章

祭司與死海古卷

Priesthood and the Scrolls

教會治理是教會生活的另一個面向，當代基督徒對此有各式各樣的觀點。我有幾年牧養教會的經驗，我隸屬的教派和許多新教教派一樣，承認兩種教會幹部：**長老**與**執事**。但我記得我在念神學院的時候，我的教會治理教授有一天在課堂上說：「教會治理的基本原則是：主教別來應徵！」這種說法有違古老的基督宗教傳統，在各形各色的東正教派和天主教會裡，主教都是教會權力結構裡的核心人物。

在光譜的另一端，我有一個大學朋友曾經參加一個成員關係緊密的半隱密基督宗教團體，這個團體主要位在印地安納波利斯市郊區。在我看來，它有一點像是異端，我最後與這個團體的「牧師」唇槍舌戰了一段時間。我稱這個人為「牧師」，是因為他不僅製作這個團體要用的所有教材，還教導他們。但他否認牧師的職權是出於聖經，他辯稱教會設立領袖不符聖經的教導，所有基督徒都是平等的。他的這種論點顯得有些諷刺，因為他對其他團員大施權威，實際上，他充當了其他基督徒會稱之為「牧師」、甚至是「主教」的角色。

所以，教會要如何運作以及由誰運作，可說眾說紛紜，一般的基督徒一生可能轉換過幾個不同的教會，而加入不同的教會治理系統。但最初的教會治理情況是什麼樣子呢？初代教會是怎麼被治理的呢？「執事」、「長老」、「司鐸或神父」和「主教」這些傳統的教會管理角色又源自哪裡？毫無意外地，我們在這方面再次發現了昆蘭社群的組織系統，和《新約》與早期教父們所描述的教會領導階層，具有強烈的相似之處。我們接下來首先要檢視昆蘭社群的領導階層制度，再來看它與初代教會的相似點。

昆蘭社群自許要重建、恢復神聖的古以色列國家，以及恢復摩西（梅瑟）所創立的宗教領導階層制度，他起初建立了基本的三級制神職系統：利未（肋未）人、祭司（又譯司祭）和大祭司。利未人構成最基層的神職人員。利未支派的所有男性都被神揀選來服事聖所，起初是會幕，然後是聖殿。根據〈民數記〉（戶籍紀）的記載，利未人的職責包含運輸會幕的陳設和結構組件，輔助祭司獻祭（民數記 3:5-11、4:1-49、8:5-26）。後來，大衛（達味）確立聖殿永遠要座落在耶路撒冷，利未人從此不必再運送神的會幕，因此大衛賦予許多利未人新的職務，讓他們擔任詩班歌手和領袖，來敬拜讚美神（歷代志／編年紀 16:4-6）。

在利未支派裡，亞倫（亞郎）家族負有更大的權責，他們擔任祭司（出埃及記／出谷紀 28-31）。他們獻動物為祭，決定禮儀事務，可以進到會幕與後來的聖殿的至聖所。

最終，亞倫自己以及他的多數嫡長子後裔擔任大祭司。他也像其他祭司那樣要獻祭，但除此之外，有一些禮儀只有他能執行：舉例而言，在一年最神聖的日子，也就是贖罪日那天，只有大祭司可以進到聖殿的至聖所，用羊血灑在約櫃上，為整個以色列國家進行贖罪儀式（利未記十六章）。大祭司還有許多其他專屬職責，他對在聖殿執行的整個敬拜儀式與制度，負有最終的責任和權力。以色列經歷了不同的時期，在沒有君王的時期，大祭司也身兼政治領袖。

昆蘭的祭司職任

一般而言，當時愛色尼人，尤其在昆蘭地區，非常重視祭司職任，我們沒理由懷疑他們的領導階層主要是由祭司組成，他們的世系要回溯到亞倫家族以及後來的祭司後裔譜系，這都記載於《舊約》中。

在以色列最偉大的國王所羅門王（撒羅滿王）執政時期，大祭司由亞倫一個名叫撒督（匝多克，參見列王記上 2:35）的後裔繼任。後來，先知以西結（厄則克耳）堅持只有撒督的子孫可以擔任祭司，因為在以色列宗教敗壞期間，唯有他們對神保持忠心（以西結書 40:46）。

因此，在昆蘭社群時期和耶穌服事期間，有望成為祭司的人，都急切表明自己是撒督的後代。撒督該人就是以這位著名祭司的名字來命名自己的教派，因為「撒督該人」（Sadducee）這個希臘字就是從希伯來文 *zadoqim* 翻譯而來，意思是「撒督的子孫」（Zadokites）。其實，撒督該人不太可能系出優良的撒督子孫血統，但他們不得不如此宣稱，以表明他們是合法的祭司[1]。

昆蘭社群也宣稱他們的領袖是撒督的子孫，有些死海古卷文獻對他們有若干描述。《社群規章》就明確規範，昆蘭社群的事務會議要在撒督子孫們的指導下進行：

> 他們的討論要在撒督子孫們的監督下舉行——他們是祭司與聖約的保存者——而且要遵行社群成員「多數決」的規範，他們是堅守聖約的一群。（1QS 5:2-3）

在各種關於昆蘭社群起源的理論中，有個廣受歡迎的理論主張，馬加比人約納堂．阿弗斯把合法的撒督後代大祭司家族趕逐出去，自己在西元前一五二年就任大祭司，被罷黜的撒督後代則流亡至昆蘭和其他地方[2]。有人指出，昆蘭社群的創始人「公義的教師」正是那位被約納堂拔除大祭司職位的撒督子孫，但學者們對此仍有爭議[3]。

1. 參見Emanuelle Main, "Sadducees," pp. 812–816 in vol. 2 of *Encyclo-pedia of the Dead Sea Scrolls* (ed. Lawrence H. Schiffman and James C. VanderKam; Oxford: Oxford University Press, 2000)。
2. 參見Jerome Murphy-O'Connor, "Teacher of Righteousness," pp. 340– 341 in vol. 6 of *The Anchor Bible Dictionary* (New York: Doubleday, 1992)。
3. 相關討論參見Michael Knibb, "Teacher of Righteousness," pp. 918–921 in vol. 2 of *Encyclopedia of the Dead Sea Scrolls*。

我們確實知道昆蘭社群有兩個基本的領導層級，他們稱之為「祭司」和「利未人」，然後是一般的「平信徒」。舉例來說，以下是新人成為社群正式成員時，昆蘭社群所舉辦的年度校閱儀式的描述：

只要比列（即撒但）還在**轄制人世**的年日裡，每年都要如此行：首先列隊出場的是祭司隊伍，他們按照靈性的高低一個接著一個進場。再來，緊接在後的隊伍是利未人，第三個進場的隊伍是其餘全體成員，他們照著層級，成千、成百、五十計、十計依序列隊進場。如此一來，每個以色列人都知道自己在這個神的社群中的相稱地位。（1QS 2:19-22）

昆蘭人衷心期盼，在亞倫的彌賽亞（默西亞）和以色列的彌賽亞顯現的時候，《摩西五經》中所記載的三重宗教領導階層：大祭司、祭司和利未人，便會被恢復。同時，他們把他們的地方社區整編成「營區」——他們刻意使用這個聖經用語「營」（camp，希伯來文 *maheneh*），它曾被用來描述寄居於曠野期間的以色列社群：

全體營區居住守則。全體居民要被點名：首先是祭司，再來是利未人，第三是以色列的孩童，第四是「寄居者」[4]。（CD 14:3-4）

摩西為那些在曠野紮營居住的以色列人所制定的理想化制度中，當然設立了一個最高權力領袖，他要負最終的責任——也就是大祭司。在全以色列只有一個大祭司，但在遍布全以色列的每個愛色尼人「營區」中，這個擁有核心權力的角色，被稱為「監督」（Overseer，希伯來文 *mebaqqer*）[5]。監督的職責包含了審查所有可能成為正式社群成員的人選、正確闡釋法律以教導成員、管控共同的財務、關心社區裡的弱勢成員，以及給予婚姻忠告等等，族繁不及備載。

以下是營區監督守則。監督必須教導全體成員關於神的工作和偉大神蹟，並要讓成員透過自己的詮釋，與將要發生的未來事件產生連結；他要像父親對自己的孩子一般來關心成員，像牧羊人牧養自己的羊群一般來處理他們的問題。他要解開營區成員之間的所有心結，杜絕營區出現任何壓迫或傾軋的事情。

每個新分配到他轄區的人，監督都要觀察他的行動、聰明才智、長處和財富，並根據

---

4. 寄居者（strangers）可能是指仍在接受昆蘭社群加入程序的新人。
5. 這個希伯來字 *mebaqqer* 是動詞字根 *baqer* 的分詞，*baqer* 的意思是「看、詢問或打聽」，這個字在希伯來文裡屬於一種加強式字幹，而有「密切注視或仔細搜尋者：督察、監督、監工」的意思。希臘字 *episkopos* 幾乎是其精準翻譯。

他在這個光明營區裡的貢獻評定等級，把他記錄下來。

除非有營區監督的允許，成員不能帶外人進來；神的聖約社群成員不該與墮落的外人有生意往來，除非他們近在呎尺。成員不能有任何買賣行為，除非已事先知會營區的監督並徵詢過他的意見，以免犯下無心之過。同樣地，凡是要（娶妻的男人）：要先徵詢（監督的）意見；同樣地，他也要輔導打算離婚的男人。他要以溫柔和慈愛來教（育）他們的兒女和兒童。他不可對他們的（過犯）懷恨在心而向他們發烈怒。（CD 13:7-19）

我們要留意，監督在此被描述為「父親」和「牧羊人」。此外，「監督」幾乎就是 *episkopos* 這個希臘字的精準同義詞，在英文裡恰好就是「主教」（bishop）一詞[6]。許多學者都注意到，愛色尼人營區的監督和初代教會的主教之間，具有強烈的相似性。舉例來說，保羅（保祿）在寫給門徒提多（弟鐸）的信裡，就寫到了：

我從前留你在克里特島，是要你辦好沒有辦完的事，並且照我所吩咐的，在各城設立長老（希臘文 *presbuteroi*）。如果有人無可指摘，只作一個妻子的丈夫，兒女都信主，也沒有人控告他們放蕩或不受約束，才可以作長老。

因為監督[7]是神的管家，所以必須無可指摘、不任性、不隨便動怒、不好酒、不打人、不貪不義之財；卻要接待客旅、喜愛良善、自律、公正、聖潔、自制，堅守那合乎教義、可靠的真道，好使他能夠用純正的道理勸勉人，並且能夠折服反對的人。（提多書／弟鐸書 1:5-9）

相較於《大馬士革文獻》詳述監督的職務內容，聖保羅對於一個適任的監督該有的特質有更詳盡的描述。但我們從保羅的字裡行間領會到，監督對於他的會眾負有財務的責任，因為他被稱為「管家」（希臘文 *oikonomos*），管家負責處理富有地主的生意業務（參見路加福音 16:1-8）。他也必須款待訪客、陌生人和窮人，因為保羅堅持監督必須「接待客旅」，這段經文和〈提摩太前書〉（弟茂德前書）三章二節都提到了這點。最後，這個監督和愛色尼人的監督一樣，也身兼社群的主要教師，因此他必須「能夠用純正的道理勸勉人」。

在保羅寫給提多的信中，我們看到了「長老」和「主教」（即監督）這兩個專有名詞在早期的意義大抵一樣。在其他地方，彼得（伯多祿）把長老形容為牧羊人：「我現在以

6. 譯注：為貼近原文，此字視情況翻譯為「主教」或「監督」。

7. 這個字源自字首 *epi*（在上）和字根 *skopos*（看），也就是「在上面監看某事的人」。

一個長老的身分，向各位同作長老的提出請求：要**牧養**神所付託你們的**羊群**……，要作**羊群的榜樣**。這樣，那大牧人來臨的時候，你們就會領受那永不失去光彩的華冠。」（彼得前書 5:1-4）約翰（若望）似乎也提到了初代教會的長老，他說：「**父老們**，我寫信給你們，因為你們認識那位從太初就已經存在的。」（約翰一書 2:13）[8]這是基督宗教稱呼會眾領袖為「牧師」（pastor，即牧羊人的拉丁文）或「父老」的發軔。

不過，在聖保羅之後的一代，「長老」與「主教」這兩個專有名詞開始有了明顯的分別。「主教」保留給一個城市的首席長老，他主管當地的所有基督徒社群，如同愛色尼人的監督主管一個「營區」裡的所有愛色尼人。在聖依納爵・安提約基雅（Ignatius of Antioch）擔任敘利亞省安提約基雅的主教期間，基督宗教社群的組織方式與發展更早的愛色尼人「營區」非常類似。

三重領導階層的相似性

如同愛色尼人的監督有祭司和利未人輔佐，初代教會治理城市基督徒社群的主教也有長老和執事的襄助。如同《大馬士革文獻》堅持監督有權審核任何影響社群發展的事務，聖依納爵主教在西元一〇六年（在使徒約翰死後十年左右）所寫的這封書信裡，也建議亞細亞省斯米納（今天的土耳其伊茲米爾市）的教會，凡事都要聽從主教：

> 你們要聽從主教，如同耶穌基督聽從父神，你們要聽從長老如同你們是使徒；尊敬執事如同尊敬神的命令。沒有主教，不做教會相關事務。只有主教（或是他親自委派的人）主持的聖餐禮才有效力。主教在哪裡，會眾就在那裡；如同耶穌基督在哪裡，公教會（catholic church）就在那裡[9]。沒有主教，禁止施洗或舉行愛宴。但他核可的每一件事也都討神喜悅，好叫你們所做的每一件事都是可信賴的、是正當的。（致斯米納人書〔Smyrneans〕8:1-2）

在聖依納爵主教的時代，無法想像有哪個基督宗教社群是沒有三重領導階層的：主教、長老與執事。

> 同樣地，每個人要像尊敬耶穌基督一樣尊敬執事，正如執事當尊敬主教，因為主

8. 參見 Glen W. Barker, "1 John," pp. 291–358 in vol. 12 of *The Exposi-tor's Bible Commentary* (ed. Frank E. Gaebelein; Grand Rapids, MI: Zondervan, 1981), here p. 320。

9. 希臘文是 *katholike ekklesia*，意思是「普世性的教會」。

教有天父的樣式，以及尊敬長老如同尊敬神的公會和使徒團。因為沒有他們就沒有「教會」[10]。（致特雷亞人書〔Trallians〕3:1）

監督、主教與利未人之間的相似程度，強烈到一些學者據此提出，愛色尼人對敘利亞和小亞細亞（這裡正是聖依納爵主教的牧區）產生巨大影響力，進而塑造了初代教會的生活[11]。那也許是原因之一，但更可能是因為愛色尼人和初代教會的組織都建立在《舊約》所設立的大祭司、祭司和利未人這個三重架構原型上。

這點明確地反映在羅馬主教革利免（Clement）在西元八〇年左右寫給哥林多教會的信上。他在信中就一項關於神職人員的爭議，以及教會該如何選派神職人員做了闡述，他在描述基督宗教領袖時，彷彿他們就是《舊約》裡的大祭司、祭司和利未人：

既然這些事情已經呈明在我們眼前……我們就應當遵行主的命令，在指定的時間有條不紊地執行主要我們做的每一件事情。要在哪裡、由誰來執行，祂已經照著自己至高無上的旨意做了裁奪……因為**大祭司**已被賦予與其職位相稱的服事，**祭司**已被指派與其職位相稱的職務，**肋未人**已加給他們與其職位相稱的事工。平信徒則有平信徒的規範。弟兄們，你們每一個人都要在自己相稱的職位上，向神獻上感謝，保持無虧的良心，不要違反了與自己職分相關的規範，而要存敬畏的心去行[12]。

我們注意到，革利免主教強調，每一位基督徒要在與自己相稱的位份上各盡其職，這種方式與《大馬士革文獻》和《社群規章》所堅持的，社群的每個成員出席典禮時，要照著自己的位階和級別站在合宜的位置上，可說十分雷同。「因此，每個以色列人都要知道自己在這個神的社群、在這個永遠長存的社會裡的相稱地位。沒有人會從受指派的位置上被降級，也沒有人會被拔擢而超出了他的命定職位。」（1QS 2:22-23）革利免寫這封信的時間，其實正逢哥林多教會有些長老遭到不公平的降職。

我們現在明白了《舊約》的三重神職領導階層，和初代教會的三重領導階層之間的相似性，是如何導致初代基督徒意識到他們的領袖是一群新的祭司，是傳承自《舊約》的祭司。但這個問題依舊沒有獲得解答：這一切都是誤解嗎？初代教會的領導職是否只是功能性的角色，而隨著時間推移，基督徒迷信地將某種神聖性加諸這些教會領袖身

10. 希臘文的 *ekklesia*。我們將會對此作更深入的探討，*ekklesia* 是希伯來字 *qahal* 的同義字，意思是「聚集」，昆蘭人則把 *qahal* 視為是 *yahad* 的同義字，來指稱他們的社群。

11. Jean Daniélou, *The Dead Sea Scrolls and Primitive Christianity* (Baltimore: Helicon Press, 1958), pp. 118–121.

12. 《革利免一書》（*1 Clement*）40:1–41:1，重點標示是我加上去的。

上？還是有跡象表明，耶穌有意為自己的社群建立一種新的祭司職位？這是我們在下一章要藉由仔細檢視一些《新約》經文，來探討的問題。

Point

初代教會和昆蘭社群的治理架構非常類似，都包含三個層級的領導階層。在昆蘭社群，分別是監督、祭司與肋未人；基督宗教的教會則是主教（或監督）、長老和執事。兩者都受《舊約》的啟發，就是大祭司、祭司和肋未人的三重領導階層模式。因此愛色尼人若改信基督宗教，將會習慣這個架構，而第一代基督徒要採用這種方式組織信徒，也能毫不費力地快速完成，因為這種模式早已確立。

第12章

福音書中的祭司職分

Priesthood in the Gospels

雖然昆蘭的愛色尼社群中有世襲的祭司（也就是「撒督／匝多克的子孫」）在他們的領導階層中，但有許多死海古卷文獻內文卻表明，這個聖約社群的每一個成員都是某種祭司。因此，《大馬士革文獻》如此闡釋〈以西結書〉（厄則克耳）四十四章十五節所提到的祭司，並且如此主張：

> 「祭司」：他們是以色列的悔改者。（CD 4:2）

換言之，「祭司」就是愛色尼教派的成員。

同樣地，當我們開始尋找《新約》中對祭司的敘述時，馬上就會注意到有不少經文都提到全體新約社群成員共享一個祭司職分：

> 主是活石，雖然被人棄絕，卻是神所揀選、所珍貴的；你們到他面前來，也就像活石，被建造成為靈宮，作**聖潔的祭司**，藉著耶穌基督獻上蒙神悅納的靈祭。（彼得前書／伯多祿前書 2:4-5）
>
> 他愛我們，用自己的血把我們從我們的罪中釋放出來，又使我們成為國度，**作他父神的祭司**。願榮耀權能都歸給他，直到永永遠遠。阿們。（啟示錄／默示錄 1:5-6）

這種「整個社群都是祭司」的觀點，可以回溯到上帝在西乃山對祂的子民的應許：

> 現在你們若是實在聽我的話，遵守我的約，你們就必在萬民中作屬我的產業，因為全地都是我的。你們要歸我作**君尊的祭司**和聖潔的國民。（出埃及記／出谷紀 19:5-6）

這個希伯來用語「君尊的祭司」也可以被理解成「祭司的國度」，我們看到不同的《新約》經文對這個用語有這兩種解釋[1]。無論如何，初代基督徒相信，神在西乃山對以色列的這個應許，如今已實現在這個以彌賽亞（默西亞）耶穌為中心的社群。

這種每一個社群成員都共享一個祭司位份的觀念，在昆蘭也顯而易見。昆蘭社群自許要取代聖殿，因此每位成員都過著純全的祭司生活，包含了獨身和穿白色亞麻衣服。我們來看看《社群規章》對昆蘭社群的描述：

> 當這些人出現在以色列，這個社群於焉成形，這裡是一個「永遠長存的農園」，是以

1. 希伯來文是 *mamlekhet kohanîm*。在彼得前書 2 章 9 節，翻作「君尊的祭司」，但在啟示錄 1 章 5－6 節，這個用語則被理解為「祭司的國度」。

色列的聖殿，和——奧祕！——亞倫（亞郎）的至聖所；是真正的公義見證人、是神所揀選要**贖這地的罪**……他們「是試驗過的牆……一塊寶貴的房角石」（以賽亞書／依撒意亞 28:16），他們的根基必不動搖，是堅固的堡壘，**是亞倫的至聖所**，他們都知道公義的聖約而獻上馨香的祭。他們必在以色列成為**清白無瑕而真實的神之家**……他們要被悅納為獻祭，**贖這地的罪**。（1QS 8:4-10，重點標示是我加上去的）

《社群規章》使用了各種聖殿用語來形容昆蘭社群——「永遠長存的農園」、「以色列的聖殿」、「亞倫的至聖所」、「試驗過的牆」、「寶貴的房角石」、「堡壘」、「清白無瑕而真實的神之家」——並且賦予這個社群祭司的職責，例如：「獻上馨香的祭」和「贖這地的罪」等等。在《新約》中，〈彼得前書〉二章四至九節和〈以弗所書〉二章十四至二十二節對教會的描述明顯與此相似，我們會在十四章對這部分有更深入的探討。

所以從一開始，基督宗教如同愛色尼人，都有「所有信徒都是祭司」的觀念，而且清楚地表明在《新約聖經》和教父們的著作中。舉例來說，聖保羅（保祿）就表明了基督徒擁有祭司的身分，他說：

所以弟兄們，我憑著神的仁慈勸你們，要把身體獻上，作聖潔而蒙神悅納的活祭；這

是你們理所當然的事奉。（羅馬書 12:1）

教父聖彼得・金言（St. Peter Chrysologus, 380-450）如此闡釋這節經文：

保羅透過這番勸勉，把所有人都提升到了祭司的位分。基督徒的祭司職分何其奇妙，因為他代表了兩種身分，他既獻上自己為祭，又是執行獻祭的祭司！[2]

但是，就像古代以色列人，雖然他們是一個祭司民族，仍要保留一部分人專責敬拜的禮儀，他們稱之為「祭司」，而且就像昆蘭人，雖然他們全都穿著祭司的亞麻衣服，仍然有「祭司」和「利未人」（肋未人）之分。所以在初代教會，有一部分人會被分別出來，賦予他們屬靈的權柄來從事特定的聖工。傳統的基督宗教術語稱呼這種專門的祭司職務為「服務祭司職」（ministerial priesthood），以區分其他皆是「普通祭司職」（common priesthood）的每位信徒。

在耶穌的服事中，我們看見他宣告自己和十二個門徒擁有特殊的職分——正是服務

2. Sermon 108, PL 52, 499–500; Office of Readings for Tuesday of the 4th Week of Easter.

祭司職。

耶穌在一個安息日經過麥田。他的門徒餓了，就摘了一些麥穗來吃。有些法利賽人看見了，對耶穌說：「你看，你的門徒做了在安息日不准做的事！」

耶穌回答：「大衛（達味）和他的隨從在飢餓的時候做了什麼，你們沒有念過嗎？他走進上帝的聖殿，他跟他的隨從吃了獻給上帝的供餅；那是違法的（因為那種餅只有祭司才可以吃）。難道你們沒有念過摩西（梅瑟）的法律所記載的？每逢安息日，祭司在聖殿裡破壞了安息日的規矩，可是他們不算犯罪。我告訴你們，這裡有比聖殿更重要的。」（馬太福音／瑪竇福音 12:1-6）

為了辯護他和門徒在安息日摘麥穗的權利，耶穌所舉的兩個例子，本質上都是祭司的權利：大衛和他的部屬吃供餅，這是一種祭司行為（撒母耳記上／撒慕爾紀上 21:1-6），以及祭司在安息日仍在聖殿裡工作，是他們的祭司服事之一。著名的聖經及古猶太教學者雅各．紐斯納（Jacob Neusner）拉比，如此評注這段經文：

他（耶穌）和門徒之所以在安息日這樣做，因為他們**站立在聖殿祭司的位分上**；現在，聖殿轉移到了由主與祂的門徒所組成的聖殿。[3]

紐斯納正確地看見了耶穌宣告祂和門徒擁有祭司的位分，以及祂正在建立一個新的聖殿。從耶穌服事期間的歷史脈絡來看，他的解釋說得通，因為其他群體——例如昆蘭愛色尼人——也在創建祭司社群以取代耶路撒冷聖殿。

福音書中的祭司意象

我們在後面一點的〈馬太福音〉中再次看見了祭司的意象。彼得（伯多祿）在腓立比（斐理伯）的凱撒勒雅地區承認耶穌是基督，這段著名對話充滿了祭司和聖殿的意象。這個出現在這段經文中的雙關語非常重要，但在英文譯本中卻不見了，所以我會把一些關鍵字的希臘原文標注在括弧中：

耶穌到了凱撒利亞．腓立比的境內；在那裡他問門徒：「一般人說人子是誰？」他們

3. Jacob Neusner, *A Rabbi Talks with Jesus* (New York: Doubleday, 1993), p. 83；重點標示是我加上去的。

回答：「有的說是施洗者約翰（洗者若翰）；有的說是以利亞（厄里亞）；也有的說是耶利米（耶肋米亞）或其他先知中的一位。」

耶穌問他們：「那麼，你們說我是誰？」西門．彼得（西滿伯多祿）回答：「你是基督，是永生上帝的兒子。」

耶穌說：「約翰的兒子西門，你真有福了；因為這真理不是人傳授給你的，而是我天上的父親向你啟示的。我告訴你，你是彼得，是磐石（*petros*）；在這磐石（*petra*）上，我要建立（*oikodomêsô*）我的教會（*ekklesia*），甚至死亡的權勢（原文為「陰間的門」）也不能勝過它。我要給你天國的鑰匙，你在地上所捆綁的，在天上也被捆綁；你在地上所釋放的，在天上也被釋放。」（馬太福音 16:13-19）

耶穌把西門改名為「磐石」（希臘文的 *petros*，亞蘭文的 *kephas*〔磯法〕），還提到要在西門這個磐石上「建立」（*oikodomêsô*）他的「教會」（*ekklesia*）。石頭的意象擷取自《舊約》有不同預言指出，在末世，聖殿要建造在一塊石頭上[4]。「建造房屋」（house-building）的用語則擷取自「神之家」（House of God）或「聖潔之家」（Holy House）[5]的聖殿意象。

「教會」這個用語（希臘文的 *ekklesia*）則是翻譯自這個希伯來字 *qahal*，這字在

〈詩篇〉（聖詠集）中出現了幾次，意指以色列人在聖殿裡敬拜神的集會，但也經常出現在死海古卷的文獻中，可以是指整個新約社群[6]，或是指以色列人要在末世聚集一起來敬拜神[7]。後來，*ekklesia* 被翻譯成「教會」[8]。經文中所提到的「陰間的門」則是另一個聖殿意象，因為在當時，猶太人的世界觀主張聖殿是建造在一塊大石上[9]，封住了通往「地獄」的通道。耶穌正在建造一個人類聖殿，而這個聖殿的「基石」就是「磐石」（彼得），他將封住通往地獄的通道[10]。如此看來，〈馬太福音〉十六章十八節的每個遣詞用字都反映了聖殿的意象。

4. 舉例而言，〈以賽亞書〉28章16節（亦被昆蘭社群所引述，1QS 8:7）中的「寶貴的房角石」或是〈但以理書〉2章34節所說的「非人手鑿成的石頭」。
5. 「神的家」（House of God）在希伯來文裡是 *bêth-el* 或 *bêth-ha-'elohîm*，〈歷代志〉常以後者來稱呼聖殿。「聖潔之家」（Holy House）在希伯來文裡是 *bêth-qôdesh*，死海古卷 1QS 9:6 以此作為聖殿的意象。
6. 參見《大馬士革文獻》7:17和14:18。
7. 參見1QS[a] 1:25和2:4；整篇1QM。
8. 在一些語言裡，「教會」一詞反映了它的希臘字原文 *ekklesia*：例如，西班牙文譯作 *iglesia*。但在英文裡，「church」一字源自於希臘文中的 *kuriakon doma*，意思是「主的家」，在日耳曼語裡則被縮短為 *kirk*，最終演變成為英文的「church」。
9. 在希伯來文裡，這塊石頭被稱為 *eben sheitiyyah*，意思是「基石」。參見Curtis Mitch and Edward Sri, *The Gospel of Matthew* (Grand Rapids, MI: Baker, 2010), pp. 203–209。
10. 關於人殿的觀念，可以留意4Q174 1:6是怎麼說一個 *miqdash 'adam* 的，也就是一個「亞當的聖殿」或「人類的聖殿」。

接下來的經文則充滿了祭司的意象。耶穌對彼得說「我要給你天國的鑰匙」（馬太福音16:19）。我們從〈以賽亞書〉二十二章二十一節[11]得知，「大衛（達味）家的鑰匙」是由王室總管在保管，他的官位在一人（君王）之下萬人之上。耶穌是王，他立彼得為他的王室總管[12]。有意思的是，王室總管穿著祭司服，而且這個職位通常是由一名利未人出任[13]。

王室總管非常重要，因為他隨身攜帶進皇宮的鑰匙，當然也就掌控著接近國王的權利。以賽亞如此形容王室總管：「他開了，就沒有人能關；他關了，就沒有人能開。」（以賽亞書22:21）。但耶穌正在用人而非石頭來建造一個聖殿國度，所以他對彼得說出了類似、但略有不同的話：「你在地上所捆綁的，在天上也被捆綁；你在地上所釋放的，在天上也被釋放。」這兩個詞「捆綁」和「釋放」在耶穌時代的猶太教裡，有特殊的意涵[14]，它們的意思涉及到了對神的法律有最終的解釋權。

在猶太教，解釋法律被稱為 *halakhah*，而解釋法律的權力就是 *halakhic* 的權力。「捆綁」是禁止做某事，「釋放」則是允許做某事。舉例來說，神的法律說在安息日要休息，不要工作。但生火是「在工作」嗎？大多數的拉比說是，所以生火被「捆綁」。相對地，把動物從坑中拉上來就不被認定成「工作」，所以它被「釋放」（參考馬太福音12:11）。

在耶穌的時代，對於生活在猶大地區的一般猶太人來說，法利賽人掌握了主要的法律解釋權，決定哪些被「捆綁」、哪些則被「釋放」。約瑟夫提到，法利賽人成為王室紅人期間，「他們任憑自己的好惡驅逐、貶抑其他人；他們隨自己的高興捆綁和釋放」（戰史 1:111）。考夫曼・柯勒（Kaufmann Kohler）拉比說：「這不表示……他們只是決定什麼該被禁止或什麼該被允許，而是利用他們神聖的權威施咒，集擁有、行使捆綁和釋放一事的權力於一身。」[15]

但是聖經並未賦予法利賽人或拉比這種權力，而是賦予了利未支派的祭司們。摩西（梅瑟）命令，如果對法律的解釋有爭議，當事人必須前往聖殿取得利未祭司的決斷，凡違逆他們判決的人，一律處死（申命記 17:8-13）——換言之，祭司對法律的解釋具有和法律一樣的約束力。

11. 譯注：此為思高聖經，和合本聖經則見：以賽亞書 22 章 22 節。
12. 參見 W. F. Albright and C. S. Mann, *Matthew* (Anchor Bible 26; New York: Doubleday, 1971), pp. 196–197。
13. 以賽亞書 22 章 20 節（譯注：和合本聖經在 22 章 21 節）所提到的服裝，就是祭司服。在以賽亞書 22 章 19 節（譯注：和合本聖經在 22 章 20 節），王室總管的職位是由「希勒家的兒子以利亞敬」擔任。在希伯來文聖經裡，只要提到希勒（總計有幾位被提到）都是利未人，希勒似乎是利未人喜歡取的一個名字。我們可以據此假設以利亞敬是利未人。
14. 關於這個經節的解釋，可以參見 Rabbi Kaufmann Kohler in "Binding and Loosing," p. 215a in vol. 3 of *The Jewish Encyclopedia* (ed. Isidore Singer; New York: Funk & Wagnalls, 1906), http://www .jewishencyclopedia.com/articles/3307-binding-and-loosing。
15. Kohler, "Binding and Loosing," p. 215a.

為了維持這個原則，神命令先知哈該（哈蓋）去見祭司，諮詢他們對潔淨法律的解釋（哈該書 2:10-13）。但哈斯摩尼王朝（Hasmonean dynasty，也就是馬加比王朝）於西元一五〇年違法繼任大祭司，動搖了人民對祭司權威的信心。法利賽人趁機填補了這個宗教權威真空，加上他們在政治上又有國王的撐腰，他們如願篡奪了祭司「捆綁」和「釋放」的角色。

捆綁和釋放

在愛色尼人的領導階層裡，可能有傳承自優良的撒督血統的祭司子孫，他們不滿法利賽人篡奪祭司職權，上書強烈反對由法利賽人解釋法律[16]。他們堅持，神指定利未人——祭司支派——擁有「捆綁和釋放」的權力，因此，以色列人必須「遵守撒督的子孫（也就是祭司）與其新約成員的決斷」，換言之，就是要遵行他們對法律的解釋[17]。

另一方面，耶穌把祭司「捆綁和釋放」的這種權力賦予了彼得——他的王室總管（馬太福音 16:19）以及跟他在一起的使徒們（馬太福音 18:18），而不是給法利賽人或利未人。相較於耶穌所創立的教會裡的其他人，這無異是把彼得和使徒們放在「祭司」的角色上。

解釋法律只是祭司的職務之一，他們的一個更重要職責是獻祭。在最後的晚餐裡，我們留意到耶穌扮演著祭司的角色，教導使徒們如何在逾越節獻上新祭來記念他，這個新祭包含了耶穌的身體和血，而以餅和酒為記號。耶穌在這方面的談話，最早出現在聖保羅所寫的一封書信中：「這杯是用我的血所立的新約，你們每次喝的時候，應當**這樣行**，為的是記念我（作者自譯為：作為獻祭來記念我）。」（哥林多前書／格林多前書 11:25）[18]

耶穌還對使徒說：「父怎樣把王權賜給我，我也照樣賜給你們，叫你們在我的國裡、坐在我的席上吃喝，又坐在寶座上審判以色列的十二支派。」（路加福音 22:29-30）我們在第八章注意到，這是指大衛的王國，這國是建立在神的聖約之上。有意思的是，愛色

16. 例如，4QMMT文獻「一些應當遵行的法律」，就是寫給法利賽人的一封書信，來駁斥他們對於摩西律法的錯誤解釋或應用。
17. 關於利未人作為捆綁者和釋放者，參見5Q13 1:7–8：「你們利未人……而且你們指派他捆綁（和釋放）。」確實，現存的文獻中只有「捆綁」，而我用「釋放」來補這個漏字，因為從整個上下文來看，這段是在詳述利未人作為祭司族群的職務。關於遵守撒督的子孫的決斷，則見於《會眾規章》，1QS^{a} 1:1–2。
18. 這是我自己的翻譯，這個「as my memorial sacrifice,」（作為獻祭來記念我）的翻譯是根據〈哥林多前書〉11:25的希臘文原文 *eis tēn emēn anamnēsin*，以及在「七十士譯本」中〈詩篇〉37:1和69:1的標題都是 *eis anamnēsis*，一般翻譯為「記念的獻祭」。關於 *anamnēsis* 的闡釋參見 Pablo Gadenz, *The Gospel of Luke* (Grand Rapids, MI: Baker Academic, 2018), pp. 355–356, 358–359。

尼人意識到了大衛的王國和神的聖約之間的關係，因此寫道：

（而且）坐在大衛寶座上的（必永不）斷絕，因為「權杖」是**這國的約**……直到公義的彌賽亞、大衛的苗裔來到。因為神與祂的百姓的國**所立的約**，已經給了他和他的後裔，直到世世代代、永永遠遠，因為他與這個社群的成員遵守了……法律。（4Q252 5:2-5）

「與國王同桌吃喝」是國王兒子的特權，如同我們在〈撒母耳記下〉九章十一節所看到的：「於是，米非波設（默非波協特）與王（即大衛）同桌吃飯，像是王的一個兒子一樣。」大衛的兒子是王子，他們審判被帶到耶路撒冷的法律案件。耶穌話中提到，使徒們要坐在寶座上審判以色列的十二個支派，顯然在暗示〈詩篇〉一二二篇三到五節的經文，這裡提到了大衛家的王子們坐著審判案件：

耶路撒冷被建造，好像一座結構完整的城市。
眾支派，就是耶和華的支派，都上那裡去……
因為在那裡設有審判的寶座，就是**大衛家的寶座**。（重點標示是我加上去的）

現在，大衛「永遠作祭司，是照著麥基洗德（默基瑟德）的體系」（詩篇110:4），因為他繼承了耶路撒冷的寶座，君王暨祭司麥基洗德曾坐在那寶座上（參考創世記14:18）[19]。他的子孫將共享這個祭司的職分：「大衛的兒子們都作祭司[20]。」（撒母耳記下8:18）同樣地，使徒們作了耶穌新約的眾子，也共享了他的祭司職分。

祭司的職務之一，是成為神與人之間的調解人（中介者），使人的罪得神赦免，我們可以從〈利未記〉（肋未紀）這句不斷重複出現的聲明看出端倪：「祭司……為全體會眾獻上贖罪祭，他們就蒙赦免。」[21]耶穌復活後，授予使徒們祭司的角色，成為赦罪的中介者：「領受聖靈吧！你們赦免誰的罪，誰的罪就得赦免；你們不赦免誰的罪，誰的罪就不得赦免。」（約翰福音／若望福音20:22-23）

所以，我們在本章看到了《新約聖經》描述，耶穌讓使徒成為他所創立的新約社群

19. 關於大衛的君王後裔在敬拜上的角色與其祭司身分的探討，參見Hans-Joachim Kraus, *Theology of the Psalms* (trans. Keith Crim; Minneapolis: Fortress Press, 1992), pp. 107–123, esp. pp. 110, 115–116。

20. 這是希伯來文的字面意義：大衛的眾子都作了*kohanîm*，*kohanîm*在希伯來文的意思就是祭司。一些英文翻譯不明就裡，不承認大衛王朝的祭司角色（參見注釋18 Kraus的著作），把*kohanîm*譯作「官員」或其他類似的意思。

21. 參見利未記4章20節、26章、31章和35章、5章10節、13章、16章和18章、6章7節、19章22節；民數記15章25節和28章。

的新祭司，因為他們被賦予解釋法律、獻祭和赦罪的中介者的角色，所有這些職務都是《舊約》中利未祭司的職責。此外，我們接下來會看到《新約》和其他基督宗教著作表明，初代教會如何解釋這種「服務祭司職」並未隨著使徒過世而消失，而是轉移到了後來的領袖世代。

Point

昆蘭社群是「祭司中的祭司」，它是一個祭司社群，仍然保留祭司來執行神職。我們也在初代基督宗教中看到相同的模式。我們透過愛色尼人的眼睛解讀福音書，幫助了我們從耶穌的舉動和祂所賦予給使徒們的職責中，看到了祭司的弦外之音：解釋法律的權力（「捆綁和釋放」）、記念耶穌的獻祭，以及赦罪的中介者——都是根據摩西之約所賦予的祭司角色。

第
13
章

初代教會中的祭司職分

Priesthood in the Early Church

初代教會怎麼知道他們的領袖不僅是操辦行政庶務的幹部，更是真正的**祭司**——把自己奉獻給神、從事神職的聖徒？

在〈使徒行傳〉（宗徒大事錄）第一章，我們看到了使徒們意識到要找人遞補自己的職缺，日後他們過世，一樣可以由其他人來接棒。根據〈使徒行傳〉的記載，猶大（猶達斯）去世後，彼得（伯多祿）堅持要指派一個人來遞補他的職務，他引用了〈詩篇〉（聖詠集）一〇九篇八節：「願別人取代他的職分。」（使徒行傳 1:20）

此處我使用的是古老的「英王欽定本聖經」（King James Version，簡稱 KJV），因為這個版本正確地表達了希臘原文中用來描述使徒職務的字眼 *episkopên*，和用來表示初代基督宗教領袖的字眼「主教」（希臘文 *episkopoi*，如同我們在前章所見）有相同的字根。

接下來，使徒們抽籤決定遞補猶大遺缺的人（許多學者已經注意到，這是祭司決定上帝旨意時的一種做法[1]），結果是馬提亞（瑪弟亞）中選：「叫他得這職事（希臘文 *diakonias*）與使徒職分的地位。」（使徒行傳 1:25）這裡使用了一個和初代教會第二層級領袖的職銜「執事」（希臘文 *diakonos*）相關的字眼。留意這些用來描述使徒擔負之職權的希臘原文措辭，非常重要，因為這有助於我們理解初代基督徒如何理解主教和執事這兩個教會領袖的角色，因為它們源自於使徒的服事。

在稍後的〈使徒行傳〉中，出現了一個爭議，因為「在分配每日的生活費這事上，疏忽了他們當中的寡婦」（6:1）。於是，十二個使徒召集教會，說：「叫我們放下傳講上帝信息的工作，去管理（希臘文 *diakonein*，意思是服務）膳食，這是不應該的。」（6:2）所以，教會選擇七個人來為此服事，並受使徒派任，「叫他們站在使徒面前。使徒禱告後，**就為他們按手**」（6:6）。「按手」是《舊約》裡的一個記號，象徵把他們奉獻給神，從事特定的神職。

事實上，《舊約》中最接近〈使徒行傳〉六章六節的經文是〈民數記〉（戶籍紀）八章十到十一節：「把利未人（肋未人）帶到耶和華面前，以色列人要**按手在他們身上**。亞倫（亞郎）要把利未人獻在耶和華面前，作以色列人中的**搖祭**，使他們**辦理**耶和華的事務。」由此看來，初代基督徒把這七個人視為第一任執事，承接《舊約》中利未人的角色。

此外，使徒還指派了另外一個層級的教會領袖職務，叫作「長老」：

二人（保羅與巴拿巴）在各教會中選立了長老，又禁食禱告，就把他們交託所信的

1. 例如，參見 William S. Kurz and Peter Williamson, *The Acts of the Apostles* (Grand Rapids, MI: Baker, 2013), p. 42: lots are a "biblical method of determining God's will, *especially for assigning the du-ties of priests.*"

主。（使徒行傳 14:23）

按其字面的意義，「選立」（appoint）在這裡的意思是向他們「伸出雙手」[2]。這和我們在〈使徒行傳〉第六章所看到的「按手」在執事身上有異曲同工之處——這又是另外一種肢體語言，意指基於神聖的目的，把某事或某人獻給神。這些受使徒指派並按手在他們身上的人，表明他們不僅是會眾中年齡較長（或者最老）的人，還擔任被稱為「長老」的職務。保羅（保祿）提到了他的門徒提摩太（弟茂德）雖然年紀輕輕，卻領受長老們按手的那個時刻：

> 不要忽略了你屬靈的恩賜；這恩賜是藉著先知的預言和長老們的按手賜給你的。（提摩太前書 4:14）[3]

我們從〈使徒行傳〉其他經文得知，這些長老在使徒生活的年代裡，已經在教會的治理上佔有一席之地。在帶領教會的事務上，使徒給予長老們一定程度的「在職訓練」。第一次在耶路撒冷召開的大型教會會議，記載於〈使徒行傳〉十五章，與會成員有「使徒和長老」（使徒行傳 15:6），他們獲致的結論——外族人不必受割禮（割損）——以「使徒和作長老的弟兄們」為名來頒布（使徒行傳 15: 23）。大使徒彼得如此提到他自己的長老身分：「我現在以一個長老的身分，向各位同作長老的提出請求。我是見證基督受苦的人，要分享將來所顯示的榮耀。我請求你們，要牧養上帝所付託你們的羊群。」（彼得前書 5:1-2）

既然使徒們自稱履行了長老的職責，又指派了第一任長老，加上眾長老又與使徒們一起治理初代教會，很自然地，在使徒相繼過世後，初代基督徒視長老為使徒的接班人，繼續履行使徒的職權。所以教父愛任紐在寫於一五〇年左右的著述中，告訴當時的基督徒：「務要聽從教會的長老——如同我所言，他們是使徒的繼承人。」[4]

但如同我們之前所見，使徒們被耶穌賦予了祭司的角色——包含了解釋法律的權力、獻祭、聖餐祝謝和赦罪的中介者——那麼，初代基督徒自然會認為使徒的繼任者長老，要繼續這種「服務祭司職」的角色。這方面的提示已經出現在《新約》中，例如雅各（雅各伯）給病人這樣的指示：

2. 希臘文是 *cheirotoneô*，源自 *cheir-*（意思是「手」）和 *teinô*（意思是「伸出」）。
3. 在此，長老（presbytery）的希臘字是 *presbuterion*。
4. Irenaeus of Lyon, *Irenaeus Against Heresies*, p. 497 in vol. 1, *The Apostolic Fathers with Justin Martyr and Irenaeus* (ed. A. Roberts, J. Donaldson, and A. C. Coxe; Buffalo, NY: Christian Literature Com-pany, 1885).

（你們中間）有害病的嗎？他應該請教會的長老替他禱告，奉主的名替他抹油。這禱告若是出於信心，就能夠治好病人；主會恢復他的健康，病人所犯的罪會得到赦免。（雅各書 5:14-15）

這種透過祈禱和抹油（傅油）來治癒病人和赦免其過犯的儀式，與《舊約》中某些儀式類似，例如潔淨皮膚病得癒的人，這時候祭司會**抹油**在康復病人的頭上，並為他**贖罪**，如此他就能再次得潔淨（利未記 14:1-20）。教會長老承接了祭司抹油和使病人罪得赦免的職責，但不僅如此而已，因為《舊約》的祭司是病人**康復後**才介入，而新約的長老卻**使病人康復**。這種長老行為最後被正式化為一種聖事，一些基督徒稱之為「病人傅油聖事」或「臨終聖禮」。

長老與主教

起初，「長老」和「主教」被當作同義字使用，但如同我們所見，在聖依納爵・安提約基雅主教的時期（西元一〇〇年左右），「主教」通常是一個地區教會的首席長老，對整個教區負有最終的監督責任。既然主教是首席長老，在初代基督徒的眼中，他們和使徒的事工關係異常密切。所以，在使徒約翰（若望宗徒）死後五十年，愛任紐依舊可以自豪地說：「我們有資格將使徒們所設立的主教，以及他們的繼任者，逐一公諸於世。」[5]

這種使徒傳承給初代教會主教的制度，在此之前，在昆蘭就出現了類似的先驅者。如果這個理論是正確的，就是「公義的教師」曾是耶路撒冷聖殿的大祭司，後來在西元前一五〇年代遭到馬加比王約納堂．阿弗斯的罷黜，離開耶路撒冷而創建（或者說重建）了昆蘭社群，因此昆蘭的組織者本身就是大祭司，自然是社群成員的法律解釋者[6]。但在「公義的教師」過世後，他的所有職權都落到了繼他之後被指派的監督身上。因此在某種意義上，昆蘭的監督是「公義的教師」這位曾是合法大祭司的接班人。因此我們可以說，監督繼承了大祭司的角色。

我們已經花了一些時間「連結所有的點」——《舊約》中的祭司職權、耶穌和使徒，以及使徒的繼承者與同工，亦即長老和主教之間所有的點。耶穌宣告自己與他的使徒們擁有《舊約》祭司的職權，而使徒則與長老共享這些權利和責任，使徒揀選長老與他們一起共事，以及接棒使徒。所以，正如愛色尼社群由監督治理，他們既是祭司階級，也

5. Irenaeus, *Irenaeus Against Heresies*, p. 415.

6. 相關討論，參見 Michael Knibb, "Teacher of Righteousness," pp. 918–921 in vol. 2 of *Encyclopedia of the Dead Sea Scrolls* (ed. Lawrence H. Schiffman and James C. VanderKam; Oxford: Oxford University Press, 2000).

是利未人階級，初代教會則視主教、長老和執事實現了摩西（梅瑟）所建立的古代三重領導階層模式：大祭司、祭司和利未人。

曾由使徒們親自授職、奉獻於祭司職事的基督宗教社群領袖，他們不僅是基於某些實際的理由被視為幹部或官長，代表整個社群履行職責。更確切地說，他們是被按立獻身於聖職的聖徒——我們在英文中通常稱之為「priests」。

Point

在「公義的教師」過世後，接棒的監督繼續他對昆蘭社群的領導。我們在初代基督宗教看到了一種類似的傳承，因為使徒的領導角色最終被基督宗教的長老（尤其是主教）接續下去。初代基督徒認為耶穌給予使徒的祭司職責，已被那些接棒他們的人承續下去。

PART

6

教會與死海古卷

第
14
章

保羅（保祿）寫過任何關於教會的信息嗎？

Did St. Paul Write Anything About the Church?

聖保羅（保祿）或其他使徒（宗徒）曾經針對「教會」這個主題，寫過任何文章或書信嗎？

這些年來，我注意到一件事，就是一般的美國教徒和美國大學宗教系之間，在某些看法上出現分歧。在美國，有興趣的人只要去拜訪附近一間健康而活躍的基督教會（不論是屬於新教、天主教或是其他教派），就會發現，大多數平信徒都理所當然地認為，凡是以人名命名的聖經書卷，作者就是那個人。因此，使徒約翰（若望宗徒）寫了〈約翰福音〉（若望福音），保羅寫了掛上他名字的書信等等。但是，大多數的美國大學宗教系的看法卻剛好相反：沒有一部以人名為名的聖經書卷，作者是真如其名，而整本聖經，除了保羅寫的幾封書信外（其實還有更多），他們認為全是「偽經」（pseudepigraphal），意思就是用假名冒寫的作品。

我自己就有一個令我印象深刻的經驗。我在博士生的第一學期，被要求修一門新約研究課程。我當時的研究重心是舊約，所以當我來到新約博士生的課堂上聽課時，我發現自己是班上唯一的「舊約生」。有次課堂討論的主題是保羅寫的〈以弗所書〉（厄弗所書）。討論大約進行到十五鐘左右，我突然明白了一件事，就是這個班上的每一個人都認為，保羅**沒有**寫這封信是證據確鑿的事。

我當時感到有點驚訝。我知道保羅是不是〈以弗所書〉的真正作者仍有爭議，但也知道有學者力挺保羅[1]。那麼，為什麼他們每個人都信心滿滿地認為保羅**沒有**寫這封信呢？難道最近有什麼我不知道的新發現嗎？我覺得自己蠢斃了，所以我猶豫地舉起手，教授點了我。「很抱歉，」我說：「因為我是舊約研究生，有一段時間沒研究保羅了。但有誰可以提點我，讓我們知道保羅不可能寫〈以弗所書〉的理由嗎？」

顯然，我的行為太過冒失了，整個教室頓時變得鴉雀無聲。有人清了清喉嚨。他們坐在位子上擺動著雙腳，避免眼神接觸。教授則顯得有些驚惶，「嗯，」他緩緩說道：「最近捍衛保羅作者身分的是馬可・巴特（Markus Barth）[2]。」然後在回到我提問之前的課堂討論前，他還提到了其他一些探討這個作者爭議的學者。

教授顯然不知道大多數聖經學者不相信保羅寫了〈以弗所書〉的真正理由是什麼。但我不會怪他。他畢竟不是保羅方面的專家，而且聖經研究是一個極其複雜的浩瀚領

1. 例如，Markus Barth, *Ephesians 1–3* (Anchor Bible 34; New York: Doubleday, 1974); Bo Reicke, *Re-Examining Paul's Letters: The History of the Pauline Correspondence* (Harrisburg, PA: Trinity Press International, 2001); Frank Thielman, *Ephesians* (Baker Exegetical Commentary on the New Testament; Grand Rapids, MI: Baker, 2010)，還有其他許多著述。
2. 馬可・巴特 (1915–1994) 是著名的瑞士新約聖經學者，他的父親是比他更有名的卡爾・巴特 (Karl Barth, 1886–1968)，二十世紀最富影響力的新教徒神學家之一。馬可・巴特在聲望崇隆的聖經解經套書 Anchor Bible 中負責執筆〈以弗所書〉。出版資訊參注釋1。

域，絕對沒有一個聖經學者能夠精通不同立場的所有論點。對於自己專業之外的問題，一個聖經學者所知的，就是對這個議題的普遍共識。

我後來確實找到了主張保羅不是〈以弗所書〉作者的論點。在十九世紀，深具影響力的德國聖經學者費迪南德·克里斯汀·鮑爾（Ferdinand Christian Baur），與著名的哲學家黑格爾（G.W.F. Hegel）有許多相同的觀點[3]。

黑格爾有一個人類文化發展理論，他認為每隔一段時間，就會出現一些新的發展趨勢來支持某個新的觀點，他稱此新觀點為「正題」（thesis）。這些趨勢又一定會引發另一派（或幾派）的反應或反對立場，而提出相反的主張，黑格爾稱之為「反題」（antithesis）。然後，兩派人馬會互相對抗一段時間，在這樣的衝突中又會出現第三方來調和「正題」和「反題」之間的爭論，而產生「合題」（synthesis）。這種**正—反—合**模式，正是黑格爾看待人類歷史發展的方式。

當然，黑格爾錯了，如今已經沒有人會再認真地追隨他的思想。人類歷史終究不是循著哲學家所發展出來的那些簡潔有序的理想模式而發展的。但是，黑格爾有段時間深獲知識份子歡迎，成了包含鮑爾在內的一個完整思想潮流的代表性人物，鮑爾把黑格爾式的模型應用在他的基督宗教源起理論當中。

鮑爾聲稱，首先，有一個由彼得（伯多祿）領導的猶太—基督宗教運動，他們視耶穌為猶太人的彌賽亞（默西亞），同時卻繼續實行摩西（梅瑟）律法（正題）。而這引發了一個反應，一個由保羅帶領的外邦人—基督宗教運動於焉出現，他們視耶穌為普世的救主，並廢除了摩西律法（反題）。兩派之間的對抗最後產生了一個合題，鮑爾稱之為「早期大公主義」（early Catholicism，德文的 *Frühkatholismus*），據知，也就是教父們所形塑的教會[4]。

可惜，《新約聖經》並不支持鮑爾的模型。舉例而言，有一位學者已經在保羅的書信中，找到了所謂的「早期大公主義」合題。所以，鮑爾做了許多當代德國聖經學者都會做的事：他重組資料來支持自己的理論。他主張那些內容高度重視教會的書信，絕不是出自保羅之手，因為它們代表的是「合題」，而保羅屬於「反題」。

鮑爾便據此宣稱，只有〈羅馬書〉、〈哥林多前、後書〉（格林多前、後書）和〈加拉

3. 對於學界發展出〈以弗所書〉和其他書信是「第二保羅書信」（deutero-Pauline）的「共識」，鮑爾在其中所扮演的角色的更完備討論，參見 Benjamin L. White, *Remembering Paul: Ancient and Modern Contests over the Image of the Apostle* (Oxford: Oxford University Press, 2014)，尤其是第二章 "F. C. Baur and the Rise of the Pauline Captivity Nar-rative," pp. 20–41。引人注意的是，White 的這本著作是巴特・葉爾曼所指導的論文的修訂版 (pp. xii, xvi)。

4. 譯注：即天主教。天主教原文 Catholic Church。Catholic 一詞原文有「大公」或「普世」之意。此乃早期教父們對教會的基本信仰，認為教會乃是大公的、普世的。參自：https://www.lsmchinese.org/a%26c/1-1/05catholic.htm

太書〉（迦拉達書）是出自聖保羅之手，它們被歸類為「原則書信」（principle letters，德文的 *Hauptbriefe*），而所有其他保羅書信都是偽作，是由後來的「初代天主教徒」作者假借保羅之名寫成的。鮑爾特別把〈以弗所書〉歸類為偽作，因為這封書信要比保羅其他書信更強調教會在救贖上所扮演的角色。根據鮑爾的說法，保羅永遠不可能如此高度重視教會。

保羅的作者身分

鮑爾與他的追隨者確實遭到一些聖經學者的反擊，他們質疑鮑爾等人是否有足夠的獨立證據，來證明〈以弗所書〉和其他書信不是出自保羅之手。因此，鮑爾與其同道把注意力聚焦在〈以弗所書〉的獨特性上：冗長的句子，以及不會在其他保羅書信中看到的罕見字。根據鮑爾的說法，這些足以證明這部書信不是保羅所寫。

但保羅的所有書信都各有其獨特之處，而且至少都會出現一些不會在其他書信中看到的用字。根據統計，〈以弗所書〉使用的字彙與保羅的其他書信並無太大差異：舉例而言，它的罕見字比例與〈加拉太書〉很接近，長度也差不多，但〈加拉太書〉被公認是保羅的作品[5]。事實上，相較於保羅的其他書信，〈加拉太書〉反倒有許多獨特之處，然而基於社會學和神學上的原因，保羅的作者身分從未被質疑[6]。

此外，任何一位古代作家的風格都會隨著時間而改變，他們寫作的宗旨和對象也都會影響文風。古代修辭學家或演說家深諳「平易近人」、「沉穩節制」、「雄偉大器」等三種風格之間的區別。任何訓練有素的古代演說家和作家，都能視場合的不同，應用這三種風格寫作和演說[7]。以弗所位在小亞細亞，當地喜好一種被稱為「亞細亞主義」（Asianism）的希臘風格——這是一種高度裝飾、充滿「巴洛克」風的雄偉風格。因此，保羅採取這種寫作風格來迎合他的目標讀者群的品味[8]。

最後一點，著名的古代作家的作品經常得到其他人的協助，如同現今的政治家都有祕書和文膽為他們撰寫演講稿。這些助理——被稱為「書記」（amanuenses）——可以影

---

5. 參見 Eta Linnemann, *Biblical Criticism on Trial: How Scientific is "Scientific Theology"?* (Grand Rapids, MI: Kregel, 2001), pp. 74–99，尤其是 91－99 頁的清單。
6. 參見 Harold H. Hoehner, "Did Paul Write Galatians?," pp. 150–169 in *History and Exegesis: New Testament Essays in Honor of Dr. E. Earle Ellis for His 80th Birthday* (ed. Sang-Won Son; New York: T & T Clark, 2006)。
7. 根據西塞羅（B.C. 106-43）的修辭學原則，聖奧古斯丁（354–430）在他的著作《論基督教教義》（*De Doctrina Christiana*）第四卷 17－26 章中描述了這三種風格以及它們的用法，並且以聖保羅書信中許多不同的經文為例，來說明每一種風格。因此，古代受教育的讀者深知，同一個演說家會視場合需要和個人偏好，應用這三種不同的風格。參見 Augustine, *On Christian Doctrine,* pp. 586–595 in vol. 2 of *St. Augustine's City of God and Christian Doctrine* (ed. P. Schaff; trans. J. F. Shaw; Buffalo, NY: Christian Literature Company, 1887)。
8. 如同 Reicke, *Re-Examining Paul's Letters,* p. 55 所言。

響完成的作品的風格，因此保羅可能和其他人合作，例如與推基古（提希苛）共同寫作〈以弗所書〉（參見以弗所書 6:21-22）。

重點在於，我們有來源可以解釋〈以弗所書〉為什麼會出現不同的寫作風格，而不必否定保羅的作者身分。

既然如此，為什麼還有那麼多人堅持這部書信不是出自保羅之手？根據已故的瑞士新約聖經學者包雷奇（Bo Reicke）的觀點，其中的關鍵就在於這種承繼自黑格爾和鮑爾的範式（paradigm），其支持者根本不可能接受耶穌和保羅預見了教會的存在。提到〈以弗所書〉和〈歌羅西書〉（哥羅森書）、〈提摩太前書〉（弟茂德前書）和〈提多書〉（弟鐸書），包雷奇如此評論：

> 聖經批判學之所以格外質疑保羅在這些書信上的作者身分，就在於他們強調「教會」是保羅關切的主題[9]。

在死海古卷出土之前的一個世紀，鮑爾的事業生涯臻於高峰，因此他接觸不到與耶穌和保羅同時期的以色列猶太教著作。如今，我們有了死海古卷，能把它們拿來與《新約聖經》加以比較，那麼，這些古文獻是否支持這樣的觀點——也就是〈以弗所書〉所描述的教會，只可能是出於保羅死後人們的想像？

我們無法回答這個問題，除非我們把〈以弗所書〉的經文段落與死海古卷仔細比較。有意思的是，我發現保羅在〈以弗所書〉所提出的許多「獨特觀點」，可以在死海古卷中看到類似的看法。

舉例而言，比起其他書信，保羅在〈以弗所書〉裡更多強調神的旨意和預定，尤其是第一章：

> 願頌讚歸與我們主耶穌基督的父上帝！他在基督裡曾賜給我們天上各樣屬靈的福氣：就如上帝從創立世界以前，在基督裡揀選了我們，使我們在他面前成為聖潔，無有瑕疵；又因愛我們，就按著自己的意旨所喜悅的，預定我們藉著耶穌基督得兒子的名分。（以弗所書 1:3-5）

引人矚目的是，死海古卷中最強調「預定論」觀點的段落，也出現在與「神的祝福和聖潔的生活」相關的文脈中。因此，《社群規章》堅持：

9. Reicke, *Re-Examining Paul's Letters*, p. 52.

（祭司）要**祝福**所有預定屬神者（字面意義：成為神的產業者），他們**凡事遵行神的道、行事純全**，要說：「願祂**賜福**你凡事亨通，保護你不受災禍。**願祂使你心靈明亮，有智慧處世**，以恩慈待你，使你認識永恆的事物。」（1QS 2:1-3，重點標示是我加上去的）

「預定論」與「賜福**智慧**和**啟示心靈**」之間的連結，也出現在〈以弗所書〉，保羅繼續向神禱告說：「賜給你們**智慧和啟示的靈**，使你們充分地認識他，並且使你們**心靈的眼睛明亮**。」（以弗所書 1:17-18）換言之，保羅祈求神賜福以弗所基督徒的祝福內容和神學，與昆蘭祭司為「神的選民」（亦即共同組成社群的成員）所祈求的祝福非常類似。昆蘭人與保羅都有一個堅定的信念，就是神根據自己的高瞻遠矚和計畫引領萬事萬物：

從亙古到永遠，萬有都出於大有知識的神。在事情還沒有成就前，神已經預先定下萬事的發展，當萬有按照神榮耀的計畫，在其預定的時間確實發生——就是在實踐自己的天命，一個永遠不能改變的命定。神掌控了統管萬有的定律，凡其追求都是出於神。祂創造人類治理這世界，安排了兩種靈讓人行在其中，直到祂預定臨到這地的時間來到。這兩種靈就是真理的靈和謬妄的靈。（1QS 3:15-19）

愛色尼人所提到的神的「榮耀計畫」，聖保羅宣稱，這個計畫已經在耶穌基督身上被顯明出來了：

> 他照著自己在基督裡預先安排的美意，使我們知道他旨意的奧祕，到了所計劃的時機成熟，就使天上地上的萬有，都在基督裡同歸於一。那憑著自己旨意所計劃而行萬事的，按著他預先所安排的，預定我們在基督裡得基業，藉著我們這在基督裡首先有盼望的人，使他的榮耀得著頌讚。（以弗所書 1:9-12）

因此，保羅既不是昆蘭社群的成員，也不是其他愛色尼人，而是在基督裡有盼望、真正「在基督裡得基業」的人，早已預定被揀選，要頌揚神的榮耀。

與天使一起在天上

另一個相似之處，就是昆蘭人對自己所屬社群的觀點，和保羅對教會的觀點類似，他們都相信所在社群的成員與天使一起「在天上」。保羅告訴同為基督徒的教友們，神已經「使我們與基督一同活過來，又使我們在基督耶穌裡，與他一同復活，**一同坐在天**

上」（以弗所書 2:5-6）。

同樣地，保羅也感謝神「還是賜給我這恩典……使眾人明白那奧祕的救世計劃是什麼。這奧祕是歷代以來隱藏在創造萬有的神裡面的，為了要使**天上執政的和掌權的**，現在藉著教會，都可以知道神各樣的智慧」（以弗所書 3:8-10）。其中「天上執政的和掌權的」是描述天使的用語。

這種聖約社群的成員被提到天上、與天使一起敬拜的觀念，在昆蘭非常普遍。英國學者克里斯賓．傅萊契—路易斯（Crispin Fletcher-Louis）對這個主題有深入的研究，並藉此建立起他的學術聲譽[10]。一個很好的例子就是「祝福守則」（Rule of Benedictions），它出現在昆蘭社群的「啟蒙者」[11]要祝福祭司的那一節：

> 願你們成為神寶座前的天使，（永住）在聖潔的居所，進到萬（軍）之神的榮耀中。（願你們）得著與天使同在神寶座前服事的命定，在神國的殿中、在這個社群的公會中，（與聖者一起）服事，直到永永遠遠！（1Q28b 4:21）

同樣地，這個知名的文獻「安息日獻祭之歌」（4Q400-407）包含了對這個敬拜儀式的指示，在這段文字中，社群的「啟蒙者」在天上帶領現場的天使和社群成員們進行一場敬拜儀式：

（致啟蒙者。這首詩歌）要在每年第一個（安息日）正月四日（獻祭時）頌唱：「全然聖潔的天使（即「以羅欣」，希伯來文的 *elohim*），你們……要頌讚（神）；要在祂的神聖（國度裡歡欣快樂。因為祂已定規）永聖者要全然聖潔，他們或能因此成為神（國殿裡）的祭司，在祂的榮耀至聖所服事祂。祂在全體（智慧）天使（以羅欣）的集會中，（以及全體神靈的會議中），銘刻了統管所有屬靈事務的戒律，和賜給（所有）智慧天使（以羅欣）的榮耀法律，他們是神所尊榮的賢明會眾，是被知識所吸引之人。（4Q400 1:1-6）

「永聖者」似乎是指「聖潔無瑕的人」，也就是昆蘭社群獨身的成員，他們如今在天上與「全體天使」一起在聖殿裡擔任祭司，文中使用了這個希伯來字 *'elohim*（以羅欣）

10. 參見 Crispin H. T. Fletcher-Louis, *All the Glory of Adam: Liturgical Anthropology in the Dead Sea Scrolls* (Studies on the Texts of the Des-ert of Judah 42; Leiden: Brill, 2002)。

11. 「啟蒙者」的希伯來文是 *maskil*。在我看來，*maskil* 是 *mebaqqer* 或監督的另一個稱呼，因為在死海古卷裡，對 *maskil* 職責的描述就是 *mebaqqer* 的翻版。

來指稱天使，這個字經常出現在聖經中[12]。傅萊契—路易斯認為，昆蘭人相信他們透過敬拜，在屬靈上已被轉化成為神天國聖殿裡的天使祭司。至少，相距不遠。

〈以弗所書〉中所描述的教會和昆蘭社群之間相關性最強的一點，就是兩者的聖殿屬性。保羅清楚地表明教會是新的聖殿，神在這裡受到信徒敬拜。耶路撒冷的聖殿裡面有一道阻隔的牆，把外邦人隔絕在外，只有猶太人能進去。但保羅說在教會這個新的聖殿裡，不再有隔牆：

> 你們應當記得，你們從前按肉體來說是外族人……你們從前遠離上帝的人，現今在基督耶穌裡，靠著他的血，已經可以親近了。基督就是我們的和平：他使雙方合而為一，**拆毀了隔在中間的牆**，就是以自己的身體除掉雙方的仇恨，使兩者在他裡面成為一個新人，這樣就締造了和平。（以弗所書 2:11-15）

保羅的這個用語「使兩者在他裡面成為一個新人」指涉了亞當和創世的故事。亞當是神最初所造的「新人」，然後透過與夏娃（厄娃）結婚，「雙方合而為一」。因此，保羅視猶太人和外邦人為兩種人類族類，如今已在基督裡合而為一，成為新的亞當。我們現在有了新聖殿和新亞當的意象，它們和昆蘭社群在死海古卷中所描述的「亞當的聖殿」

相似地驚人[13]。接下來，保羅繼續描述教會：

> 這樣看來，你們不再是外人和客旅，而是與聖徒一同作國民，是神家裡的人了，並且建造在使徒和先知的根基上，基督耶穌自己就是房角石（又譯基石），整座建築都靠著他連接配合，漸漸增長成為在主裡面的聖所。你們在他裡面也一同被建造，成為神藉著聖靈居住的所在。（以弗所書 2:19-22）

這段經文強烈呼應著昆蘭新約社群的神學觀。舉例而言，我們之前已經看過幾次的一段死海古卷文獻，與上述〈以弗所書〉經文有許多相似之處：

> 當這些人出現在以色列，這個社群於焉成形，這裡是一個「永遠長存的農園」（禧年書 16:26），是以色列的聖殿，和——奧祕！——亞倫（亞郎）的至聖所；是真正的公義見證人、是神所揀選要贖這地的罪，以及報應作惡之人。

---

12. 例如，可以就詩篇 8 章 6 節，來比較希臘文的「七十士譯本」和希伯來文的「馬索拉文本」。
13. 4Q174 1:6.

> 他們「是試驗過的牆……一塊寶貴的房角石」（以賽亞書 28:16），他們的根基必不動搖，是堅固的堡壘，**是亞倫的至聖所**，他們都知道公義的聖約而獻上馨香的祭。他們必在以色列成為**清白無瑕而真實的神之家**，謹守遵行這永存的典章之約。他們要被悅納為獻祭，贖這地的罪。（1QS 8:4-10）

我們現在看到，這兩者在意象和用字遣詞上出現驚人的相關性：在〈以弗所書〉和《社群規章》裡，它們所提及的個別社群都是一個「聖殿」、一個「家」、建立在「基石」（房角石）和「根基」上，以及被描述為「聖潔的」。如果我們繼續看其他〈以弗所書〉經文，會在《社群規章》裡發現其他相似的要素。

《社群規章》把昆蘭社群描述為一個「奧祕」（希伯來文的 *sôd*）[14]，保羅也提到類似的話，說他深刻領悟到「這奧祕是歷代以來隱藏在創造萬有的神裡面的」，而「現在藉著教會，都可以知道神各樣的智慧」（以弗所書 3:9-10），後來又補充說：「這經文啟示了極大的奧祕；我是指著基督和教會的關係說的。」（5:32）《社群規章》提到昆蘭社群的成員「謹守遵行這約」，保羅則說外邦人在進入教會之前，他們「在帶有應許的約上是外人」（2:12），但他們現在不再是外人了。

昆蘭社群的成員則引號獻上「馨香的祭」以及「被悅納為獻祭」（1QS 8:8-10），但是保羅呼籲基督徒效法基督，「為我們捨己，當作馨香的供品和祭物獻給神」（5:1-2）。聖靈在兩個社群的主要功能則是：在更古早的《社群規章》裡，提到「聖靈充滿在屬神的真正社群中」來為人贖罪，因此一個人得以靠著聖靈「進到神的真理當中」（1QS 3:6-7），而保羅則提到了教會是「藉著他，在同一位聖靈裡，可以進到父面前」（2:18），以及「神藉著聖靈居住的所在」（2:22）。

我們可以再指出〈以弗所書〉和死海古卷（尤其是《社群規章》）在用字遣詞和觀念上，有其他數十個相似之處；譬如《社群規章》表明社群成員為「光明之子」[15]，保羅則告訴以弗所人說：「你們從前是黑暗的，現今在主裡卻是光明的，行事為人就應當像光明的子女。」（5:8）我們所指出的二者之間的相似性，已經足以闡明我們的觀點。

昆蘭社群的成員和初代教會都明瞭，他們的社群在神的計畫中已被預定要過聖潔的生活，神也向他們顯明祂的智慧，而把他們提到天上、與天使一起敬拜。這兩個社群構成了一個新的、聖潔的、奧祕的、有聖靈澆灌的、人所構成的殿，一個奧祕的「新亞

14. 關於這個希伯來字*sôd*在此的意思究竟是「奧祕、暗中建議」或是「根基」，含糊不明。無論如何，保羅在〈以弗所書〉裡的用語「奧祕」可以在死海古卷其他許多地方發現類似措辭；例如，在1QHodayota，公義的教師說了和保羅類似的話：「祢已經在我心中向我顯明祢洞見裡所隱藏的奧祕（希伯來字*ra*）。」(1QH[a] 20:16)（*raz*這個字是亞蘭文，被昆蘭的希伯來人借用，這字在這裡是常見字）。

15. 它的希伯來文是*b'ney 'ôr*。參見1QS 1:9；2:16；3:13、24-25。

當」，來取代在耶路撒冷的舊聖殿，用屬靈的獻祭取代失效的獻祭，來為神的百姓、「光明之子」贖罪。

死海古卷帶來的顛覆

這種與愛色尼人相似的神學觀，出現在一封寫給小亞細亞城市的書信中，這說明了什麼呢？在〈使徒行傳〉十九章一到七節中，記載了住在以弗所的施洗約翰（洗者若翰）的追隨者，由保羅為他們施洗基督宗教的洗禮，協助他們成為厄弗所教會的骨幹。我們在前文已經討論了施洗約翰和昆蘭社群的關係。

在基督宗教神學中，研究教會的分支學科被稱為「教會學」（ecclesiology）[16]。持平而論，愛色尼教派（尤其是昆蘭社群）確實發展出一個良好的教會學分支神學，教導這個聖約社群該如何根據神的計畫，在成員的救贖上發揮功能。畢竟，如同十二章所述，雖然英文中的「教會」一詞是來自於希臘文 *kuriakon doma*，意思是「主的家」，教會在《新約聖經》中的希臘原文是 *ekklesia*，意指「聚集、會眾」，這是這個希伯來字 *qahal* 的希臘文直譯，而 *qahal* 則被愛色尼人拿來當作他們自己教派的同義字[17]，或是指彌賽亞（們）來到之後的以色列末世社群[18]。

對我而言，了解《新約聖經》和教會的起源，意義非常深遠。基督宗教的聖經研究持續受到十九世紀和二十世紀初看法的影響，甚至受其支配。在那段時間，在死海古卷被發現之前，歐洲學者基本上把耶穌和保羅都當作先知來看待，他們傳講信彌賽亞耶穌得救贖的信息，以及會隨著神的超自然國度降臨而即將到來的世界末日。根據這些學者的觀點，無論是耶穌或是保羅，都沒有想過要建立一個基督宗教教會，因為既然世界末日就要來了，為什麼還要建立一個新的人類社群？

因此，《新約聖經》中所有關於耶穌或保羅強調教會的經文，必然是在教會建立的幾百年後，由一些基督徒寫成後，假借耶穌和保羅之口插進其中，藉此魚目混珠。因此，耶穌把教會建在彼得之上的敘述（馬太福音／瑪竇福音 16:13-20），以及整卷〈以弗所書〉，都一定是後來之人的虛構。這就是十九世紀學者與其現代弟子的心態。

但死海古卷完全顛覆了這一點。《社群規章》或許早在西元前一百年就被抄錄下來，它的內容呈現出這是一部成熟的神學文獻，而且至少經過了數十年的發展[19]。在耶穌降生

16. 它的發音可以是 eh-KLEE-zee-AH-luh-jee 或是 eh-KLAY-zee-AH-loh-jee。
17. 參見《大馬士革文獻》7:17、12:6 和 14:18；4Q169 3:7 等。
18. 參見 1QS^a 1:24–25, 2:4；1QM 全文。
19. 參見 Michael A. Knibb, "Rule of the Community," pp. 793–797 in vol. 2 of *Encyclopedia of the Dead Sea Scrolls* (ed. Lawrence H. Schiffman and James C. VanderKam; Oxford: Oxford University Press, 2000)。

前的一個世紀，這部文獻已經有高度發展的教會神學，足以媲美保羅和其他基督徒作者的教會神學著述。愛色尼人雖然預期不久後人類歷史就要終結，彌賽亞（們）降臨，但這並沒有阻止他們形成一個相當複雜、而且層級分明的社群，來等候迫近的末世和彌賽亞的顯現。**如果愛色尼人做得到，那麼耶穌和他的使徒們也做得到。**

〈馬太福音〉十六章十三至二十節，以及〈以弗所書〉隨處可見的「教會」經文段落，把早在基督和保羅開始牧養服事的一百多年前，便已出現在一支敬虔的猶太教支派裡的神學觀念，做了創意的再運用和重組。把它們放在相關經文所宣稱的歷史時間脈絡裡，這些「教會」經文完全可信。〈以弗所書〉中所描述的教會展望是道道地地的猶太人風格，這有可能完全源自保羅在年輕時期於巴勒斯坦猶太地區所受的養成教育使然，與希臘的哲學家或思想無關。

同樣地，〈馬太福音〉十六章十三至二十節也是道地的猶太人風格，充滿巴勒斯坦猶太人的觀念，像是聖殿建在磐石上，要封鎖通往地獄的通道，以及擁有闡釋法律的權力，以定奪是要「捆綁或釋放」。誠如德國學者奧托・貝茲（Otto Betz）和雷納・瑞斯納（Rainer Riesner）所指出的：「有個與昆蘭文獻的比較研究顯示，出現在《新約聖經》裡、被許多人視為寫於基督宗教晚期、風格希臘化的表達方式和觀念，其實深富**巴勒斯坦色彩**，而且是寫於基督宗教**早期**。」

這並不是說耶穌創立的教派根本就是一種愛色尼教派，或者保羅完全抄襲愛色尼人，因為其中也有顯著的差異，至少耶穌的神性以及廢棄禮儀法律就與愛色尼人有別！不過，許多耶穌的追隨者，與昆蘭或其他地方的「新約社群」相當熟稔，或者曾經是他們的一員，這使得初代教會的外部架構和例行禮儀得以迅速地形成，這也反映在〈使徒行傳〉、使徒書信和使徒教父們身上。死海古卷再次發揮釐清之效，使得基督宗教的起源在其古代歷史脈絡中更容易被理解。

Point

保羅在寫給以弗所基督徒的書信中強調教會，引起許多學者就「他是否為這封書信的真正作者」展開論戰。一般認為，「教會」這個想法的出現，屬於較後期的基督宗教發展。但是，我們可以把保羅在〈以弗所書〉中對教會的論述，與死海古卷裡對這個愛色尼人神聖社群的論述，詳加比較。有鑑於死海古卷的記載，〈以弗所書〉與保羅時代（甚至是更早的猶太教）若合符節，這大力反駁了人們對保羅這封書信之真實性的質疑。

第
15
章

死海古卷、宗教改革與教會合一

The Scrolls, the Reformation, and Church Unity

今天，大多數虔誠的基督徒都會同意，當代基督宗教最大的不幸，莫過於分裂。目前，全世界的基督宗教支派超過五萬個。但在古代，教會的分裂遠不如今天。在基督宗教歷史的頭一千年，確實有教派分裂的事情發生，但教會大致維持完整與「合一」，彼此承認同為基督徒，而能共享相同的聖事禮儀。

基督宗教的第一次永久分裂是在一〇五四年，許多原因導致拉丁語系的西方教會和希臘語系的東方教會的合一關係出現裂隙，導致我們現在稱之為羅馬天主教和東正教的興起。

然後，在一五〇〇年代，西方教會內部爆發了一連串的分裂事件，我們稱之為「宗教改革」，而馬丁．路德（Martin Luther, 483-1546）與啟動這波教會的分裂有關。他把〈九十五條論綱〉（Ninety-Five Theses）釘在威登堡教會的門上，引爆了一場公共論戰，造成西方教會的分裂，以及新教和天主教之間的裂痕，並持續到今天[1]。

那麼，死海古卷和宗教改革有什麼關係呢？很難相信來自第一世紀的猶太文獻會和一千五百年後的神學論戰有關，但事實確實如此。

馬丁．路德的一個中心神學觀是「（唯獨）因信稱義」（salvation by faith alone，拉丁語的 *sola fide*）[2]。這句話的意義究竟為何，因人而有很大的不同，但對路德來說，它的意義就是一個人是單憑**信心**（信靠耶穌基督）而得救，他的**行為**不會對他的得救有任何功效。路德還有一些更極端的言論，說一個人甚至可以繼續犯下令人髮指的罪行，只要他依舊堅信基督在十字架上獻上自己，作了人類永遠的贖罪祭，他仍然可以上天堂[3]。

我的福音佈道輔導就支持這個更極端的「因信稱義」教義。我記得有年秋天，我們在教會附近的市中心地區挨家挨戶地傳福音，然後有個中年婦人邀請我們來到她在二樓的公寓住家。我們坐在破爛的沙發上，開始用知名的「羅馬路佈道法」（"Roman Road" method）[4]跟她傳講福音。

這個婦人願意接受耶穌作她的救主，我們就與她一起禱告，這是一次很美好的經

---

1. 這裡所說的「論綱」指的是神學主張。把它們釘在教會門上本身並非一種反抗行動，因為許多公告都是釘在教會門上，它的功能就是社區的公布欄。令人驚訝的是，路德的〈九十五條論綱〉並不是反天主教。他撰寫論綱的時候，仍然是在天主教神學的範圍內思索這一切。只是到了後來，他才開始主張無法見容於天主教神學定義的觀點。
2. 譯注：天主教譯作「因信成義」。
3. 例如，這個摘自路德所寫的一封信的引述：「儘管作一個罪人吧，儘管讓你的罪行猖狂，但要讓自己更加堅定信靠基督，並且要以基督為樂，祂已勝過罪惡、死亡和這個世界。只要我們還在地上，就會犯罪，因為今生不是公義的居所……罪無法使我們與基督隔絕，即使我們每天殺人姦淫上千次亦然。」(Letter no. 99, August 1, 1521, from Wartburg, to Melanchthon，Erika Flores譯自vol. 15 of *Dr. Martin Luther's Sämmtliche Schriften* [ed. Johannes Georg Walch; St. Louis: Concordia Publishing House, 1880–1910], cols. 2585–2590：重點標示是我加上去的。
4. 這個傳福音的方法，在美國的福音派裡非常盛行，主要是藉著讀或引述〈羅馬書〉中一些關於罪、信心和救贖的經文。

驗。不過禱告一結束，我的輔導劈頭就問她：「既然妳已經接受耶穌了，如果妳明天出去槍殺了一個人，妳還會得救嗎？」當她猶疑著回答說「不能吧？」的時候，他的回答是：「能！妳會得救的！因為得救只在於妳相信耶穌，一次得救，永遠得救！」

我那時候對這種傳福音的方式持相當保留的態度，至今依然如此。這種方式相當偏激，因為大多數的新教徒堅持，真正的信心必須展現在聖潔的行為上，因此，過著犯罪的生活與真正相信耶穌基督是相互矛盾的。但對這些信徒而言，得救不是建立在好行為上，而是「因信稱義」。

那麼，路德是從哪裡得出這種「唯獨信心」的觀點？他的主要憑據來源，是保羅（保祿）的書信，尤其是〈羅馬書〉和〈加拉太書〉（迦拉達書），保羅在這兩部書信中對比了「信心」和「遵行律法」。以下是一些關鍵的經文段落：

> 沒有人能夠靠**遵守律法**得以在神面前被宣佈為義（又譯「稱義」）。律法的效用不過使人知道自己有罪罷了。（羅馬書 3:20）
>
> 既知道人稱義不是因**行律法**，乃是因信耶穌基督，連我們也信了基督耶穌，使我們因信基督稱義，不因**行律法**稱義；因為凡有血氣的，沒有一人因**行律法**稱義。（加拉太書 2:16）

> 凡是**靠遵行律法稱義**的，都在咒詛之下，因為經上記著：「凡不常常照著律法書上所寫的一切去行的，都被咒詛。」（加拉太書 3:10）

這個問題的關鍵就在於：何謂「遵行律法」？基督徒在談到「律法」的時候，通常是指「十誡」這個簡明扼要的道德律總綱。這種觀念基本上反映了路德是如何解讀這些經文的，並由此得出結論：只有相信耶穌基督才能拯救一個人，而道德律（也就是十誡）與得救無關，因為遵行律法無法使人稱義（加拉太書 2:16），反而會被咒詛（加拉太書 3:10）[5]。

為什麼之前沒有人看到這一點，為什麼在教會成立後的頭一千五百年，沒有人傳講「因信稱義」的教義？重點就在於，保羅在其他地方**確實**提到，「行為」具有救贖的功能。舉例來說，保羅在〈羅馬書〉中堅稱：

> 因為上帝要**按照每一個人的行為報應他**。有些人恆心行善，追求從上帝來的尊貴、

5. 路德如此闡釋〈加拉太書〉2章16節和「遵守律法」的經文，「保羅在此不是談論儀文法律，而是整個法律，因為儀文法律和道德律都是上帝的法律，一樣重要。」(Martin Luther, *Galatians* [ed. Alister McGrath and J. I. Packer; Wheaton, IL: Crossway Books, 1998], p. 91)。

榮耀，和不朽的生命；這樣的人，上帝將以永恆的生命賜給他們。至於那些自私、拒絕真理、反而隨從不義的人，上帝的義憤和懲罰要臨到他們。（羅馬書 2:6-8）

同樣地：

因為在神面前，不是聽律法的為義，而是**行律法**的得稱為義。（羅馬書 2:13）

所以，這看似與保羅的思想矛盾：一方面，「**行律法**的得稱為義」（羅馬書 2:13），但另一方面，「沒有一人因**行律法**稱義」（加拉太書 2:16）。

早期的解經家，像是湯瑪斯．阿奎納（Thomas Aquinas, 1225-1274），注意到了這些明顯的矛盾，因此建議必須賦予「遵守律法」一個專有的意義：這裡所指的律法，不是指一般的道德律，而是指摩西（梅瑟）律法中的**禮儀及潔淨規範**（潔淨禮、割禮、潔食規範等等，這些在新約時代已被廢除）。阿奎納如此評論〈加拉太書〉二章十六節：

因此，我們有必要知道，某些遵守律法的行為屬於道德層面，某些則屬於禮儀層面。嚴格來說，道德行為不能被稱為「遵守律法」，雖然它們包含在律法當中，因為人是出於本能和自然律而行。但遵行儀文該被稱為「遵守律法」才更適切[6]。

果真如此，那麼保羅就會說，人之能夠稱義是因為信靠耶穌，而不是靠行割禮、守安息日、遵行潔食規範和其他「遵行律法」的行為——也就是說，我們是靠著改變內在的生命，而得以與神和好。

如果阿奎納的論點正確，那麼他用來解決保羅思想中這些明顯矛盾之處的方法，也不失簡便——但是，這只是一種巧妙的解釋，還是有明確的證據支持他的闡釋呢？

何謂「遵行律法」？

現在，是死海古卷登場發揮作用的時候了，因為其中有一件最受人矚目的文獻，內容包含了一些本來只出現在保羅書信中的神學用語。

學者稱這份文獻為「4QMMT」，「MMT」是希伯來文 *Miqsat Ma'asei ha-Torah* 的縮

6. Thomas Aquinas, *Commentary on Saint Paul's Epistle to the Galatians* (F. R. Larcher 譯：Albany, NY: Magi Books, 1966), chap. 4, lecture 2：線上查詢 https://dhspriory.org/thomas/SSGalatians.htm#24。

寫，意思是「一些應當遵行的律法」。這顯然是一封愛色尼人寫給法利賽人的信，寫於法利賽人大蒙王室恩寵期間，他們被賦予了很大的解釋權，來指點猶太教該如何在耶路撒冷和聖殿被奉行。愛色尼人認為，法利賽人對於某些律法作出了錯誤的解釋，因此寫信糾正他們。

信的結尾令人眼睛為之一亮，我們發現了其中一組用語也出現在保羅寫的書信中：

現在，我們已經把一些**應當遵行的律法**寫給你們了，見識了你們對律法的洞見與知識，我們確信這會使你們和你們的人民受益。你們只要領會了這些律法事宜，並懇求神使你們可以作出正直的律法建議，便能遠離邪惡的思想和比列（撒但）的詭計。當你們確知我們信中傳達的要旨真實無誤，終必歡喜快樂。而你們為了自己和以色列的益處，在神眼前行了公義、美善的事，神也就**算你們為義**了。（4Q398 2:2-8）[7]

在此，我們把這兩個措辭結合在一起：「遵行律法」和「算你們為義」，這看似沒什麼奇特之處，但在保羅所寫的書信中，除了那些闡明信心和行為在耶穌救贖中扮演何種角色的書信外，我們在其他古代文獻中確實找不到類似的字句。讓我們來讀以下〈羅馬書〉的經文：

> 因為沒有人能夠靠遵守律法得以在上帝面前被宣佈為義。法律的效用不過使人知道自己有罪罷了。（羅馬書 3:20）

> 經上怎麼樣說呢？「亞伯拉罕信神，這就**算為他的義**。」作工的得工資，不算是恩典，是他應得的。可是，那不作工而只信那稱不敬虔的人為義的神的，他的信就**算為義**了。（羅馬書 4:3-5）

我無法說服我自己相信，出現在〈羅馬書〉和 4QMMT 文獻的類似語句，純粹是巧合。反之，這反映出了古代猶太人一定是在探討，如果要「遵行律法」，那麼哪些律法是必須遵行的，才能在神面前被「算為義」。

還有，在以下古代文獻的語境中，何謂「遵行律法」？愛色尼人在 4QMMT 文獻中，下結論說：「我們已經寫了一些應當**遵行的律法**給你們。」因此，愛色尼人認為，這封信的主文所探討的主題是「遵行律法」[8]。如果我們花點篇幅來看一看這些主題，就能對

7. 昆蘭文獻編號 4Q394–398 都是 4QMMT 這份完整文獻的部分內容抄本。為求精確，我必須標示它們的編號來引用。

8. 看起來，在原始的文本中，就此問題有二十四個相關的律法主題；我在此根據現存的 4QMMT 抄本修復本，列出其中最清楚的十六個條目。相關的論述參考書末所附的延伸閱讀。

他們認為是「遵行律法」的事項有個概念了：

- 合宜的禮儀曆法只有三百六十四天（4Q394 1:1-3）
- 禁止外邦人種植的小麥進到聖殿（394 1:6-8）
- 合宜的贖罪祭物烹飪方法（394 1:8-11）
- 禁止外邦人獻祭（394 1:11-12）
- 吃平安祭之穀物祭物的合宜方法（394 1:12-16）
- 適當地處理作為贖罪祭的小母牛的屍體（394 1:16-19）
- 適當地處理皮革（394 2:2-3）
- 如何獻祭懷孕的動物（394 3:7-9）
- 凡男人身體有缺陷或是淫穢所生而造成的永久性不潔，禁止結婚（394 3:9-18）
- 禁止瞎子和瘸腿者進入聖殿（394 3:19-4: 4）
- 純淨的液體從一個容器倒進另一個容器（394 4:5-8）
- 耶路撒冷禁止養狗（394 4:8-12）
- 要拿出十分之一的果樹產出作為奉獻（394 4:12-14）
- 痲瘋病患者禁止進入聖殿院區和獻祭（394 4:14-16）

- 死人屍體的潔淨條例（396 4:1-3）
- 祭司與平信徒之間禁止通婚（396 4:4-11）

許多上述事項極度專門，暗藏玄機，需要稍作說明。舉例來說，把純淨液體從一個容器倒進另一個容器，會出現「這個液體是否依舊純淨」的問題：假設有個人把牛奶從一個乾淨的陶罐倒進一個骯髒的杯子，現在，問題來了。杯子的不潔仍留在杯子裡嗎？還是它會逆向回流到牛奶中，而弄髒了牛奶罐？法利賽人說：「它還留在杯子裡。」愛色尼人則說：「它會回流到牛奶中而弄髒了牛奶罐。」

這二者之間的差異看似瑣碎，卻會對想要遵守潔淨儀文而保持廚房潔淨的人，造成巨大的差異。這也是為什麼探討「遵行律法」可以如此專門的原因！

舊約中的禮儀規範

我們來回顧前一節被 4QMMT 文獻描述為「遵行律法」的十六項主題。我們會把這類事情描述為「善行」、「憐憫的行為」或是「慈善行為」嗎？它們當中有哪個可稱得上是**道德**議題？絕對沒有！這十六個議題不是關於禮儀上的潔淨，就是禮儀規範。沒有一個與十誡或道德律相關。

根據傳統的基督宗教分類法，《舊約》法律被分類成民事、禮儀和道德規範三大類[9]，那麼被 4QMMT 文獻描述為是「遵行律法」的每個主題，會被歸類在「禮儀」類。看起來 4QMMT 證實了阿奎納的直覺，就是「遵行律法」具有一個專門的意義，就是指舊約中的禮儀規範[10]。

我們不要忽略了這個證據，因為這會有助於我們理解保羅在〈羅馬書〉和〈加拉太書〉中所要傳達的真諦是什麼。在這些書信裡，保羅與其反對者之間的爭論，不在於一個人一旦信了耶穌，好行為是否是一個人得救的必要條件。問題在於，究竟是什麼原因促使一個人領受聖靈：是信靠耶穌基督，還是遵行摩西律法中的禮儀？如同保羅在〈加拉太書〉所言：

> 無知的加拉太人哪……我只想問你們這一點：你們接受了聖靈，是靠著**遵行律法**，還是因為信所**聽見的福音**呢？……那麼，神賜聖靈給你們，又在你們中間行神蹟，是因為你們**遵行律法**，還是因為你們信所**聽見的福音**呢？（加拉太書 3:1-5）

在「遵行律法」（也就是遵行禮儀）的各項爭議中，又以「割禮」（割損）為爭議的焦點，這在〈羅馬書〉和〈加拉太書〉這兩封書信中多次被提及[11]：

> 我保羅現在告訴你們：如果你們受割禮，基督對你們就毫無益處了。我再對所有受割禮的人鄭重聲明：他有責任遵行全部的律法。你們這些靠律法稱義的人，是和基督隔絕，從恩典中墜落了。（加拉太書5:2-4）

請留意，保羅所舉的例子是一個試圖「靠律法稱義」的人——不是一個試圖愛別人更多的人，也不是施捨更多或更努力去餵養窮人的人，而是一個受了割禮的人，而割禮是舊約律法中一種禮儀上的潔淨。

---

9. 參見Thomas Aquinas, *Summa Theologica*, I–II, Q. 99, "Of the Precepts of the Old Law," 尤其是article 3, "Whether the Old Law Comprises Ceremonial, Besides Moral, Precepts?" 約翰・加爾文延用相同的傳統分類：參見他的著作《基督教要義》（*Institutes of the Christian Religion*）卷二第七章，尤其是16節。

10. 死海古卷學者Martin Abegg總結道：「顯然，路德對於中世紀經院哲學（傳統上被投射在古猶太教上）的反應，在檢視過這個唯一的猶太社群後，因為該社群的現存文獻中有些用字遣詞也體現在保羅對法律和稱義的論述中，並未得到這方面證據的支持。」("4QMMT C 27, 31 and 'Works Righteousness,'" *Dead Sea Discoveries* 6 [1999]: 139–147, here pp. 146–147)。

11. 參見：羅馬書2章25節－3章1節、3章30節、4章9－12節；加拉太書2章3－12節、5章2－12節、6章12－15節。

如果保羅宣稱他反對基督徒的生命中要行善，那麼他也會反對人們為了要得救而去愛人或憐憫人——但他**從未**這樣做。反之，在他寫的書信中，至少有十處經文是在抨擊受割禮（彷彿那是一種可以讓人得救的禮儀）：

> 因為在基督耶穌裡，受割禮或不受割禮，都沒有用處，唯有那藉著愛表達出來的信，才有用處。（加拉太書 5:6）[12]

學者花了許多筆墨，試圖澄清在〈羅馬書〉和〈加拉太書〉中所提及的「信心」和「行為」的作用，但保羅所要傳達的基本信息一點都不難理解。保羅堅信神會賞善罰惡：

> 所有作惡的人將逃不了患難和痛苦……但是，所有行善的人，他要賜給他們尊貴、榮耀，和平安。（羅馬書 2:9-10）

問題是，自亞當和夏娃（厄娃）以來，我們與生具有行惡的傾向：

> 無論是猶太人或是希臘人，都在罪惡之下，（羅馬書 3:9）

沒有神的幫助，我們行不出善來：

> 我也知道，在我裡面，就是在我的本性裡面，沒有良善。因為，我有行善的意願，卻沒有行善的能力。（羅馬書7:18）

《舊約聖經》中明訂的禮儀——割禮、潔食條例、安息日，以及其他「遵行律法」的規範——都無法助人行善，因為它們不會賜下聖靈給我們，只有信靠耶穌才能行出：

> 我只想問你們這一點：你們接受了聖靈，是靠著**遵行律法**，還是因為**信所聽見的福音**呢？（加拉太書3:2）

靠著聖靈我們能夠勝惡，而能在我們的生命中真正行出善來，也就能夠討神喜悅：

12. 一樣參見羅馬書2章25－3章1節、3章30節、4章9－12節；哥林多前書7章19節；加拉太書2章3－12節、5章2－12節、6章12－15節；以弗所書2章11節；腓立比書3章3節；歌羅西書2章11節；提摩太前、後書1章10節。

因為生命之靈的律在基督耶穌裡使我自由，脫離了罪和死的律。律法因肉體的軟弱所作不到的，神作到了：他差遣自己的兒子成為罪身的樣式，為了除掉罪，就在肉體中把罪判決了，**使律法所要求的義，可以在我們這些不隨從肉體而隨從聖靈去行的人身上實現出來**。（羅馬書 8:2-4）

所以，基督徒最終確實實現了「律法所要求的義」，這要歸功於「神的愛」和「愛鄰人」這兩種愛：

因為上帝藉著他賜給我們的聖靈，已把他的愛澆灌在我們心裡。（羅馬書 5:5）

一個愛別人的人，不會做出傷害他人的事。所以，愛成全了全部的律法。（羅馬書 13:10）

在新教徒和天主教徒之間，就「因信稱義」以及「信心與行為」的作用而爆發的眾多論戰中，很多人都遺忘了聖靈（聖神）這個要素。保羅堅稱：(1) 我們需要過聖潔的生活以得救；但是(2) 得救不是靠我們自己的努力掙來的，聖靈才是保羅會如此聲明的終極原因。因為我們行為上的改變和愈來愈有聖潔的樣式，不是出於我們的努力，而是靠著聖靈在我們裡面動工。

保羅強調，我們不能繼續生活在罪中，卻又期盼得救：

如果隨著肉體而活，你們必定死；如果靠著聖靈治死身體的惡行，你們就必活著……你們既然是兒女，就是後嗣；是神的後嗣，也和基督一同作後嗣。我們既然**和他一同受苦**，就必和他一同得榮耀。（羅馬書 8:13-17）

如果我們願意讓聖靈在我們心中動工，就必活著；如果我們不願意，就必定死。基督徒的生命不僅是「決志信耶穌」，然後死後上天堂。這牽涉到受苦——事實上，我們若沒有受過苦，就不會與基督一同得榮耀（羅馬書 8:17）。這與耶穌自己的話一致：「如果有人要跟從我，就得捨棄自己，天天背負他的十字架來跟從我。」（路加福音 9:23）

有意思的是，我們留意到死海古卷中有幾處與保羅的思想雷同。愛色尼人也承認，一個人只有靠著聖靈的大能，才能過著聖潔的生活：

因為**唯有靠著聖靈**，一個人的所有過犯才能獲得赦免，而聖靈充滿在真正屬神的社群中；因此，唯有凝神仰望生命之光，他才能靠著聖靈，進到神的真理當中，潔淨所有惡

行。（1QS 3:6-8）

愛色尼人也承認，一個人靠自己的力量，除了犯罪，幾乎做不了別的事。死海古卷有一個文獻段落，使人想起保羅著名的金句：「因為人人都犯了罪，虧缺了神的榮耀。」（羅馬書 3:23），昆蘭的「公義的教師」則說：

相比之下，凡人算什麼呢？……因為他從在母親的子宮裡就是有罪的，直到年老都要活在不忠信的罪中。就我知道，沒有一個人是義人，也沒有一個人生的兒女行事純全。（1QH[a] 12:30-32）

如同保羅的呻吟：「我這個人真是苦啊！誰能救我脫離這使我死亡的身體呢？」（羅馬書 7:24）「公義的教師」也這麼說道：

我是黏土器皿，用水捏塑而成，是恥辱的地基和汙穢的泉源，是罪惡的熔爐和罪孽的構成，是乖謬的靈，行事悖謬卻愚昧無知，而為公義的審判所驚駭。（1QHa 9:23-25）

然而，保羅也為耶穌基督賜下聖靈而歡欣快樂，說：「因為生命之靈的律在基督耶穌裡使我自由，脫離了罪和死的律。」（羅馬書8:2）愛色尼人的「公義的教師」也深知這一點，也許他是從〈以西結書〉（厄則克耳）三十六章二十六節獲得了啟發，知道唯有賜下聖靈，才能解決人類的罪性：

> 我深知，除了祢，沒有人得稱為義。我靠著祢賜予（我）的聖靈，祈求祢的恩惠，祈求祢永永遠遠向祢的僕人大施憐憫，靠著祢的聖靈來潔淨我，並按祢的大憐憫帶領我就近祢的恩典。（1QH^{a} 8:29-30）

基督徒的合一

根據〈約翰福音〉（若望福音），在最後的晚餐那一夜，耶穌為那些信靠祂的人祈求父神，使他們「合而為一」，以致「世人都相信」是父差了耶穌來（約翰福音17:21）。當基督徒不能「合一」，世人就無法認識關於耶穌的真理。

一個本來不會造成基督徒分裂的事由，亦即這場從宗教改革開始，至今始終毫無成果又受誤導的激烈論戰——「因信稱義」與「行善」之爭，如今在死海古卷的幫助下，我們可以用第一世紀猶太人的眼光，也就是愛色尼人的眼光，重讀〈羅馬書〉與〈加拉太書〉，而能認同保羅所要傳達的信息的真諦。這個出現在〈羅馬書〉與〈加拉太書〉的爭議的關鍵，並非「因信稱義」和「行善稱義」之爭。

這個根本的爭議是：要如何領受聖靈？是憑信心信靠耶穌，還是遵行《舊約》中所明訂的禮儀規範？當保羅說，人「**稱義不是因遵行律法**，乃是因信耶穌基督」（加拉太書 2:16），他的意思是我們得以稱義，是靠著相信聖靈會潔淨我們，使我們有能力行善，而不是藉著割禮或其他摩西律法中的禮儀。總之，保羅並沒有反對那些鼓勵人們要藉著禱告、親切待人、展現仁慈和賙濟窮人來得救的反對者，他駁斥的是那些極力主張行割禮的反對者。（加拉太書 5:2-12）。

所有基督徒應該都會同意：我們是憑信心來領受聖靈，並靠著聖靈使我們有能力過著聖潔的生活（加拉太書 3:2-5；羅馬書 8:13）。

所有基督徒也應該都會同意：過聖潔的生活不是一種選項（馬太福音／瑪竇福音 5:48；彼得前書／伯多祿前書 1:14-16）。所有基督徒都被呼召成為聖潔，而且全心相信耶穌不會拯救一個繼續過犯罪生活的人（馬太福音 7:21；路加福音 6:46；雅各書／雅各書 2:14-17）。得救之道就是要捨己和作門徒（路加福音 9:23；羅馬書 8:13、8-17）。

所有基督徒應該都會同意：我們無法救自己（以弗所書／厄弗所書 2:8）。我們無法為自己掙得救贖（羅馬書6:23）。聖靈是神的恩賜，不是我們行善的報償（使徒行傳／宗徒大事錄2:38、10:45）。神把聖靈賜給信靠祂的人（加拉太書3:2、5），通常是透過洗禮（約翰福音3:5；使徒行傳2:38；哥林多前書／格林多前書12:13）。所以我們從不吹噓自己的成就，因為我們所做的任何善行，其實是神在我們裡面動工的結果（羅馬書3:27；加拉太書2:20；以弗所書2:8-10）。

如果我們同意上述論點，那麼從宗教改革迄今、經過了五百年之久的基督徒間的對抗，將會取得重大進展，而能化干戈為玉帛。儘管基督徒對於教義仍有其他歧見，但這是我們邁向正確方向的一步。

Point

在宗教改革時期，信徒對於保羅所說的「遵行律法」的真諦究竟為何，爆發了論戰，進而成為西方基督宗教分裂的重要推手。如今，死海古卷提供我們除了保羅之外有關這個神學用語的唯一例子，它們提到了要遵行摩西律法的禮儀——證實了阿奎納和其他早期解經家是如何理解保羅的書信。死海古卷幫助我們能更好地理解保羅的信息：藉著信靠基督而非禮儀，神把聖靈賜給我們，使我們靠著聖靈的幫助，能夠愛神和愛鄰人，而能實踐上帝法律的要旨。

第
16
章

愛色尼人和初代教會：兩者有什麼關係？

The Essenes and the Early Church: What Is the Relationship?

一路讀下來，我們已經注意到，愛色尼教派（尤其是創立於昆蘭的社群）和拿撒勒（納匝肋）人耶穌所創建的初代教會之間，有廣泛的相似之處。現在，該是把我們從書頁中學到的內容作個統整和總結的時候了。假定初代教會和愛色尼教派之間的相似點就是這些了，那麼，它們有什麼重要意義呢？這些相似之處最終告訴了我們哪些我們之前所不知道的耶穌、基督宗教和猶太教呢？

我大概是第一個承認，有時候我們的研究給人的印象，是初代基督宗教和愛色尼派之間的關係，比實際情況更加緊密。這是因為我們找到與確認的一些相似處與相關性，也可以在第二聖殿時期猶太教的其他形式中找到。舉例來說，愛色尼人並不是唯一支持一年三百六十四天整這種禮儀曆法的古代以色列人：這個曆法的歷史要比這個教派更悠久，而且在他們圈子之外的文獻中也有廣泛的記載，像是《禧年書》和《以諾一書》（哈諾克一書）。

法利賽人也形成了一些聖約社群（*haburim*），它們在某些方面與昆蘭社群類似。但是，只有愛色尼人實行獨身，所以耶穌所稱讚的那些「為天國的緣故自閹的」（馬太福音／瑪竇福音 19:12），很可能就是專指愛色尼人。同樣地，那個只穿著一件亞麻服出現在客西馬尼園（革責瑪尼園）的年輕人，當然是愛色尼人，因為這種奇特的穿衣風格被證實只出現在愛色尼人當中。

所以，如果這個問題是專門針對「初代教會和愛色尼教派之間的相關性有多強」，那麼，我們必須根據實際的情況來仔細檢視他們之間的每一種相關性。但我們的主要目的不是透過死海古卷來證明愛色尼教派和基督宗教之間的關係，而是藉此開啟一扇窗，使我們得以一窺耶穌時代猶太教的思想和禮儀。死海古卷尤其適用於這個目的，因為它是我們目前所知確實寫於這個時期的唯一現存實體文獻。此外，撰寫死海古卷文獻的社群，在許多方面遠比其他的猶太教形式更像初代教會。

現在，讓我們回到本章的這個主要問題，有鑑於存在於愛色尼人和基督徒之間的種種相關性：我們對此有什麼看法？

學界得出的一個結論是：基督宗教不過是愛色尼教派的一個「子」宗教而已，甚或就是另一種形式的愛色尼教派。關於這種觀點的論戰，這些年來已經上演了許多次，而且常常是由那些以反駁基督宗教為樂的人所引爆[1]。這些學者（或者說在某些案例裡的偽學者們）忽略了基督宗教和愛色尼教派之間存在著一些顯著的基本差異，使得我們不會

1. 法國聖經學者Ernest Renan是其中一位最早宣稱基督教只是某種形式的愛色尼教派而已。《紐約時報》文學評論家Edmund Wilson也是一位激進的反基督教者，他在1947至1969年間在《紐約客》雜誌發表了一系列關於死海古卷的文章，全都帶有強烈的反基督教色彩，嚴苛批判基督教。相關討論參見James C. VanderKam and Peter W. Flint, *The Meaning of the Dead Sea Scrolls* (San Francisco: HarperCollins, 2002), pp. 321–345，尤其是321–322頁。

把兩者描述為同一教派[2]。其中最明顯的差異如下：

基督宗教堅信：(1) 拿撒勒人耶穌是彌賽亞（默西亞），兼具祭司和君王的身分；(2) 彌賽亞是神；(3) 彌賽亞必須經歷受難、死亡和復活；(4) 應該廢除摩西（梅瑟）所建構的禮儀上的潔淨制度。

至於愛色尼人，當然是期盼兩個彌賽亞，而且他們兩個沒有一個是神；也都沒有經歷受難、死亡和復活；此外，他們堅定力行禮儀上的潔淨，不管是在今生或是來世。關於最後這一點，愛色尼人看待禮儀上的潔淨的層次，其實就和後來基督徒看待所謂的「自然律」或「道德律」是一樣的。換句話說，愛色尼人認為，摩西律法中所有禮儀上的潔淨原則已經被寫入萬物的本質中，所以豬天生就是不潔的，這不僅是因為有個權威宣稱牠們是污穢的。

這是愛色尼和基督宗教兩個教派之間的根本性差異。如果愛色尼人知道的話，接下來這段耶穌的教導會讓他們大感困擾：

耶穌對他們說：「你們也跟他們一樣不明白嗎？你們不曉得嗎？那從外面進到人裡面去的，不會使他不潔淨；因為從外面進去的，不是到他心裡去，而是到他的肚子裡，然後排泄出來（耶穌是指一切食物都是潔淨的）。」（馬可福音／馬爾谷福音 7:18-19）

然而，即使愛色尼教派和基督宗教之間出現若干重大的教義差異，仍有人傾向於認為，它們之間相似處的數量之多，已經危及到基督宗教所宣稱的「這個宗教的創建是來自於神獨一無二的啟示」這個說法。也許會有人主張，基督宗教現象的產生，完全是第二聖殿時期猶太教某些教派或趨勢本身自然而然發展出來的結果，大可不必訴諸那是出於神的特別啟示。

耶穌與愛色尼人

要回應這樣的解釋，我們首先可以指出，基督宗教和愛色尼人的文獻之間所出現的相似處的數量，絕對不足以解釋拿撒勒人耶穌在人格上和服事上所展現出來的超凡特性。尤其是對於耶穌施行神蹟的能力的記載，不但數量繁多，而且都出現於極早期的基督宗教文獻。

因此，許多聖經學者雖然不是基督徒，但也願意承認拿撒勒人耶穌除了其他事蹟，

2. 對於這些譁眾取寵的主張，這本著作有很好的概述和反駁，參見James H. Charlesworth, "The Dead Sea Scrolls and the His-torical Jesus," pp. 1–74 in *Jesus and the Dead Sea Scrolls* (ed. James H. Charlesworth; New York: Doubleday, 1992)。

還能行神蹟奇事[3]。約瑟夫雖然不是基督徒，但他很自豪以耶穌為範例，來驗證猶太人的先知傳統成果，他如此描述耶穌：

> 大約就在這個時候，出現了一位名叫耶穌的智者，如果我們可以這樣名正言順地稱呼他的話。他能行神蹟奇事——也是樂於領受真理之人的導師。他吸引了許多猶太人和外邦人跟隨他。他就是「基督」；彼拉多受到民間要人的慫恿，判他被釘十字架。有一群從起初就愛他的人始終沒有離棄他，因為他在死後第三天復活向他們顯現。眾先知就曾預言他要復活，以及其他許多關於他的奇妙神蹟。基督徒就是從基督得名的族群，直到今天都未完全消失。（古史 18:63-64）[4]

我們由此看到了耶穌以行神蹟奇事聞名於他同時代的人，而他的最偉大神蹟，當然就是他的復活，但這方面的歷史證據難以對此作出令人滿意的解釋[5]。

再者，雖然愛色尼人社群和初代教會之間，在教導、禮儀和組織架構上有強烈相似性，但是否與教會的自我主張有任何牴觸之處，這點尚不明朗。

的確，這種相似性或許真的證實了某些基督宗教的主張，尤其是教會宣稱，耶穌的「福音」或好消息以一種隱晦不明的方式預言在以色列的聖經裡——基督徒通常稱其為《舊約》。聖奧古斯丁有句名言如此斷定：「新的隱藏在舊的裡面，舊的從新的顯露出來。」

我們在讀《新約》時，經常會看到有經文堅稱，耶穌基督所顯明的新事，就某個意義來說，一點都不新，而是實現了先知先前的預言。根據福音書的記載，耶穌堅稱：「不要以為我來的目的，是要廢除摩西的法律和先知的教訓。我不是來廢除，而是來成全它們的真義。」（馬太福音 5:17）

耶穌的服事，以在拿撒勒宣讀先知書〈以賽亞書〉（依撒意亞）揭開序幕，並堅稱他是來實踐以賽亞的預言（路加福音 4:17-28），耶穌在地上服事的末了，他（復活後）在前往以馬忤斯（厄瑪烏）的路上訓斥了兩個人，因為「先知所說的一切話，你們心裡信

---

3. 參見 Brant Pitre, *The Case for Jesus: The Biblical and Historical Evidence for Christ* (New York: Image, 2016)。

4. 學者稱約瑟夫的這個著名證詞為「夫拉維的證詞」（Testimonium Flavianum）。關於這段文字或部分文字的真實性受到質疑，但沒有手稿證明這段文字有哪個部分是經過竄改加添進去的。詳盡的討論參見 John P. Meier, *A Marginal Jew: Rethinking the Historical Jesus, Volume One: The Roots of the Problem and the Person* (Anchor Bible Reference Library; New York: Doubleday, 1991), pp. 59–68。Meier 支持這段文字大多是真的，只有極少用語是後來添加上去的。Meier 的重建非常合理，我可以表示認同，但在沒有手稿作為反證的情況下，我認為這整段文字都出於約瑟夫之手。我的解讀是，約瑟夫不是基督徒，但他決意挑選被稱為基督的知名人物耶穌作為一個絕佳範例，來驗證猶太的先知傳統。

5. 參見 Gary R. Habermas and Michael Licona, *The Case for the Resurrec-tion of Jesus* (Grand Rapids, MI: Kregel, 2004)。

得太遲鈍了！」於是耶穌「從摩西和眾先知開始，把所有關於自己的經文，都給他們解釋明白了。」（路加福音 24:25-27）

在〈使徒行傳〉（宗徒大事錄）裡，保羅（保祿）堅稱，要相信耶穌基督的好消息，別無他法，就是「一切律法和先知所記的，我都相信」（使徒行傳 24:14），他在自己的講道中也提到：「我所講的，都是眾先知和摩西所論的將來必成的事。」（使徒行傳 26:22）

而且，不僅先知關於耶穌的預言成真，關於教會成長的預言也都實現了，因為關於教會架構和管理的重要決定，也被視為先知書中預言的應驗：因此，由馬提亞（瑪弟亞）遞補猶大（猶達斯）使徒的遺缺，是有理由的，以〈詩篇〉（聖詠集）六十九篇二十五節和一〇九篇八節為依據（見使徒行傳 1:20），還有，初代教會接受未受割禮的外邦人，則是根據〈阿摩司書〉（亞毛斯）九章十一至十二節（使徒行傳 15:15-18）。

但這是真的嗎？以色列的先知和聖經（即基督宗教的《舊約聖經》）——真的表明了耶穌基督的降臨與其教會的建立嗎？果真如此，就表示在預言實現之前，就**有人**洞悉了這個預言。

因此，愛色尼人透過祈禱和默想以色列的聖經，形成了一個新約社群，並且藉由聖靈傾注的水洗儀式，和每日吃喝餅酒、盼望彌賽亞降臨的聖餐儀式凝聚在一起——換言之，這些儀式看起來與初代教會非常相像——這個事實暗示了或許初代教會的架構、禮儀和信念的根源，確實**已經**寫在先知書和其他《舊約》書卷裡。透過這種闡釋方式，這兩個宗教社群之間的相似性，可以證實教會的自我主張是深植於以色列聖經。

無論如何，我們所有這些以色列宗教傳統的繼承者，不論是基督徒或是猶太教徒，都要感謝這些古代聖徒。他們確實不完美——有時候，還會對不認同他們的人表現出一種宗教沙文主義和輕蔑。但是，很少人是沒有這種瑕疵的。然而除了這個缺點，昆蘭地區的愛色尼人過著禱告、捨己、清貧的生活，他們致力過一種嚴以律己的嚴苛生活，只為了能與上帝親密相交，而能在地上就進入神的國。

遺憾的是，古羅馬軍隊在西元七十年全面摧毀耶路撒冷期間，不顧廉恥地殲滅了昆蘭社群。這些敬虔的猶太修士的最後一個行動，也許是在看到羅馬大軍已經逼近時，把他們最珍貴的財產——他們的聖卷——藏到社群附近的洞穴裡。

他們失敗了嗎？他們選擇定居在耶路撒冷東邊的曠野，目的是為了實現〈以賽亞書〉四十章三節的預言：「為上主預備道路」。如果這個論點是真的，那就是許多受他們薰陶或影響的人，後來成為了拿撒勒人耶穌的追隨者，並且發現愛色尼教派對他們的形塑，已經預備好了他們要建立耶穌基督的新約教會（*qahal*）——我認為這個可能性很高，那麼，昆蘭人或許已經以一種出乎他們意料的方式達成所願，他們確實實現了「在荒野為上主預備道路」。

Point

愛色尼教派不是基督宗教的「母」教，恰恰相反，昆蘭人和初代基督徒是「手足」，兩者都系出古以色列的宗教信仰，兩個社群的形成都是為了等候彌賽亞（們）的到來。愛色尼人和初代基督徒在架構、禮儀和神學等層面上，都相似地驚人，但也在一些非常重要的事項上明顯不同：例如，基督的神性和禮儀法律。它們之間的相似性有助我們了解，有多少被人視為創新的基督宗教面向，實際上是根植於以色列的信仰和禮儀中。有許多第一代基督徒很可能具有愛色尼人的背景，已經被預備好來協助組織初代教會。

延伸閱讀

第1章

· Collins, John J. *The Dead Sea Scrolls: A Biography.* Princeton: Princeton University Press, 2013. A clear, readable introduction by an expert in the field.

· Schiffman, Lawrence H. *Reclaiming the Dead Sea Scrolls.* Philadelphia: Jewish Publication Society, 1994. A lengthy and robustly Jewish introduction to and interpretation of the Scrolls.

· VanderKam, James C. *The Dead Sea Scrolls Today.* 2nd ed. Grand Rapids, MI: Eerdmans, 2010. A reliable, easy-to-read overview of Qumran and the Scrolls.

· VanderKam, James C., and Peter W. Flint. *The Meaning of the Dead Sea Scrolls: Their Significance for Understanding the Bible, Judaism, Jesus, and Christianity.* San Francisco: HarperCollins, 2002. A thorough, technical introduction to the Scrolls for the more advanced reader.

第2章

· Abegg, Martin. "The Messiah at Qumran: Are We Still Seeing Double?" *Dead Sea Discoveries* 2, no. 2 (1995): 125-144.

· Collins, John J. “Ideas of Messianism in the Dead Sea Scrolls.” Pages 20-41 in *The Dead Sea Scrolls and the Christian Faith.* Edited by James H. Charlesworth and Walter P. Weaver. Harrisburg, PA: Trinity Press International, 1998.

· Knohl, Israel. “Melchizedek: A Model for the Union of Kingship and Priesthood in the Hebrew Bible, 11QMelchizedek, and the Epistle to the Hebrews.” Pages 255-262 in *Text, Thought and Practice in Qumran and Early Christianity: Proceedings of the Ninth International Symposium of the Orion Center for the Study of the Dead Sea Scrolls and Associated Literature.* Edited by Daniel R. Schwartz et al. Studies on the Texts of the Desert of Judah 84. Leiden: Brill, 2009.

第3章

· Betz, Otto. “Was John the Baptist an Essene?” Pages 205-214 in *Understanding the Dead Sea Scrolls: A Reader from the Biblical Archeology Review.* Edited by Hershel Shanks. New York: Random House, 1992.

· Brownlee, William H. “John the Baptist in the New Light of the Ancient Scrolls.” Pages 33-53 in *The Scrolls and the New Testament.* Edited by Krister Stendahl. New York: Harper, 1957.

· Charlesworth, James H. “John the Baptizer and the Dead Sea Scrolls.” Pages 1-35 in *The Bible and the Dead Sea Scrolls, Volume 3: The Scrolls and Christian Origins.* The Second Princeton Symposium on Judaism and Christian Origins. Edited by James H. Charlesworth. Waco, TX: Baylor University Press, 2006.

第4章

· Brown, Raymond E. "The Qumran Scrolls and the Johannine Gospel and Epistles." Pages 183-207 in *The Scrolls and the New Testament*. Edited by Krister Stendahl. New York: Harper, 1957.

· Brownlee, William H. "Whence the Gospel of John?" Pages 166-194 in *John and the Dead Sea Scrolls*. Edited by James H. Charlesworth. New York: Crossroad, 1990.

· Harrington, Hannah K. "Purification in the Fourth Gospel in Light of Qumran." Pages 117-138 in *John, Qumran, and the Dead Sea Scrolls: Sixty Years of Discovery and Debate*. Edited by Mary L. Coloe and Tom Thatcher. Atlanta: Society of Biblical Literature, 2011.

第5章

· Black, Matthew. "Covenant, Initiation, and Baptismal Rites." Pages 91-101 in Black, *The Scrolls and Christian Origins: Studies in the Jewish Background of the New Testament*. Brown Judaic Studies 48. New York: Scribner, 1961.

· Johnson, Sherman. "The Dead Sea Manual of Discipline and the Jerusalem Church of Acts." Pages 129-142 in *The Scrolls and the New Testament*. Edited by Krister Stendahl. New York: Harper, 1957.

· McKnight, Scott. *It Takes a Church to Baptize: What the Bible Says About Infant Baptism*. Grand Rapids, MI: Brazos Press, 2018.

第6章

- Black, Matthew. "Qumran Baptismal Rites and Sacred Meal." Pages 99-117 in Black, *The Scrolls and Christian Origins: Studies in the Jewish Background of the New Testament.* Brown Judaic Studies 48. New York: Scribner, 1961, esp. pp. 102-117.
- Daniélou, Jean. "Jesus and the Zadok Priests." Pages 25-36 in Daniélou, *The Dead Sea Scrolls and Primitive Christianity.* Translated by Salvator Attanasio. Baltimore: Helicon Press, 1958.
- Smith, Dennis E. "Meals." In *Encyclopedia of the Dead Sea Scrolls,* 1:530-532. Edited by Lawrence H. Schiffman and James C. VanderKam. Oxford: Oxford University Press, 2000.

第7章

- Jaubert, Annie. *The Date of the Last Supper.* New York: Alba House, 1965.
- Pixner, Bargil. *Paths of the Messiah and the Sites of the Early Church from Galilee to Jerusalem.* Edited by Rainer Riesner. Translated by Keith Myrick et al. San Francisco: Ignatius Press, 2010. Especially chaps. 15, 18, 19, 25, and 26.
- Saulnier, Stéphane. *Calendrical Variations in Second Temple Judaism: New Perspectives on the "Date of the Last Supper" Debate.* Supplements to the *Journal for the Study of Judaism* 159. Leiden: Brill, 2012.

第8章

· Hahn, Scott. *The Fourth Cup: Unveiling the Mystery of the Last Supper and the Cross.* New York: Image, 2018.

· Pitre, Brant. *Jesus and the Jewish Roots of the Eucharist: Unlocking the Secrets of the Last Supper.* New York: Image, 2011.

· Van Der Ploeg, J. "The Meals of the Essenes." *Journal of Semitic Studies* 2, no. 2 (1957): 163-175.

第9章

· Broshi, Magen. "Was Qumran, Indeed, a Monastery?: The Consen-sus and Its Challengers, an Archaeologist's View." Pages 259-273 in Broshi, *Bread, Wine, Walls and Scrolls.* Sheffield, UK: Sheffield Academic Press, 2001.

· Cochini, Christian. *Apostolic Origins of Priestly Celibacy.* Translated by Nelly Marans. San Francisco: Ignatius Press, 1990.

· Qimron, Elisha. "Celibacy in the Dead Sea Scrolls and the Two Kinds of Sectarians." Pages 287-294 in *The Madrid Qumran Congress: Volume 1.* Studies on the Texts of the Desert of Judah 11/1. Leiden: Brill, 1992.

第10章

· Fitzmyer, Joseph. "Marriage and Divorce." Pages 511-515 in *Encyclopedia of the Dead Sea Scrolls,* Volume

1. Edited by Lawrence H. Schiffman and James C. VanderKam. Oxford: Oxford University Press, 2000.

· Hahn, Scott. *The First Society: The Sacrament of Matrimony and the Restoration of the Social Order.* Steubenville, OH: Emmaus Road Publishing, 2018.

· Shemesh, Aharon. "Marriage and Marital Life in the Dead Sea Scrolls." Pages 589-600 in *The Dead Sea Scrolls and Contemporary Culture.* Edited by Adolfo Roitman, Lawrence Schiffman, and Shani Tzoref. Studies on the Texts of the Desert of Judah 93. Leiden: Brill, 2011. _

第11章

· Daniélou, Jean. "The Syrian Church and the Zadokites." Pages 118-121 in Daniélou, The Dead Sea Scrolls and Primitive Christianity. Translated by Salvator Attanasio. Baltimore: Helicon Press, 1958.

· Reicke, Bo. "The Constitution of the Primitive Church in Light of Jewish Documents." Pages 143-156 in The Scrolls and the New Testament. Edited by Krister Stendahl. New York: Harper, 1957.

· Thiering, B. E. "Mebaqqer and Episkopos in the Light of the Temple Scroll." Journal of Biblical Literature 100 (1981): 59-74.

第12章

· Cross, Frank Moore, Jr. "The Order and Liturgical Institutions of the 'Apocalyptic Communities.' " Pages 230-238 in Cross, *The Ancient Library of Qumran.* Garden City, NY: Anchor Books, 1961.

· Kohler, Kaufmann. "Binding and Loosing." Page 215a in *The Jewish Encyclopedia,* Volume 3. Edited by Isidore Singer. New York: Funk and Wagnalls, 1906. Online: http://www.jewishencyclopedia.com / articles/3307-binding and loosing.

· Ratzinger, Joseph/Benedict XVI. "The Disciples." Pages 169-182 in Ratzinger, *Jesus of Nazareth: From the Baptism in the Jordan to the Transfiguration.* Translated by Adrian J. Walker. New York: Dou-bleday, 2007.

第13章

· Daniélou, Jean. "Essenian Practices in the Community of Jerusalem." Pages 37-47 in Daniélou, *The Dead Sea Scrolls and Primitive Christianity.* Translated by Salvator Attanasio. Baltimore: Helicon Press, 1958.

· Dupuis, Louis George. *The Apostolic Succession in the Holy Scriptures.* Burbank, CA: National Literary Guild, 1984.

· Quinn, Jerome D., and William C. Wacker. *The First and Second Letters to Timothy,* pp. 267-271. Grand Rapids, MI: Eerdmans, 2000.

第14章

· Hoehner, Harold W. "Did Paul Write Galatians?" Pages 150-169 in *History and Exegesis: New Testament Essays in Honor of Dr. E. Earle Ellis for His 80th Birthday.* Edited by Sang-Won (Aaron) Son. New York: T & T Clark, 2006. 霍納（Hoehner）闡述了用於反駁保羅是〈以弗所書〉作者的文獻論證，一樣可以

拿來反駁〈加拉太書〉，這會造成嚴重的後果。但是〈加拉太書〉的作者身分很少引起爭論，因為〈加拉太書〉符合當代聖經學術研究的神學議題，但〈以弗所書〉不是。

· O'Connor, Jerome Murphy, and James H. Charlesworth 編輯. *Paul and the Dead Sea Scrolls*. New York: Crossroad, 1990. 尤其要看 Karl Georg Kuhn 所寫的 "The Epistle to the Ephesians in Light of the Qumran Texts" (pp. 115-131), 以及 Franz Mussner 撰寫的 "Contributions Made by Qumran to the Under-standing of the Epistle to the Ephesians" (pp. 159-178) 兩篇文章。

· White, Benjamin L. *Remembering Paul: Ancient and Modern Con-tests over the Image of the Apostle*. New York: Oxford University Press, 2014. 尤其要看第二章 "Capturing Paul: F. C. Baur and the Rise of the Pauline Captivity Narrative," pp. 20-41. 懷特（White）寫出了鮑爾起初是如何反對〈以弗所書〉的真實性的，只因為它不符合他的初代基督宗教發展哲學—歷史模型。後來，他彙整文獻論證來支持他既定的結論。

第15章

· Abegg, Martin G., Jr. "4QMMT C 27, 31 and 'Works Righteous-ness.' " *Dead Sea Discoveries* 6, no. 2 (1999): 139-147.

· Dunn, James D. G. "4QMMT and Galatians." *New Testament Stud-ies* 43, no. 1 (1997): 147-153.

· Schiffman, Lawrence. "Miqsat Ma'asei Ha-Torah." Pages 558-560 in *Encyclopedia of the Dead Sea Scrolls,* Volume 1. Edited by Lawrence H. Schiffman and James C. VanderKam. Oxford: Oxford University Press, 2000.

第16章

· Betz, Otto, and Rainer Riesner. "Did the Essenes Turn to Jesus as Messiah?" Pages 141-156 in Betz and Riesner, *Jesus, Qumran, and the Vatican: Clarifications*. Gordon City, NY: Crossroad, 1994.

· Cross, Frank Moore, Jr. "The Essenes and the Primitive Church." Pages 197-238 in Cross, *The Ancient Library of Qumran*. Garden City, NY: Doubleday, 1956.

· Joseph, Simon. "Beyond the Essenes." Pages 163-169 in Joseph, *Jesus, the Essenes, and Christian Origins: New Light on Ancient Texts and Communities*. Waco, TX: Baylor University Press, 2018.

致謝

我要向以下人士表達感激之意：我在聖母大學（University of Notre Dame）念博士研究所期間，James C. VanderKam 和 Eugene Ulrich 兩位教授分別帶領我認識了非聖經及聖經古卷文獻。在兩位教授的慷慨協助下，使我能夠在充滿挑戰的研究所歲月裡，克服學術上和實務上的大小困難。

John J. Collins 曾就我個人對昆蘭社群的心得所發表的一篇論文，做了回應和評論，讓我受惠良多，使我能夠在這個主題上形成我個人的觀點。感謝 Gabriele Boccaccini 誠摯地邀請我參加二〇〇七年在義大利卡馬爾多里（Camaldoli）舉辦的《以諾書》研討會，使我有機會能夠與許多全球頂尖的死海古卷學者，面對面交流彼此的看法。

還有，我要感謝史都本維爾方濟大學（Franciscan University of Steubenville）親切和善的行政及教職員同仁們對我的通融，使我有時間可以寫作本書，並在我無法克盡職責的事務上為我分勞。

感謝我的妻子 Dawn 和孩子們，體恤我在寫作本書、身心飽受煎熬期間的缺席和心不在焉。

我也要謝謝我的編輯——Image Books 出版社的 Gary Jansen，以及 Scott Hahn、Brant Pitre、Michael Barber、John Kincaid、Mike Aquilina、Jeff Morrow 和 Michael Thomas，他們閱讀本書的書稿並提出他們的看法。尤其是 Jeff Morrow 和 Michael Thomas 對於本書在保羅和〈以弗所書〉的論述上，提出了決定性的寶貴建議。

國家圖書館出版品預行編目資料

耶穌與死海古卷：揭開基督宗教的猶太根源,及其如何影響初代教會與信仰 / 約翰・伯格斯瑪（John Bergsma）作 ; 劉卉立譯. -- 初版. -- 臺北市 : 啟示出版 : 家庭傳媒城邦分公司發行, 2020.05
面； 公分. --(Knowledge系列 ; 23)

譯自 : Jesus and the Dead Sea Scrolls : Revealing the Jewish Roots of Christianity

ISBN 978-986-98128-8-7 (平裝)

1.死海書卷 2.基督教 3.聖經研究

241.091 109004757

Knowledge系列023

耶穌與死海古卷：揭開基督宗教的猶太根源，及其如何影響初代教會與信仰

作　　者／約翰・伯格斯瑪 John Bergsma
譯　　者／劉卉立
企畫選書人／彭之琬
總 編 輯／彭之琬
責任編輯／李詠璇

版　　權／黃淑敏、邱珮芸、翁靜如
行銷業務／莊英傑、周佑潔、王瑜、華華
總 經 理／彭之琬
事業群總經理／黃淑貞
發 行 人／何飛鵬
法律顧問／元禾法律事務所 王子文律師
出　　版／啟示出版
臺北市104民生東路二段141號9樓
電話：(02) 25007008　傳真：(02)25007759
E-mail:bwp.service@cite.com.tw
發　　行／英屬蓋曼群島商家庭傳媒股份有限公司城邦分公司
台北市中山區民生東路二段141號2樓
書虫客服服務專線：02-25007718；25007719
服務時間：週一至週五上午09:30-12:00；下午13:30-17:00
24小時傳真專線：02-25001990；25001991
劃撥帳號：19863813；戶名：書虫股份有限公司
讀者服務信箱：service@readingclub.com.tw
城邦讀書花園：www.cite.com.tw
香港發行所／城邦（香港）出版集團
香港灣仔駱克道193號東超商業中心1F E-mail: hkcite@biznetvigator.com
電話：(852) 25086231　傳真：(852) 25789337
馬新發行所／城邦（馬新）出版集團【Cite (M) Sdn Bhd】
41, Jalan Radin Anum, Bandar Baru Sri Petaling, 57000 Kuala Lumpur, Malaysia.
電話：(603) 90578822　傳真：(603) 90576622
Email: cite@cite.com.my

封面設計／李東記
排　　版／極翔企業有限公司
印　　刷／韋懋實業有限公司

■2020年 5 月12日初版
■2023年 8 月21日初版4刷

Printed in Taiwan

定價450元

城邦讀書花園
www.cite.com.tw

 ISBN 978-986-98128-8-7